Stricken mit VERKÜRZTEN REIHEN

Techniken für wunderschöne
FORMEN UND ECKEN
OHNE NÄHTE

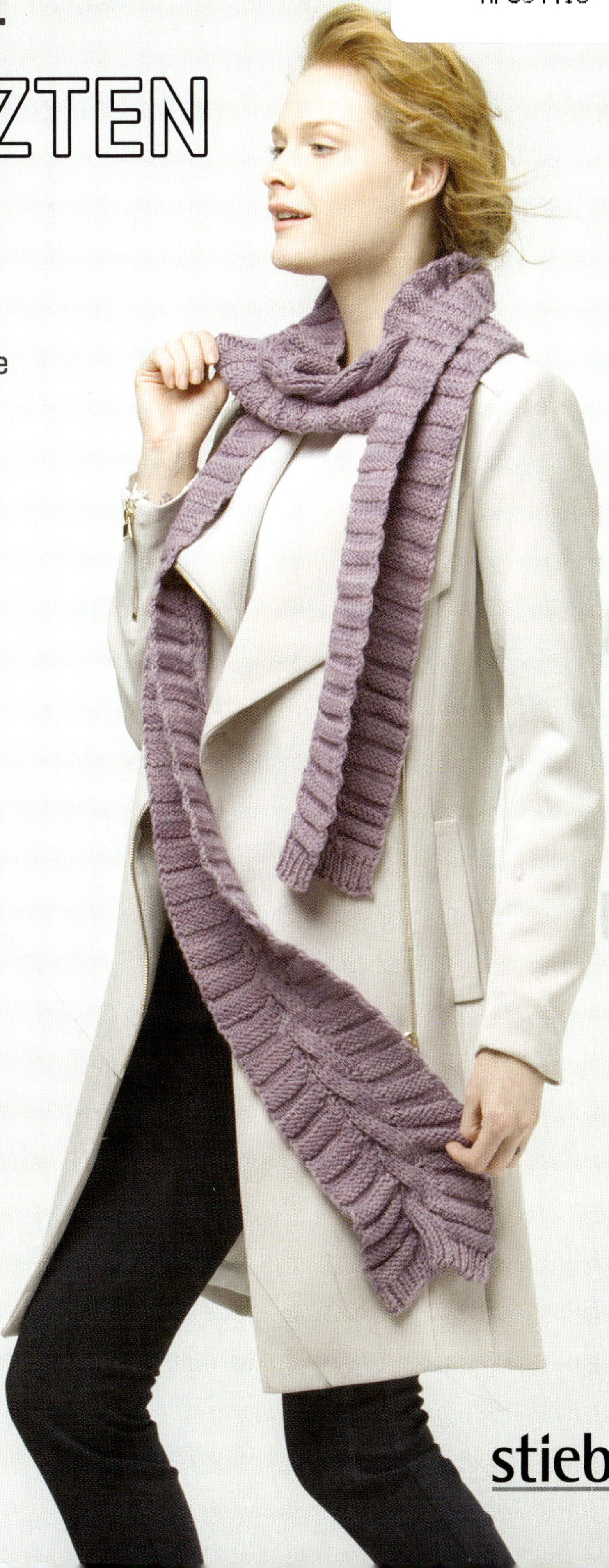

JENNIFER DASSAU

stiebner

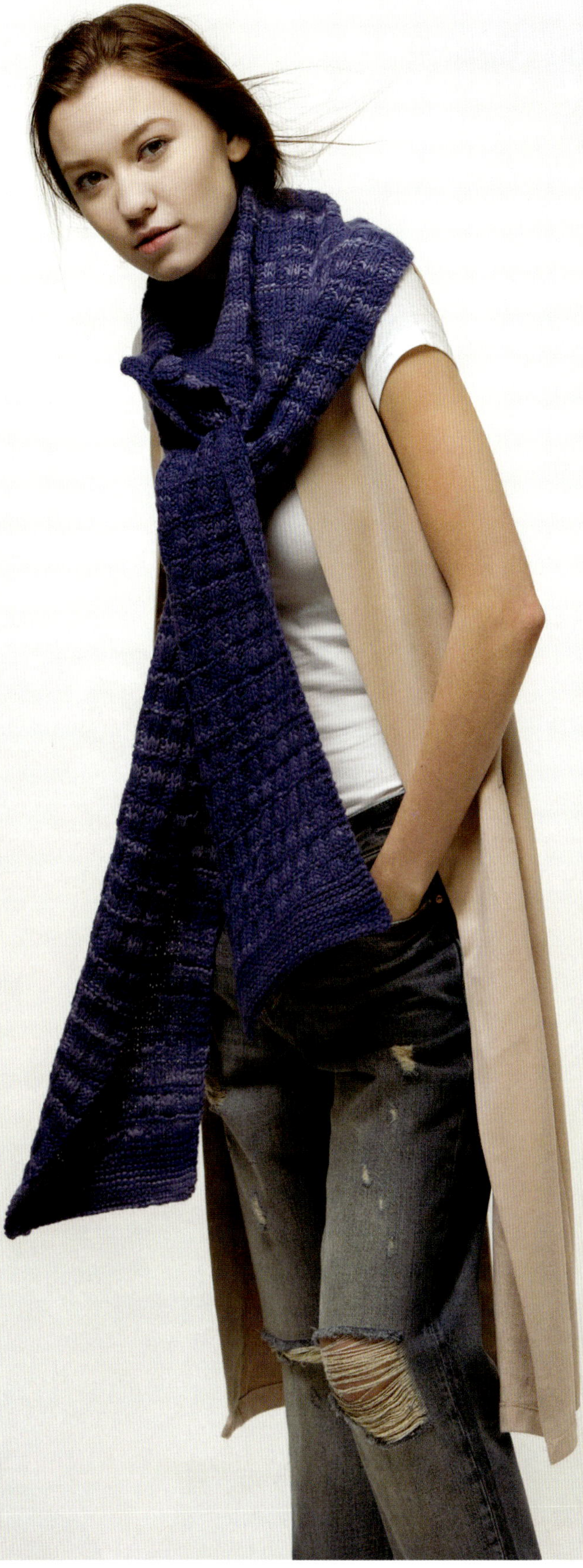

Die englischsprachige Ausgabe dieses Buches erschien 2016 unter dem Titel *Knitting Short Rows* Interweave Books

DESIGN Charlene Tiedemann
ILLUSTRATIONEN Kathie Kelleher
FOTOGRAFIEN Harper Point Photography

Aus dem Englischen von der MCS Schabert GmbH, München, – www.mcs-schabert.de – unter Mitarbeit von Katrin Marburger (Übersetzung).

Bibliografische Information der Deutschen Nationalbibliothek
Die Deutsche Nationalbibliothek verzeichnet diese Publikation in der Deutschen Nationalbibliografie; detaillierte bibliografische Daten sind im Internet über http://dnb.dnb.de abrufbar.

Printed in China

www.stiebner.com
ISBN 978-3-8307-0989-3

Wir produzieren unsere Bücher mit großer Sorgfalt und Genauigkeit. Trotzdem lässt es sich nicht ausschließen, dass uns in Einzelfällen Fehler passieren. Unter www.stiebner.com/errata/0989-3.html finden Sie eventuelle Hinweise und Korrekturen zu diesem Titel. Möglicherweise sind die Korrekturen in Ihrer Ausgabe bereits ausgeführt, da wir vor jeder neuen Auflage bekannte Fehler korrigieren. Sollten Sie in diesem Buch einen Fehler finden, so bitten wir um einen Hinweis an verlag@stiebner.com. Für solche Hinweise sind wir sehr dankbar, denn sie helfen uns, unsere Bücher zu verbessern.

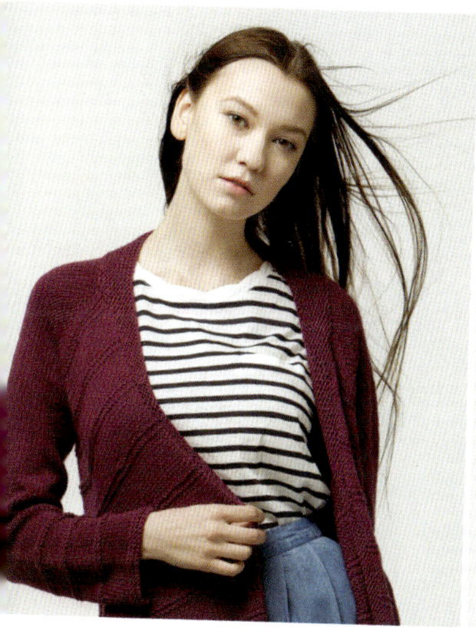
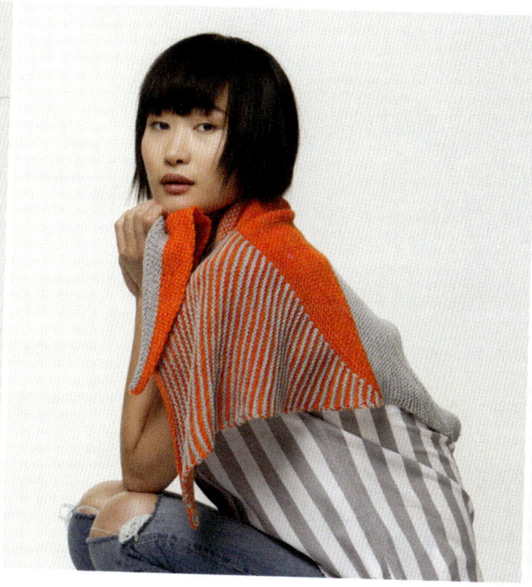
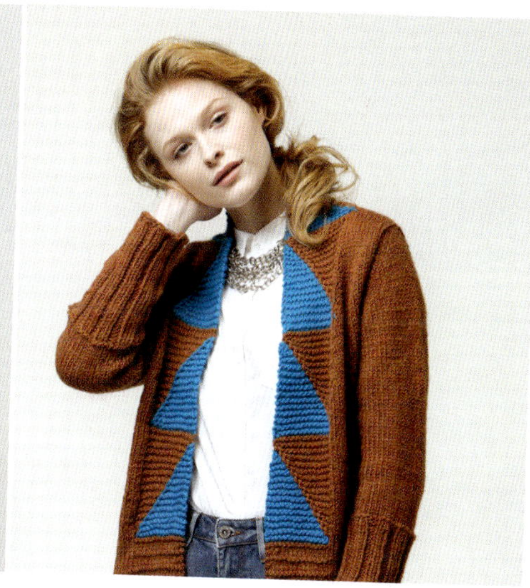

Inhalt

Einführung 4
- Was sind verkürzte Reihen? 5
- Wann werden verkürzte Reihen verwendet? 5
- Welche Methode ist geeignet? 5

KAPITEL 1:
Methode mit Wickelmaschen (W&w) 6
- W&w an rechten Reihen 8
- W&w an linken Reihen 9
- Wickel aufnehmen an rechten Reihen 10
- Wickel aufnehmen an linken Reihen 11
- Besonderheiten 13
- Modelle
  - *Mütze mit Ohrenklappen* 14
  - *Engelsflügel Kleines Schultertuch* 18
  - *Lamellenschal* 24
  - *Mütze mit Querrippen* 30
  - *Weite Wickeljacke* 34

KAPITEL 2:
Umschlagmethode 42
- Umschlagmethode an rechten Reihen 44
- Umschlagmethode an linken Reihen 45
- Abstricken des Umschlags an rechten Reihen 46
- Abstricken des Umschlags an linken Reihen 47
- Besonderheiten 49
- Modelle
  - *Zweigeteilte Halbhandschuhe* 50
  - *Dreigeteiltes Schultertuch* 54
  - *Pulloverjacke Dreieckspuzzle* 58

KAPITEL 3:
Deutsche Methode 68
- Deutsche Methode an rechten Reihen 70
- Deutsche Methode an linken Reihen 71
- Abstricken der Doppelmasche an rechten Reihen 72
- Abstricken der Doppelmasche an linken Reihen 73
- Besonderheiten 75
- Modelle
  - *Loopschal mit schrägen Linien* 76
  - *Seitlich geknöpfter Pullover* 80
  - *Pullover mit durchbrochenen Linien* 88

KAPITEL 4:
Japanische Methode 96
- Japanische Methode an rechten Reihen 98
- Japanische Methode an linken Reihen 99
- Schließen der Lücke in einer Reihe, wenn MM hinter der Arbeit 100
- Schließen der Lücke in einer Reihe, wenn MM vor der Arbeit 101
- Besonderheiten 103
- Modelle
  - *Loopschal mit schrägen Rippen* 104
  - *Zum Loop geknöpfter Schal* 108
  - *Asymmetrische Wickelweste* 112

KAPITEL 5:
Methode mit Shadow Wraps 118
- Shadow Wraps an rechten Reihen 120
- Shadow Wraps an linken Reihen 121
- Shadow Wraps abstricken an rechten Reihen 122
- Shadow Wraps abstricken an linken Reihen 123
- Besonderheiten 125
- Modelle
  - *Schal mit Rippen und Zopf* 126
  - *Schultertuch mit Streifenmuster* 130
  - *Raglanjacke mit schrägem Saum* 134

Methoden austauschen und Strickanleitungen abändern **140**

Abkürzungen **141**

Dank **141**

Techniken **142**

Bezugsquellen **143**

Register **143**

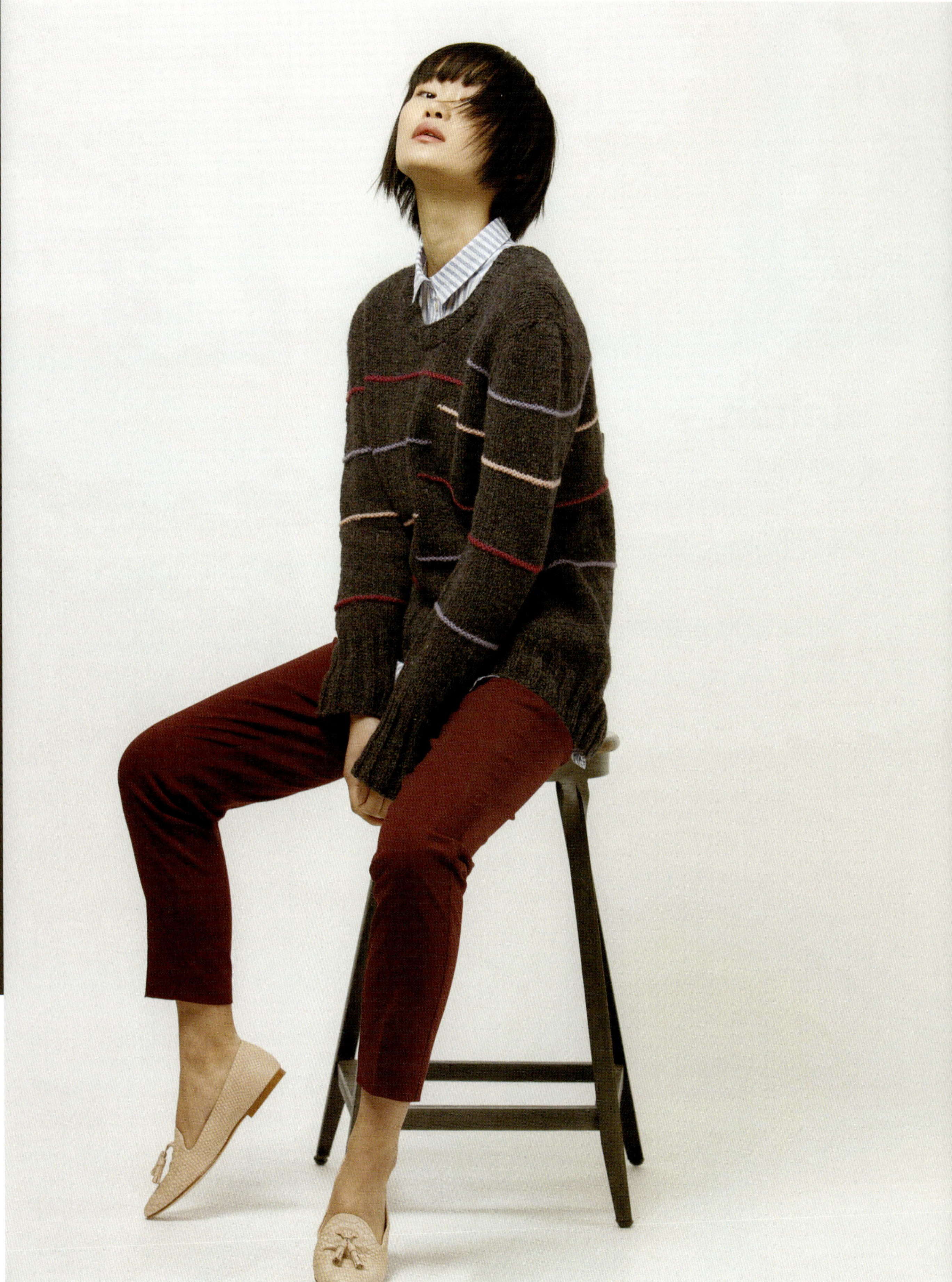

EINFÜHRUNG

Mit den Techniken für verkürzte Reihen – Wickelmaschen, Umschlag, deutsche und japanische Art und Shadow Wraps – bringen Sie Ihre Strickmodelle nahtlos in Form.

Strickwaren sind vor allem darum so schön und bequem, weil sie so organisch sind – ein Pullover, der sich dem Körper anschmiegt, ein warmer Schal mit plastischem Strukturmuster oder eine perfekt sitzende Mütze. Ich liebe es, Strickmodelle zu entwerfen, bei denen verschiedene Stricktechniken die Passform gestalten oder interessante Details hinzufügen. Zu meinen Favoriten gehören dabei die verkürzten Reihen.

Mit dieser fantastischen Technik kann man Kurven, Ecken und Volumen gestalten; es entstehen moderne, nahtlose Strickmodelle – interessant zu stricken, tragbar und wunderschön.

Dieses Buch soll eine Fundgrube sein, sowohl zum Erlernen der Techniken als auch für traumhaft schöne Modelle – so geht Stricken heute!

WAS SIND VERKÜRZTE REIHEN?

Der Begriff sagt es schon: Es sind nur teilweise abgestrickte Reihen, durch die Kurven, abgerundete Ecken und Volumen entstehen.

Bei allen Techniken strickt man eine Reihe dabei nur zum Teil, wendet die Arbeit vor Erreichen des Reihenendes und strickt in der anderen Richtung zurück. Gelangt man das nächste Mal an den Wendepunkt – das kann in der nächsten Reihe in dieser Richtung oder viele Reihen später sein –, trifft man auf eine kleine Lücke. Sie entsteht, weil die letzte Masche vor dem Wenden nicht mit der Folgemasche verbunden ist. Da man in der Regel keine Löcher in seiner Strickarbeit haben möchte, muss die Lücke irgendwie unsichtbar gemacht werden. Hier bieten die Techniken für verkürzte Reihen verschiedene Möglichkeiten – sowohl zum Wenden als auch zum Schließen der entstandenen Lücke. In diesem Buch werden fünf Methoden präzise erläutert, jeder Methode ist ein eigenes Kapitel gewidmet. In jedem Kapitel gibt es eine ausführliche Anleitung für glatt rechts gestrickte Reihen, zusätzliche Informationen für verschiedene Muster wie glatt links oder kraus rechts oder für rundgestrickte Reihen, dazu drei bis fünf Modelle (Oberbekleidung und Accessoires). Sind verkürzte Reihen völliges Neuland für Sie, können Sie das ganze Buch durcharbeiten. Sie können jedoch auch ein beliebiges Kapitel auswählen, um eine bestimmte Methode anzuwenden.

WANN WERDEN VERKÜRZTE REIHEN VERWENDET?

Durch verkürzte Reihen kann man einen Pullover der dreidimensionalen Körperform anpassen oder einem Schal eine unkonventionelle Form verleihen. Auch anstelle abgeketteter Maschen zur Ausformung der Schulter- oder Saumlinie oder zum Hinzufügen von Weite oder Länge an einer bestimmten Partie kommen sie zum Einsatz. Man kann mit ihnen nahtlos die Passform gestalten, ohne später einzeln gestrickte Teile zusammennähen zu müssen wie bei eingesetzten Ärmeln. Bei Accessoires können durch verkürzte Reihen interessante Wechsel in der Strickrichtung mit faszinierenden Effekten entstehen. Ob also ganz praktisch oder künstlerisch – verkürzte Reihen eröffnen Ihnen neue kreative Möglichkeiten.

WELCHE METHODE IST GEEIGNET?

Verkürzte Reihen sollen sich in der Regel unsichtbar in die Strickarbeit einfügen, ohne sie zu verziehen oder Lücken zu hinterlassen. Welche Methode sich eignet, hängt von vielen Faktoren ab: Garnzusammensetzung, Maschenprobe und Strickmuster, davon, ob die linke Seite zu sehen ist, sowie von persönlichen Vorlieben. Erhalten Sie mit einer Methode nicht das gewünschte Ergebnis, probieren Sie eine andere. Sie können auch verschiedene Methoden an einem Modell anwenden, sogar an verschiedenen Seiten derselben Partie mit verkürzten Reihen. Wenn Sie die fünf Techniken beherrschen, können Sie verkürzte Reihen an beliebigen Modellen einsetzen. Nach den fünf Anleitungskapiteln folgt ein Abschnitt über das Austauschen der Methoden.

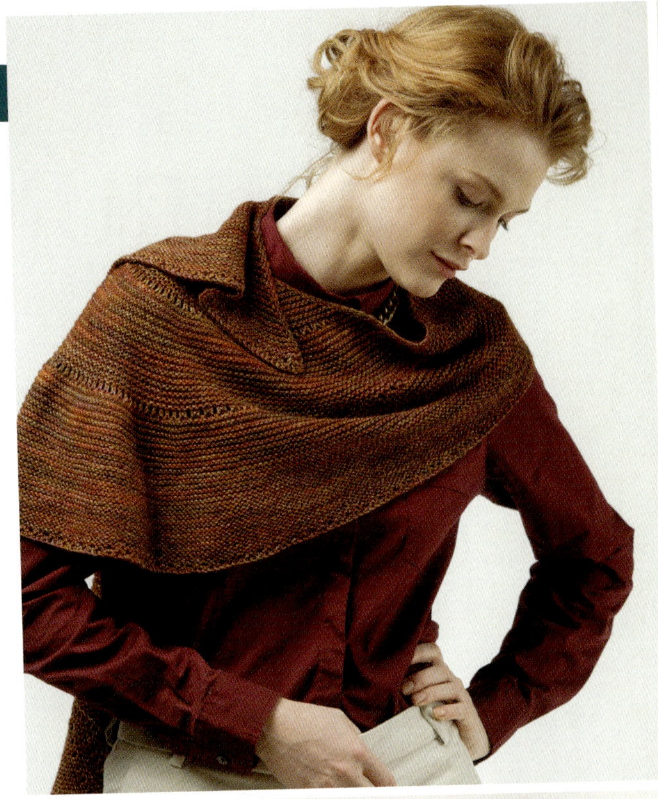

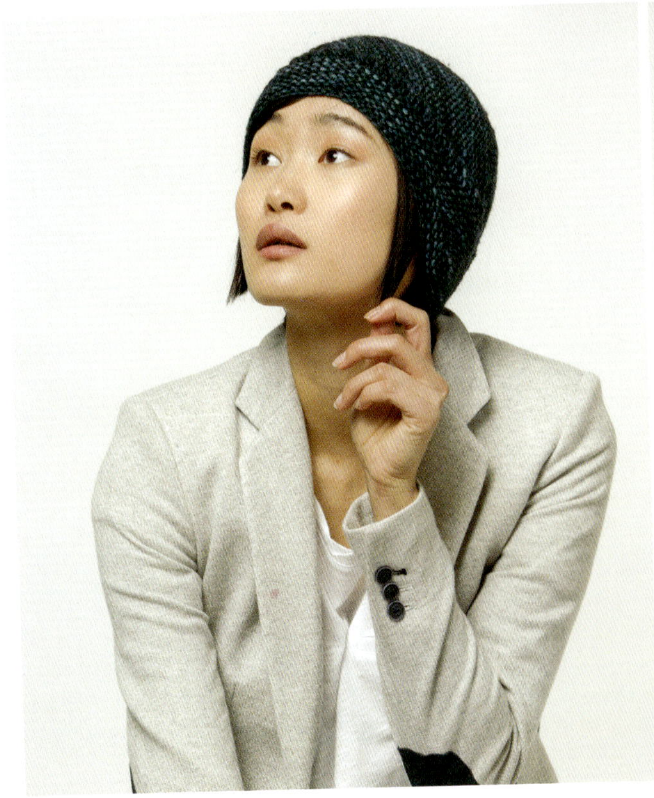

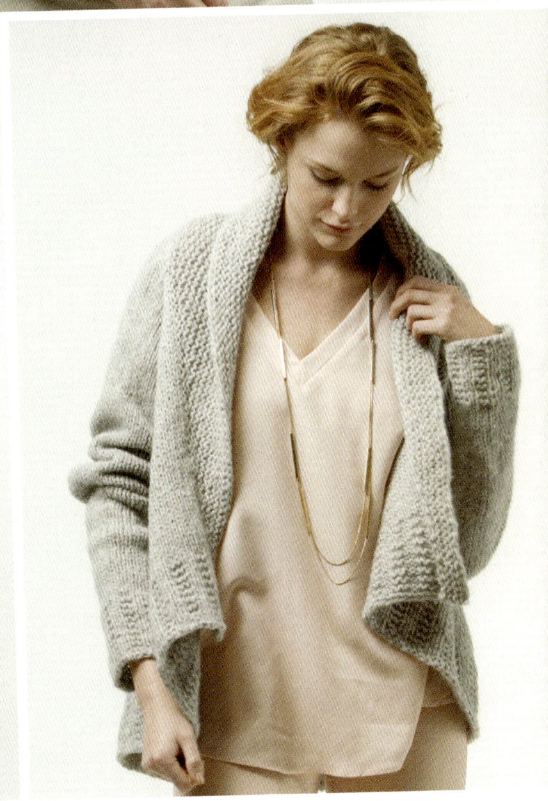

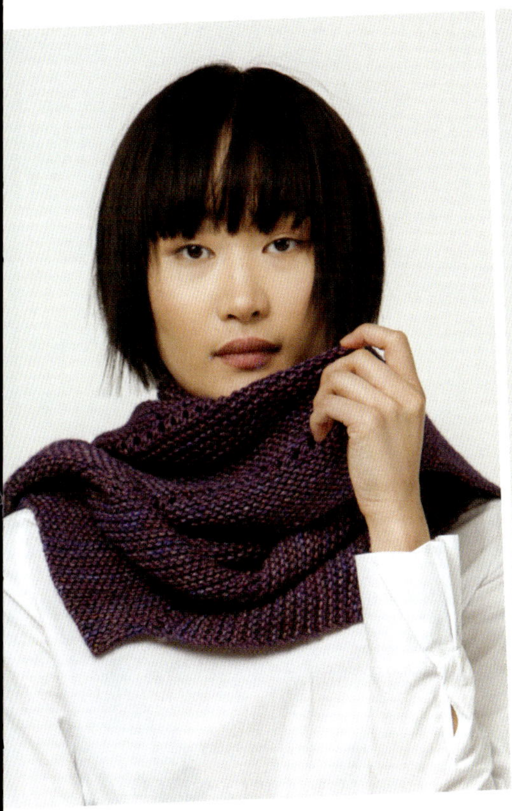

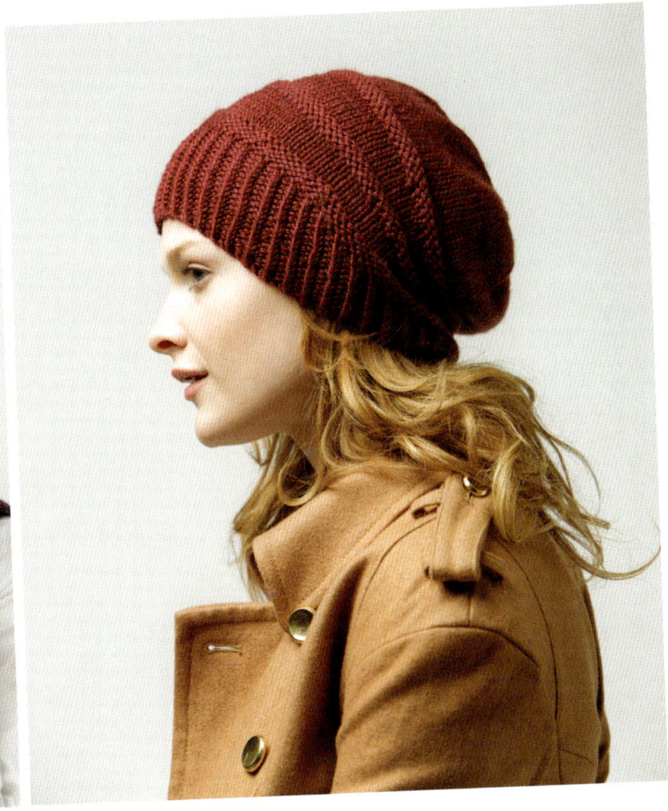

Kapitel 1

METHODE MIT WICKELMASCHEN (W&W)

Die Methode mit Wickelmaschen, auch als W&w (Wickelmasche und wenden) oder w&t (wrap and turn) bezeichnet, ist ganz einfach und eignet sich ideal für verkürzte Reihen bei in Reihen gearbeiteten glatt oder kraus gestrickten Modellen. Besonderheiten bei anderen Strickmustern oder in Runden gearbeiteten Modellen werden ebenfalls besprochen. Bei W&w wird bis eine Masche vor dem Wendepunkt gestrickt. Die Wendemasche wird abgehoben und mit dem Arbeitsfaden umwickelt, dann wird gewendet. In der Folgereihe wird die Umwicklung (der Wickel) zusammen mit der abgehobenen Masche (Wickelmasche) abgestrickt; so entsteht eine unauffällige Wendestelle. In diesem Buch wird für Wickelmaschen und anschließendes Wenden die Abkürzung W&w verwendet.

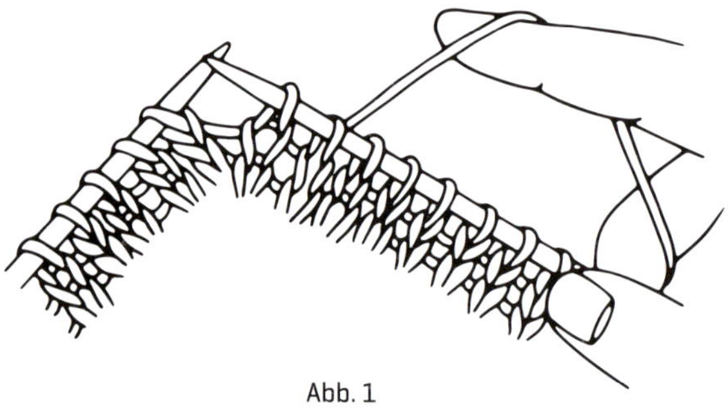

Abb. 1

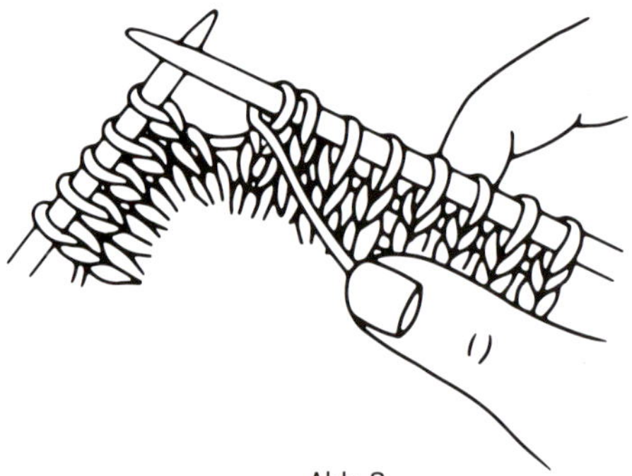

Abb. 2

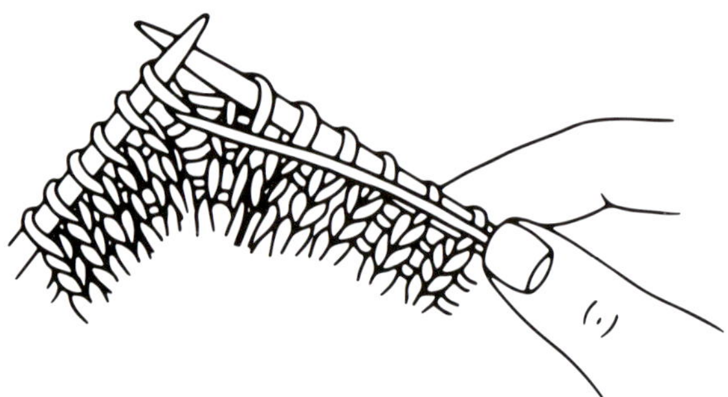

Abb. 3

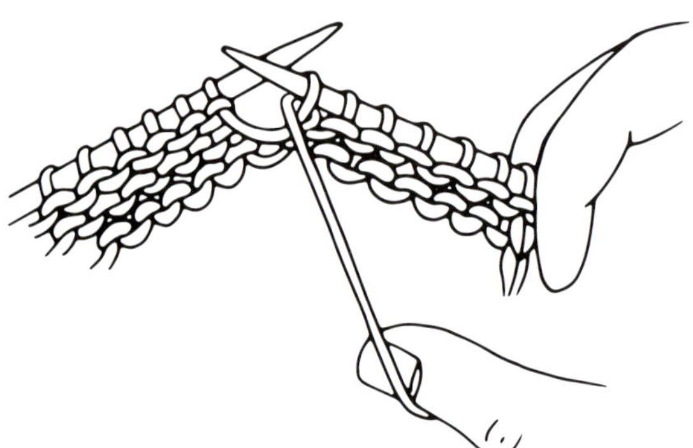

Abb. 4

W&W AN RECHTEN REIHEN

1 Bis zum Wendepunkt rechts stricken. Mit dem Arbeitsfaden hinten die folgende Masche links abheben: Wie zum Linksstricken einstechen und die Masche auf die rechte Nadel abheben **(Abb. 1)**.

2 Den Arbeitsfaden nach vorn legen **(Abb. 2)**.

3 Die Wickelmasche zurück auf die linke Nadel heben **(Abb. 3)**.

4 Die Arbeit wenden und die nächste Reihe stricken. Wenn Sie glatt rechts stricken, den Arbeitsfaden nach vorn legen **(Abb. 4)** und die nächste Reihe links stricken. Wenn Sie kraus rechts stricken, den Arbeitsfaden beim Wenden hinten lassen und die nächste Reihe rechts stricken.

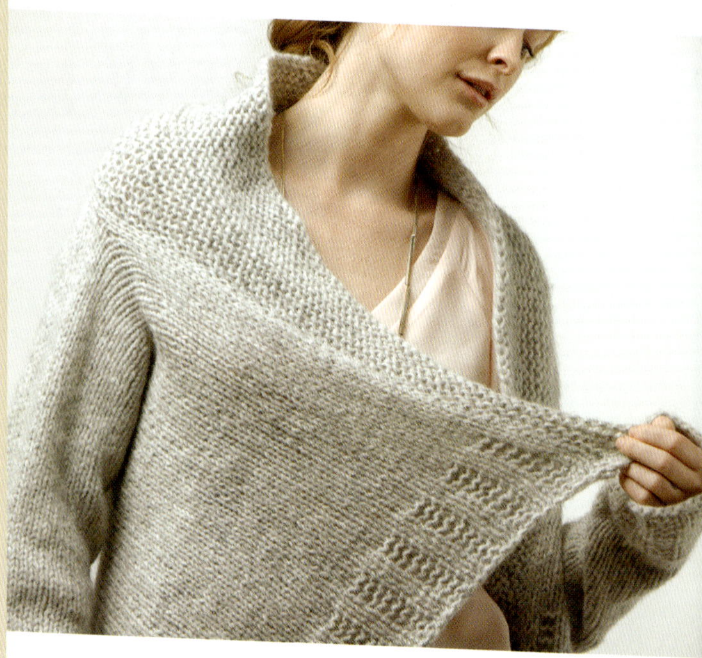

W&W AN LINKEN REIHEN

1 Bis zum Wendepunkt links stricken. Mit dem Arbeitsfaden vorn die folgende Masche links abheben: wie zum Linksstricken einstechen und die Masche auf die rechte Nadel abheben **(Abb. 1)**.

2 Den Arbeitsfaden nach hinten legen **(Abb. 2)**.

3 Die Wickelmasche zurück auf die linke Nadel heben **(Abb. 3)**.

4 Die Arbeit wenden und die nächste Reihe stricken. Wenn Sie glatt rechts stricken, den Arbeitsfaden nach hinten legen **(Abb. 4)** und die nächste Reihe rechts stricken. Wenn Sie kraus rechts stricken, wird jede Reihe rechts gestrickt; dazu die Anleitung für W&w an rechten Reihen befolgen.

Bei glatt rechts oder glatt links gestrickten Arbeiten wären die Umwicklungen zu sehen, wenn in der folgenden Reihe einfach darüber-gestrickt würde. Um dies zu vermeiden, den Wickel zusammen mit der Masche aufnehmen und abstricken.

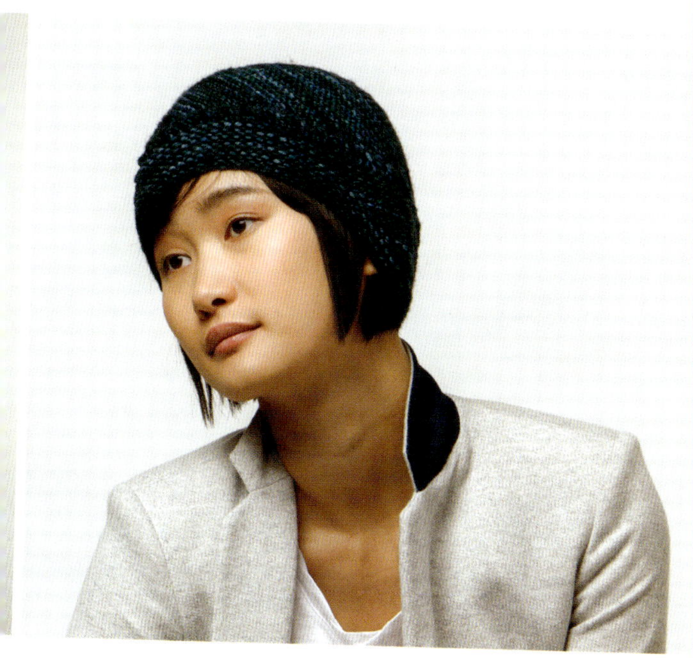

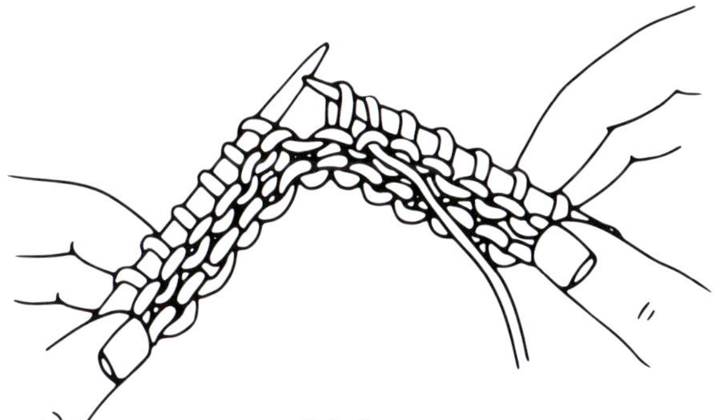

Abb. 1

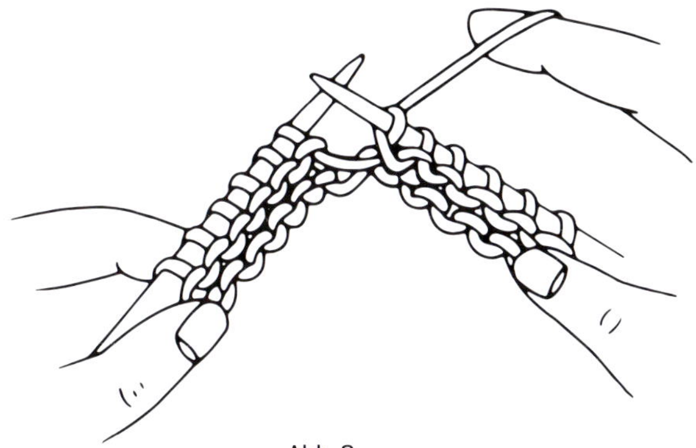

Abb. 2

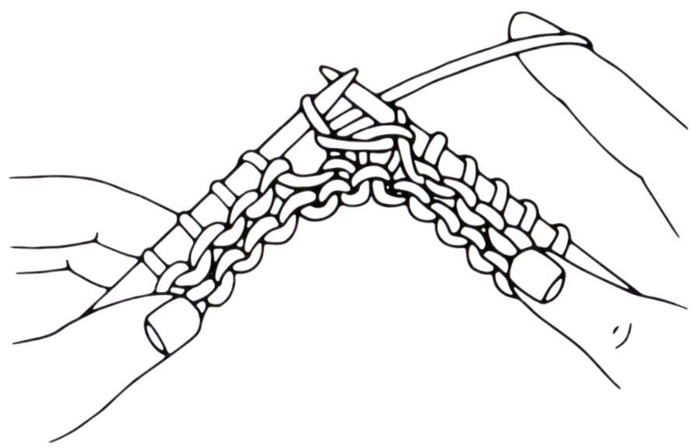

Abb. 3

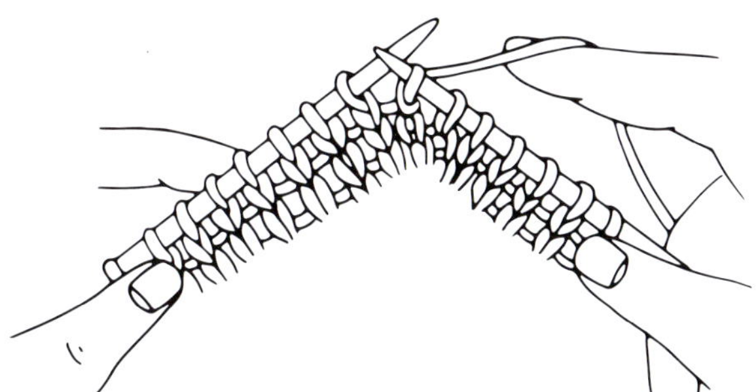

Abb. 4

WICKEL AUFNEHMEN AN RECHTEN REIHEN

1 Wie zum Rechtsstricken in den Wickel einstechen (**Abb. 1**).

2 Dann wie zum Rechtsstricken in die Wickelmasche einstechen (**Abb. 2**).

3 Wickel und Masche zusammen rechts abstricken (**Abb. 3**).

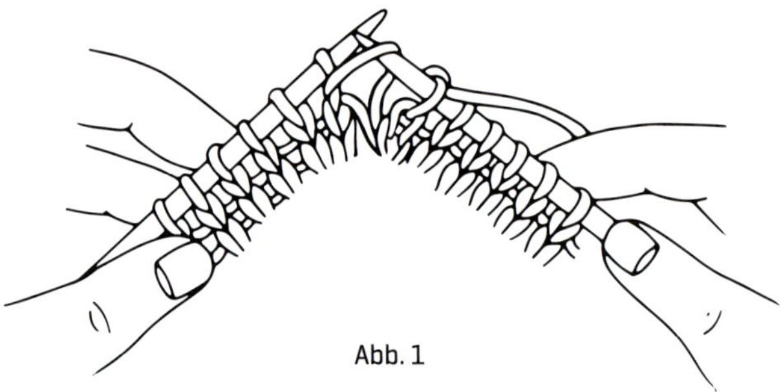

Abb. 1

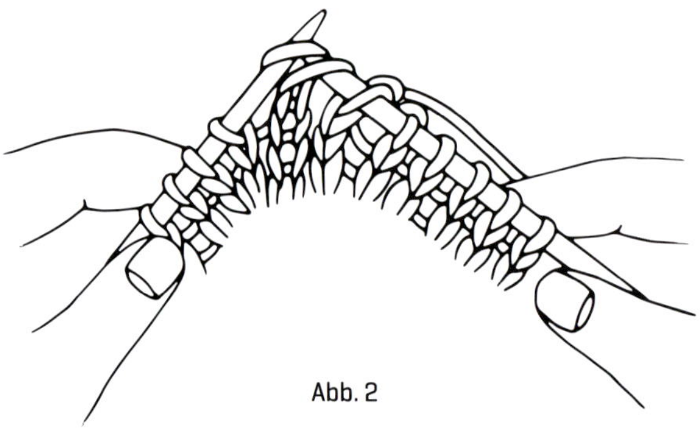

Abb. 2

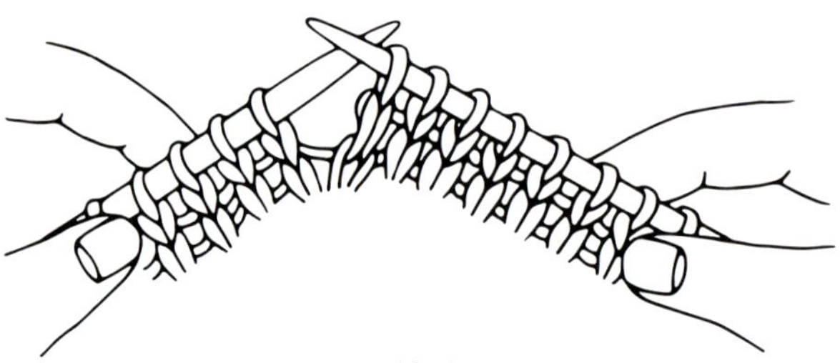

Abb. 3

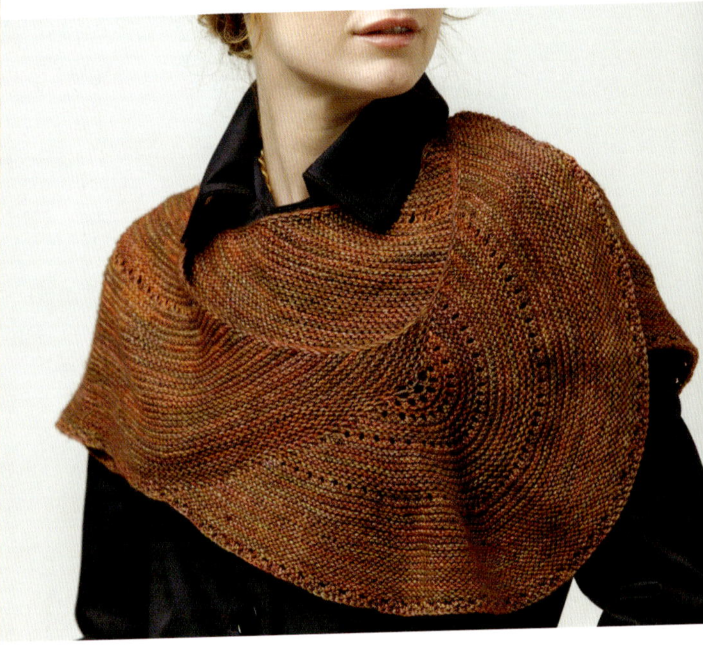

WICKEL AUFNEHMEN AN LINKEN REIHEN

1 Wie für eine links verschränkte Masche von hinten in den Wickel einstechen **(Abb. 1)**.

2 Den Wickel auf die linke Nadel heben **(Abb. 2)**.

3 Wie zum Linksstricken in den Wickel und die Masche einstechen (Abb. 3).

4 Wickel und Masche zusammen links abstricken **(Abb. 4)**.

Bei kraus rechts gestrickten Arbeiten ist es in der Regel nicht notwendig, die Wickel aufzunehmen, da sie ohnehin im Muster verschwinden: Die folgenden Reihen einfach rechts stricken und die Wickel lassen, wo sie sind. Daher verwende ich, wenn ich kraus rechts stricke, gern die schnelle und einfache W&w-Methode; man erhält bei vielen Garnstärken ein sauberes, gleichmäßiges Ergebnis.

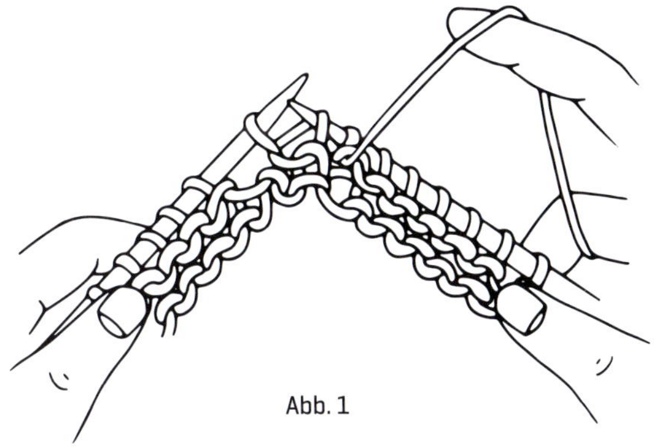

Abb. 1

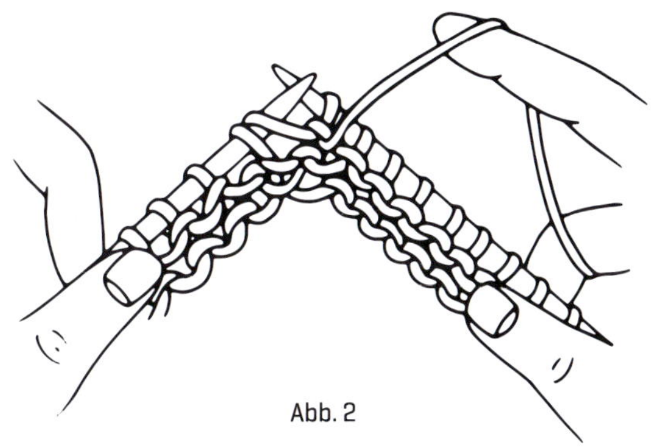

Abb. 2

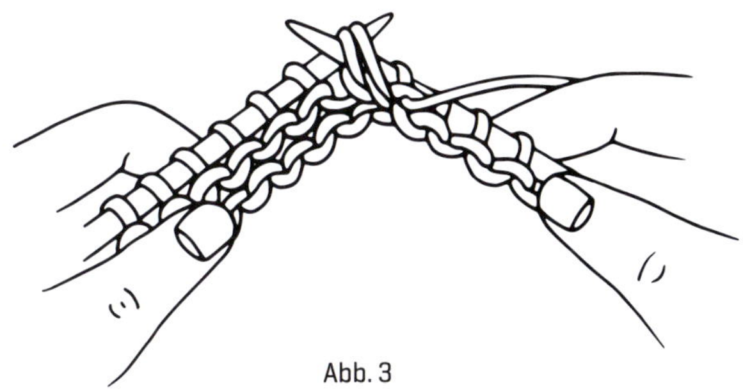

Abb. 3

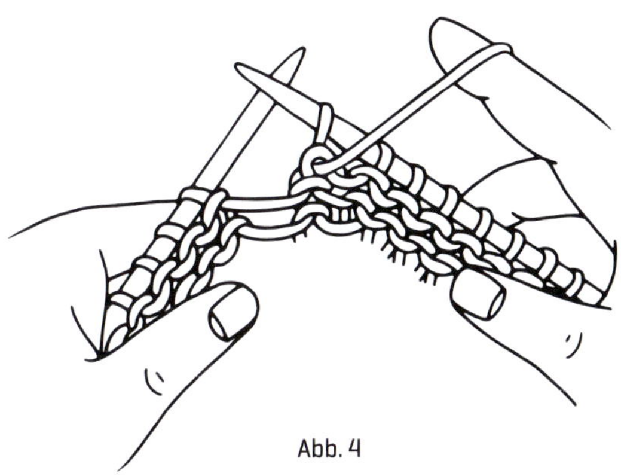

Abb. 4

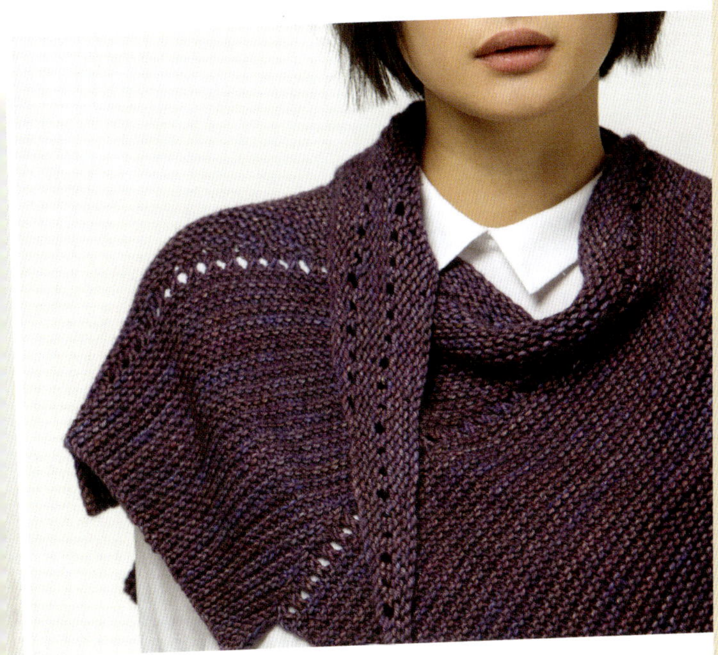

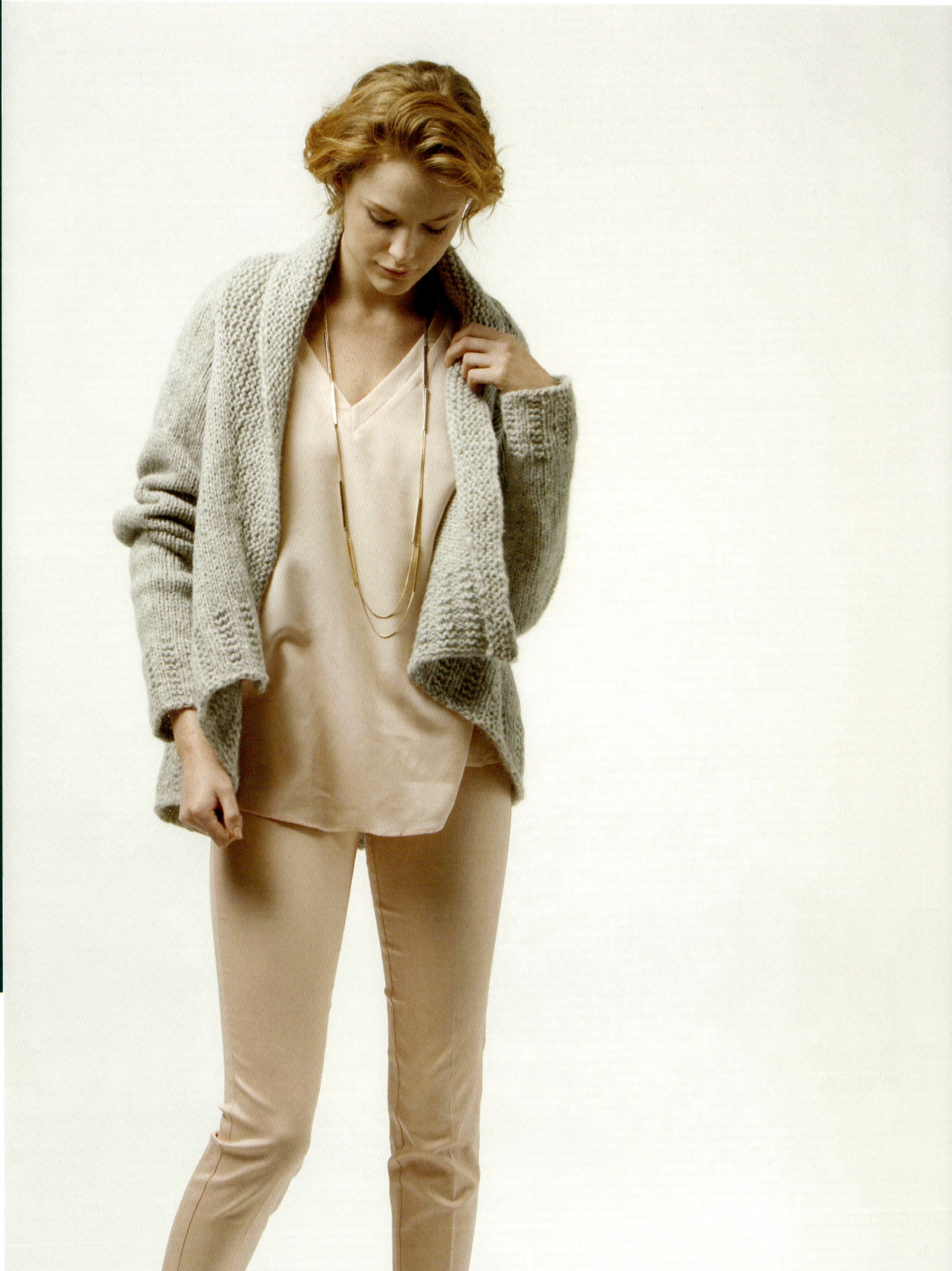

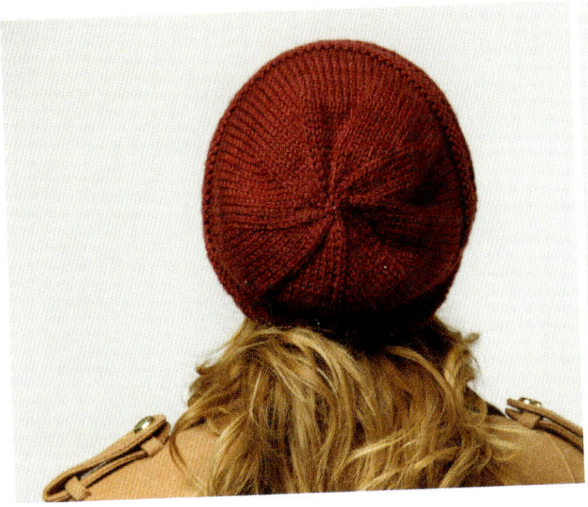

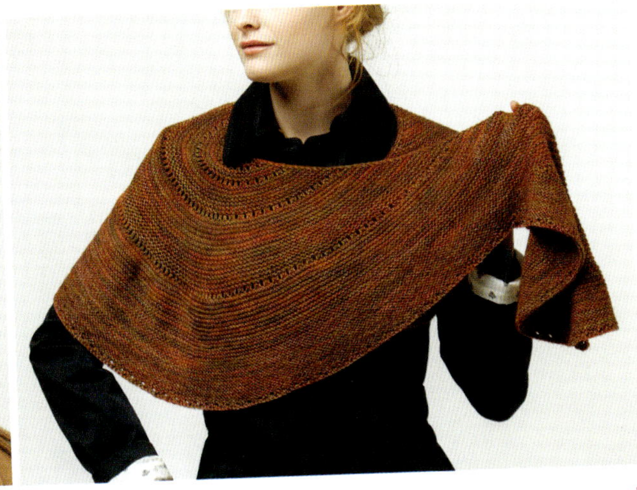

BESONDERHEITEN

Die W&w-Methode ist ideal für einfache Strickmuster wie Rippenmuster, bei denen keine Extrareihen das fortlaufende Muster unterbrechen. Verwendet man zum Kaschieren des Wendepunkts den Arbeitsfaden, braucht man keinen Faden aus einer Masche der Reihe darunter heraufzuholen, wodurch sich das Gestrick verziehen könnte. Wird der Wendepunkt so gelegt, dass eine Linksmasche umwickelt wird, kann eventuell auf das Abstricken des Wickels verzichtet werden, da die Wickelmasche im Strick- oder Rippenmuster verschwindet.

Die W&w-Methode eignet sich auch für rundgestrickte Arbeiten. Die Wickel werden dabei etwas anders abgestrickt: Nach dem Stricken der Hin- und Rückreihen einer Partie mit verkürzten Reihen innerhalb einer rundgestrickten Arbeit wird die letzte verkürzte Reihe fortgesetzt, bis die Runde zu Ende ist. Dabei stoßen Sie auf einige Wickel, die sich „umgekehrt" um die Wickelmasche schlingen – die Wickel führen von links um die rechte Seite der Wickelmasche herum, da Sie sich dieser nun in der Gegenrichtung nähern. Einfach in den Wickel und die Masche einstechen und beide zusammen abstricken.

Wird glatt rechts gestrickt, erhält man mit W&w je nach Garn vielleicht nicht das schönste Ergebnis, da der für den Wickel benötigte Arbeitsfaden in der fertigen Arbeit eine lockere Schlaufe bilden kann. Bei der gängigen Methode, den Wickel aufzunehmen und abzustricken, wird dieser auf die links gestrickte Seite der Arbeit gelegt, wo er zu sehen ist. Wenn die links gestrickte Seite an einem Modell sichtbar ist oder kraus links gearbeitet wird, fallen die Wickel auf, da sie in den Linksmaschen nicht verschwinden, vor allem bei weniger elastischem Garn wie Baumwolle und Seide oder bei sehr dickem Garn. Um dies zu vermeiden, können Sie die Wickel so aufnehmen und abstricken, dass sie auf die rechts gestrickte Seite der Arbeit gelegt werden.

Um den Wickel auf die rechts gestrickte Seite zu legen, wenn er in einer rechts gestrickten Reihe aufgenommen wird, den Wickel mit der rechten Nadel von hinten auf die linke Nadel heben und über die Masche ziehen, sodass er links von ihr sitzt (eventuell mit den Fingern nachhelfen). Werden nun Wickel und Masche zusammen rechts abgestrickt, liegt der Wickel vor der Masche und ist auf der links gestrickten Seite unsichtbar.

Um den Wickel auf die rechts gestrickte Seite zu legen, wenn er in einer linken Reihe aufgenommen wird, die Wickelmasche links abheben. Mit der linken Nadel den Wickel auf die rechte Nadel und über die Masche heben, sodass er rechts der Masche sitzt. Masche und Wickel zurück auf die linke Nadel heben und zusammen links abstricken. Von der links gestrickten Seite gesehen liegt der Wickel hinter der Masche und ist damit unsichtbar.

Bei dieser Methode wird die Masche quasi wieder „ausgewickelt", da der Wickel von der Masche gelöst wird. Ergebnis ist eine linke Masche mit dezentem doppeltem Steg; das Maschenbild der linken Maschen ist ganz gleichmäßig. Auf der rechts gestrickten Seite fällt der Wickel jedoch deutlich auf; die Methode daher nur bei sichtbarer links gestrickter Seite anwenden. Ist Ihnen das Umwickeln und Auswickeln zu mühsam, wählen Sie für verkürzte Reihen bei sichtbarer links gestrickter Seite eine andere Methode.

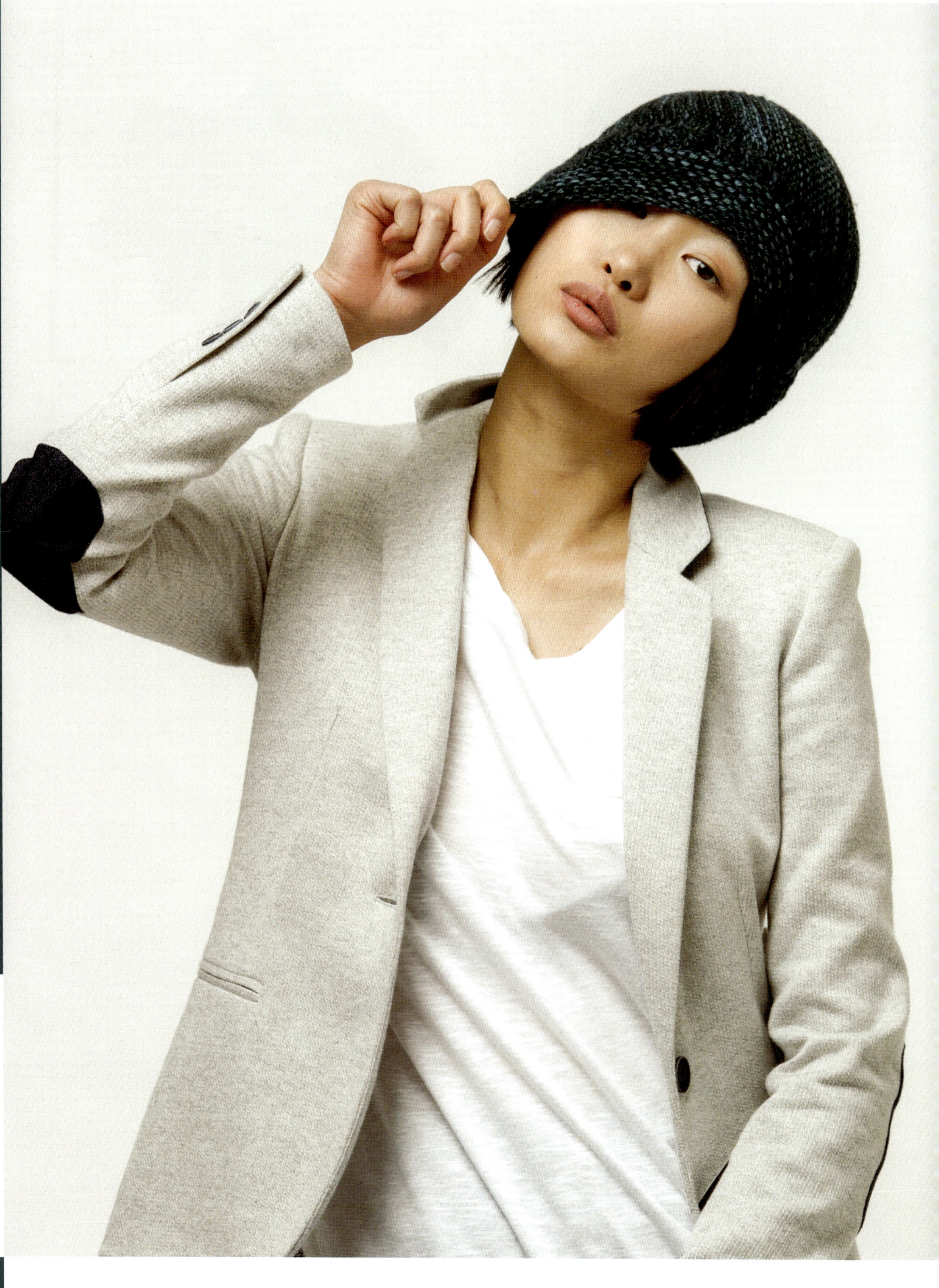

MÜTZE MIT **Ohrenklappen**

Verkürzte Reihen in ihrer einfachsten Form, also nur durch Wenden gearbeitet, bilden die spiralförmig angeordneten Keile am Kopfteil dieser Mütze. Aus dem unteren Rand werden Maschen aufgenommen und in Runden kraus rechts gestrickt. Die Ohrenklappen entstehen durch verkürzte Reihen in W&w-Technik; dabei müssen die Wickel nicht aufgenommen werden!

FERTIGE GRÖSSE
Einheitsgröße für Erwachsene; ca. 51 cm Umfang und 23 cm Höhe an den Ohrenklappen, ungedehnt gemessen.

GARN
Mitteldickes Garn [Aran/Worsted, Stärke 4, Medium].

Abgebildetes Modell: Shalimar Yarns Equus [100 % Merinowolle Superwash, LL 200 yd/4 oz [183 m/114 g]]; Farbe Asilomar, 1 Strang.

STRICKNADELN
Rundstricknadel Nr. 5, 40 cm lang, oder 60 cm bei Verwendung der Magic-Loop-Technik. *Nadelstärke ggf. anpassen, um die Maschenzahl der Maschenprobe zu erreichen.*

SONSTIGES MATERIAL
3 Maschenmarkierer [MM], Wollnadel, Garnrest [Hilfsfaden] für provisorischen MA.

MASCHENPROBE
16 M und 36 Rd in kraus rechts = 10 x 10 cm.

Anmerkungen

Die Mütze wird seitwärts gestrickt, beginnend mit einem provisorischen Maschenanschlag (MA), der später mit der letzten Reihe zusammengenäht wird. Ich verwende den unsichtbaren provisorischen MA mit einem Hilfsfaden. Die Maschenzahl bestimmt die Höhe des Kopfteils, die Reihenzahl den Umfang; zur Größenanpassung weniger oder mehr Keile wiederholen. Am Ende jeder verkürzten Hinreihe die Arbeit ohne Wickelmasche oder sonstige Vorbereitung wenden; die so entstehende Lücke wird in der letzten Hinreihe jedes Keiles durch Zusammenstricken von Maschen geschlossen. Die Lücken sind leicht zu erkennen, doch bei Bedarf können sie durch Maschenmarkierer gekennzeichnet werden.

Muster und Techniken

W&w (an rechten Reihen), Wickeln & wenden: Masche links abheben, Faden nach vorn legen, Masche zurück auf linke Nadel heben, Arbeit wenden, Faden nach vorn legen.

W&w (an linken Reihen), Wickeln & wenden: Masche links abheben, Faden nach hinten legen, Masche zurück auf linke Nadel heben, Arbeit wenden, Faden nach hinten legen.

MINIZOPF

2 M re zusstr, ohne sie von der linken Nadel zu heben, zwischen diese 2 M einstechen und die 1. M erneut re str, beide M von der linken Nadel abheben.

KOPFTEIL

MASCHENANSCHLAG: 36 M im provisorischen unsichtbaren MA (siehe Techniken).

ANF-R: 32 M re, MMs, 2 M li, MMs, re M bis Ende.

Keile (Spirale)

1. VERKÜRZTE R (HIN-R): 2 M re, MM abh, 2 M re, MM abh, 2 M re aus 1 M herausstr, re M bis 3 M vor Ende, wenden – 1 M zugen.

2. VERK R (U. JEDE RÜCK-R BIS 14. R): bis 1. MM re str, MM abh, 2 M li, MM abh, re M bis Ende.

3., 7. U. 11. VERK. R: 2 M re, MM abh, 1 Minizopf, MM abh, 2 M re aus 1 M herausstr, re M bis 3 M vor letzt. Wendepkt, wenden – 1 M zugen.

5., 9. U. 13. VERK. R: 2 M re, MM abh, 2 M re, MM abh, 2 M re aus 1 M herausstr, re M bis 3 M vor letzt. Wendepkt, wenden – 1 M zugen.

15. R: 2 M re, MM abh, 1 Minizopf, MM abh, re M bis 1 M vor letzt. Wendepkt, 7x [2 M re zus, 1 M re], 1 M re – 7 M abgen, 36 M übrig.

16. R: 1 M abh, re M bis 1. MM, MM abh, 2 M li, MM abh, re M bis Ende.

Keil (Spirale) noch 7x wh, mit einer 15. R enden. Faden in 60 cm Länge abschneiden.

M des provisorischen MA auf Stricknadel aufnehmen, dabei korrekt ausrichten. Mütze falten: li Seite nach außen, Stricknadeln aneinander, sodass der MA vorn und die M der letzten R hinten liegen; Faden unter beiden Schlingen aller abgehobenen Rand-M durchziehen und fest anziehen, um das Loch am Scheitelpunkt zu schließen. MA u. letzte R im Maschenstich (kraus re) zusnähen:

ANFANG: Nähnadel wie für li M erst in 1. M d. vord. Nadel, dann in 1. M d. hint. Nadel einstechen.

VORD. NADEL: Faden wie für re M durch 1. M ziehen, die M von der Nadel heben, dann wie für li M durch folg. M ziehen, die M auf der Nadel lassen.

HINT. NADEL: Faden wie für re M durch 1. M ziehen, die M von der Nadel heben, dann wie für li M durch folg. M ziehen, die M auf der Nadel lassen.

Schritte für die vordere und hintere Nadel wh, bis alle M aufgefasst sind; nur zw. den MM den Maschenstich (glatt re) verwenden:

HINT. NADEL: Faden wie für li M durch 1. M ziehen, die M von der Nadel heben, dann wie für re M durch folg. M ziehen, die M auf der Nadel lassen.

RAND MIT OHRENKLAPPEN

Rechte Seite (Außenseite) liegt oben. Mit neuem Fd. an Nahtstelle anf, 80 M aus unt. Mützenrand aufn u. re str, MMs, M zur Rd schließen.

1. RD: li M.

2. RD: re M.

1.–2. Rd noch 2x wh.

1. VERK. ANFANGS-R (HIN-R): 24 M li, W&w.

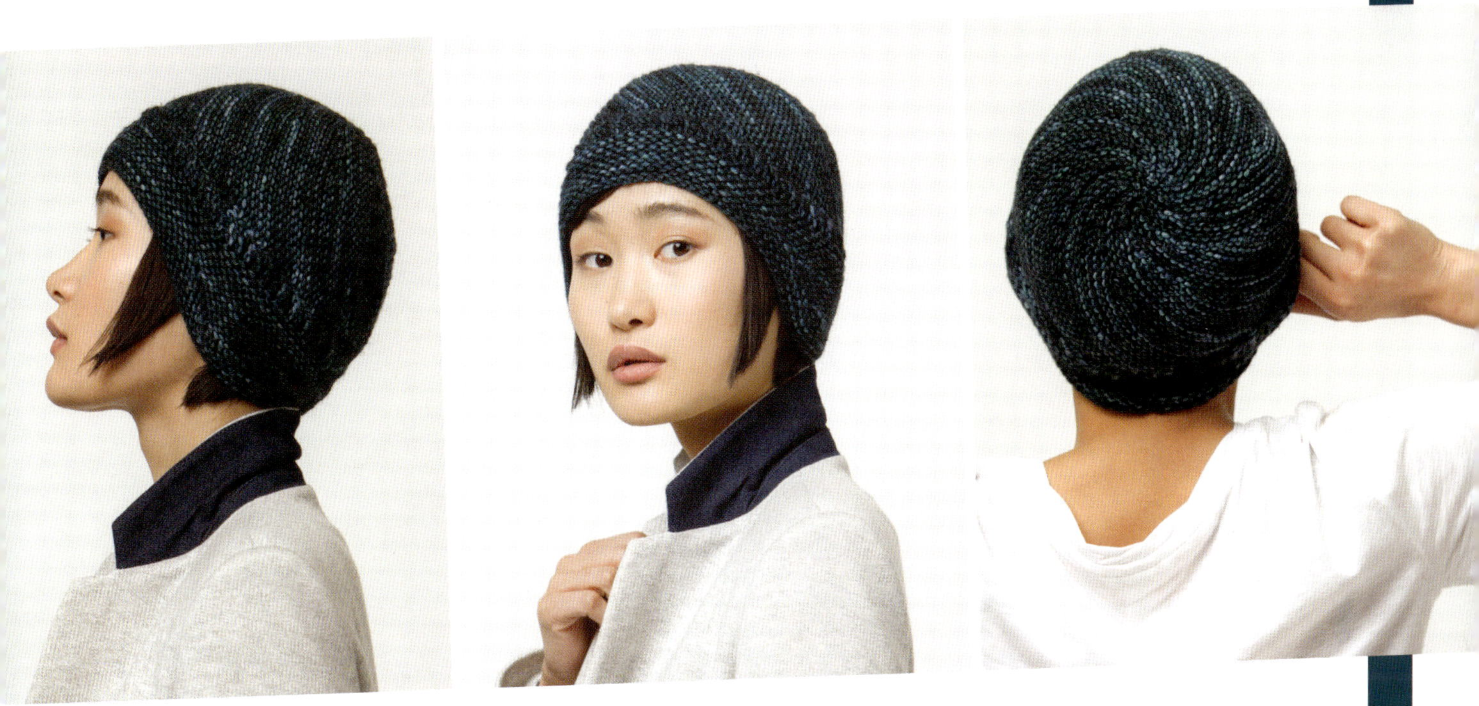

2. VERK. ANF-R (RÜCK-R): li M bis Rd-Ende, MM abh; nicht wenden, 24 M re, W&w.

1. VERK R (HIN-R): re M bis Rd-Ende, MM abh; nicht wenden, li M bis 1 M vor voriger Wickel-M, W&w.

2. VERK R (RÜCK-R): li M bis Rd-Ende, MM abh; nicht wenden, re M bis 1 M vor voriger Wickel-M, W&w.

1. und 2. verk R noch 1x wh.

Linke Ohrenklappe

1. VERK R (HIN-R): 13 M re, W&w.

2. VERK R (RÜCK-R): 12 M re, W&w.

3. VERK. R: 10 M re, W&w.

4. VERK. R: 9 M re, W&w.

5. VERK. R: 7 M re, W&w.

6. VERK. R: 6 M re, W&w.

7. VERK. R: 4 M re, W&w.

8. VERK. R: 3 M re, W&w.

9. VERK. R: 1 M re, W&w.

Rechte Ohrenklappe

1. VERK R (RÜCK-R): 54 M re, W&w.

2. VERK R (HIN-R): 12 M re, W&w.

3. VERK. R: 10 M re, W&w.

4. VERK. R: 9 M re, W&w.

5. VERK. R: 7 M re, W&w.

6. VERK. R: 6 M re, W&w.

7. VERK. R: 4 M re, W&w.

8. VERK. R: 3 M re, W&w.

9. VERK. R: 1 M re, W&w.

10. VERK R (HIN-R): re M bis Ende.

NÄCHSTE RD: li M.

NÄCHSTE RD: re M.

Die letzten beiden Rd noch 2x wh.

Alle M li abketten.

FERTIGSTELLUNG

Fäden vernähen und Mütze spannen.

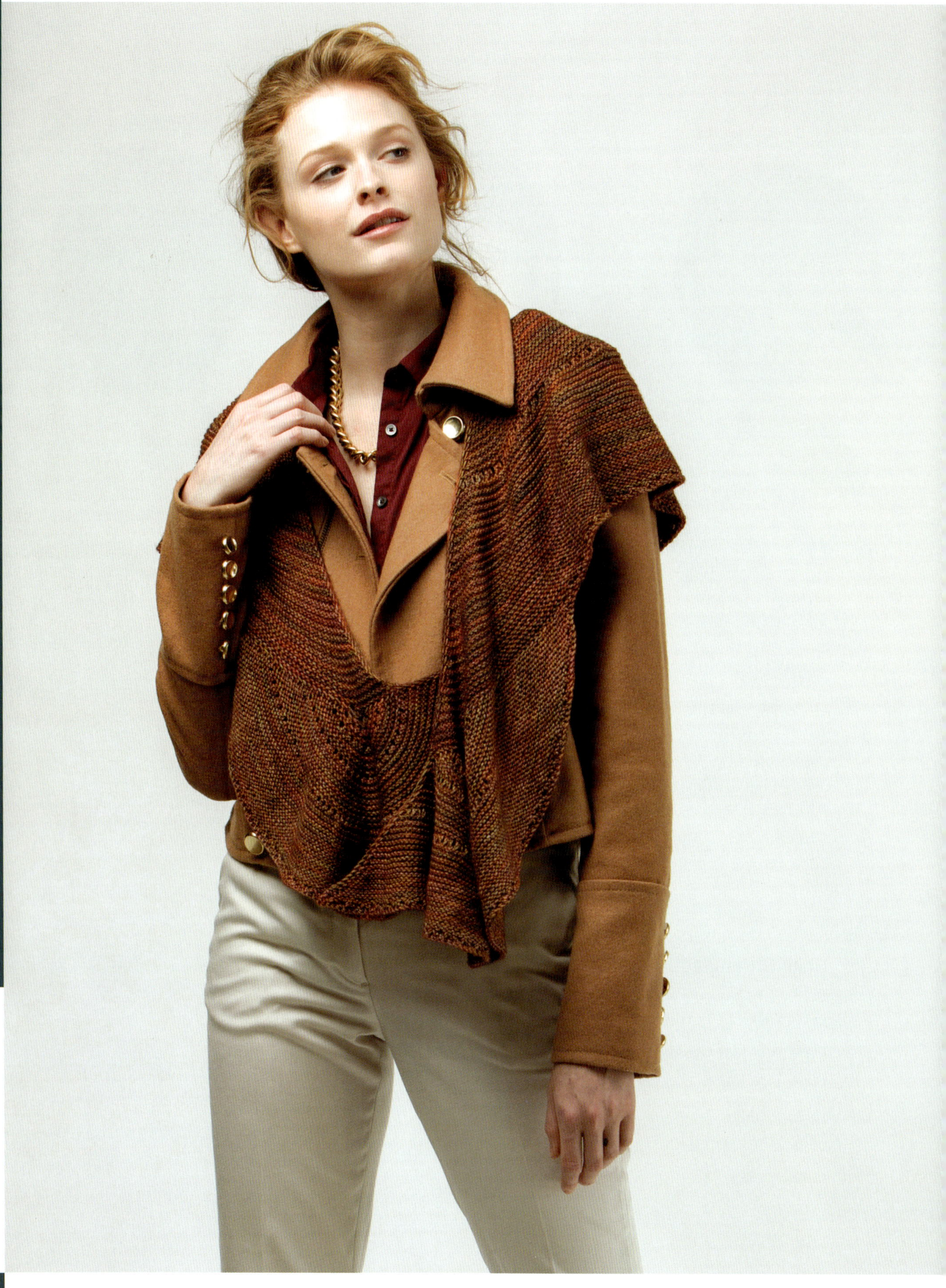

Engelsflügel

KLEINES SCHULTERTUCH

Drei bogenförmige Partien, alle mit der W&w-Methode gearbeitet, verbinden sich nahtlos zu einem himmlischen Schal. Da kraus rechts gestrickt wird, brauchen keine Wickel aufgenommen zu werden. Formgebender Blickfang sind die Lochreihen.

FERTIGE GRÖSSE
Ca. 132 cm breit und 35,5 cm hoch.

GARN
Sehr dünnes Garn (Fingering, Stärke 1, Super Fine).

Abgebildetes Modell: String Theory Hand Dyed Yarn Caper Sock (80 % Merinowolle, 10 % Kaschmir, 10 % Nylon; LL 400 yd/4 oz [366 m/113 g]), Farbe Oban, 2 Stränge.

STRICKNADELN
Rundstricknadeln Nr. 4, 80 cm und 60 cm lang. *Nadelstärke ggf. anpassen, um die Maschenzahl der Maschenprobe zu erreichen.*

SONSTIGES MATERIAL
2 Maschenmarkierer (MM), Wollnadel.

MASCHENPROBE
15 M und 32 R in kraus rechts = 10 x 10 cm.

Anmerkungen

Das Tuch wird von oben nach unten gearbeitet. Es werden Maschen für die Länge des Mittelteils angeschlagen; diese werden mit verkürzten Reihen von der Mitte nach außen bis zum Rand gestrickt. Dann werden beidseits des Mittelteils die ganz ähnlichen kleineren Flügel angestrickt.

„Gearbeitet" umfasst sowohl die M, die aus dem MA durch W&w eingearbeitet wurden, als auch die durch Umschlag zugenommenen M. „Eingearbeitet" bezieht sich auf die M, die aus dem MA durch Umwickeln hinzugenommen wurden, „zugenommen" auf die durch Umschlag zugenommenen M. In jeder nur rechts gestrickten R wird 1 gearbeitete M zugefügt; bis zur letzten Wickel-M stricken, die Wickel-M abstricken, dann W&w an der nächsten M arbeiten. Bei diesem kraus rechts gestrickten Schal brauchen die Wickel nicht zusammen mit den Wickelmaschen abgestrickt zu werden.

Wegen der großen Maschenzahl eine Rundstricknadel verwenden, jedoch nicht in Runden, sondern in Reihen stricken und bei Bedarf zu der längeren Nadel wechseln.

Muster und Techniken

W&w (an rechten Reihen), Wickeln & wenden: Masche links abheben, Faden nach vorn legen. Masche zurück auf linke Nadel heben, Arbeit wenden, Faden nach vorn legen.

SCHULTERTUCH

Maschenanschlag: 121 M aufstricken (siehe Techniken).

1 Reihe re str.

1. VERK. ANF-R: 61 M re, W&w.

2. VERK. ANF-R: 1 M re (Mittelmasche), W&w – 3 M gearbeitet.

Mittelteil

1. VERK. R: 2 M re, W&w – 1 M eingearbeitet, 4 M gearbeitet.

2. VERK R (ZUNAHME-R): 3x [U, 1 M re], W&w – 1 M eingearbeitet, 3 M zugen; 8 M gearbeitet.

3. VERK. R: 7 M re, W&w – 1 M eingearbeitet; 9 M gearbeitet.

4. VERK R (ZUNAHME-R): 6x [1 M re, U], 2 M re, W&w – 1 M eingearbeitet; 16 M gearbeitet.

RECHTE VERK. R: bis zur Wickel-M re str, Wickel-M ohne den Wickel re str, W&w – 1 M eingearbeitet.

Rechte verk. Reihe noch 2x wh – 19 M gearbeitet.

8. VERK R (ZUNAHME-R): 2x [2 M re, U], 8x [1 M re, U], 2x [2 M re, U], 2 M re, W&w – 1 M eingearbeitet, 12 M zugen; 32 M gearbeitet.

Rechte verk R noch 7x wh – 39 M gearbeitet.

16. VERK R (ZUNAHME-R): 6x [2 M re, U], 12x [1 M re, U], 6x [2 M re, U], 2 M re, W&w – 1 M eingearbeitet, 24 M zugen; 64 M gearbeitet.

Rechte verk R noch 15x wh – 79 M gearbeitet.

32. VERK R (ZUNAHME-R): 14x [2 M re, U], 20x [1 M re, U], 14x [2 M re, U], 2 M re, W&w – 1 M eingearbeitet, 48 M zugen; 128 M gearbeitet.

Rechte verk R noch 31x wh – 159 M gearbeitet.

64. VERK R (ZUNAHME-R): 30x [2 M re, U], 36x [1 M re, U], 30x [2 M re, U], 2 M re, W&w – 1 M eingearbeitet, 96 M zugen; 256 M gearbeitet.

Rechte verk R noch 54x wh, bis alle M gearbeitet wurden – 310 M gearbeitet.

Erster Flügel

266 M re bis 44 M vor Ende, MMs, 44 M re bis Ende; Arbeit wenden, 23 M aufstricken (siehe Techniken).

1. VERK. ANF-R: 34 M re, W&w.

2. VERK. ANF-R: 1 M re (neue Mittelmasche), W&w – 3 M gearbeitet.

Anleitung für das Mittelteil bis zur 64. verk R (Zunahme-R) wh.

FOLG. R: re M bis Ende; alle M vor dem MM wurden gearbeitet – 160 M gearbeitet.

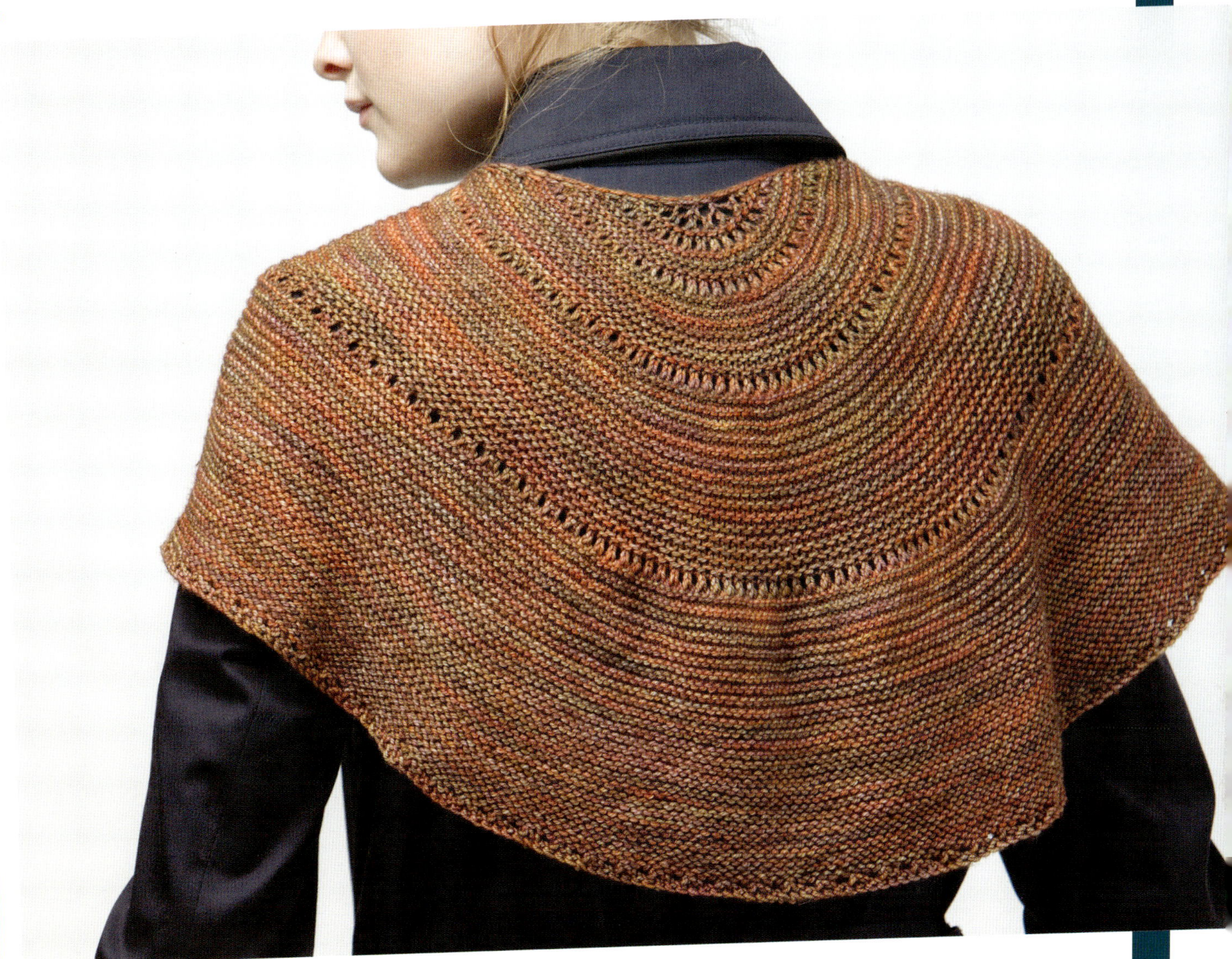

Zweiter Flügel

FOLG. R: re M bis MM, 222 M re bis 44 M vor Ende, MMs, 44 M re bis Ende; Arbeit wenden und 23 M aufstricken (siehe Techniken).

1. VERK. ANF-R: 34 M re, W&w.

2. VERK. ANF-R: 1 M re (neue Mittelmasche), W&w – 3 M gearbeitet.

Anleitung für das Mittelteil bis zur 64. verk R (Zunahme-R) wh.

FOLG. R: re M bis Ende; alle M vor dem MM wurden gearbeitet – 160 M gearbeitet.

FOLG. R: alle M re str, dabei MM entfernen – 542 M.

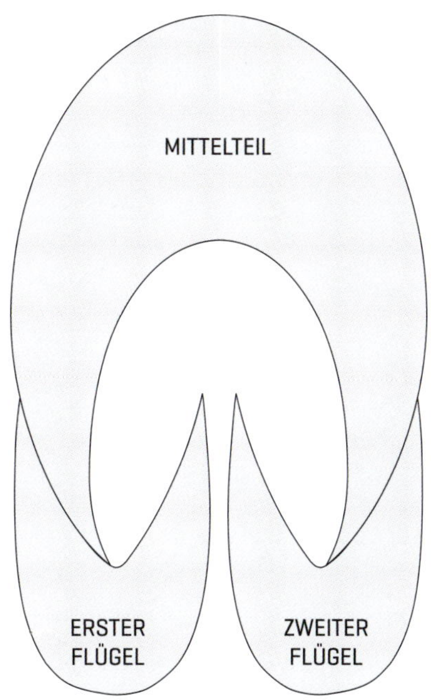

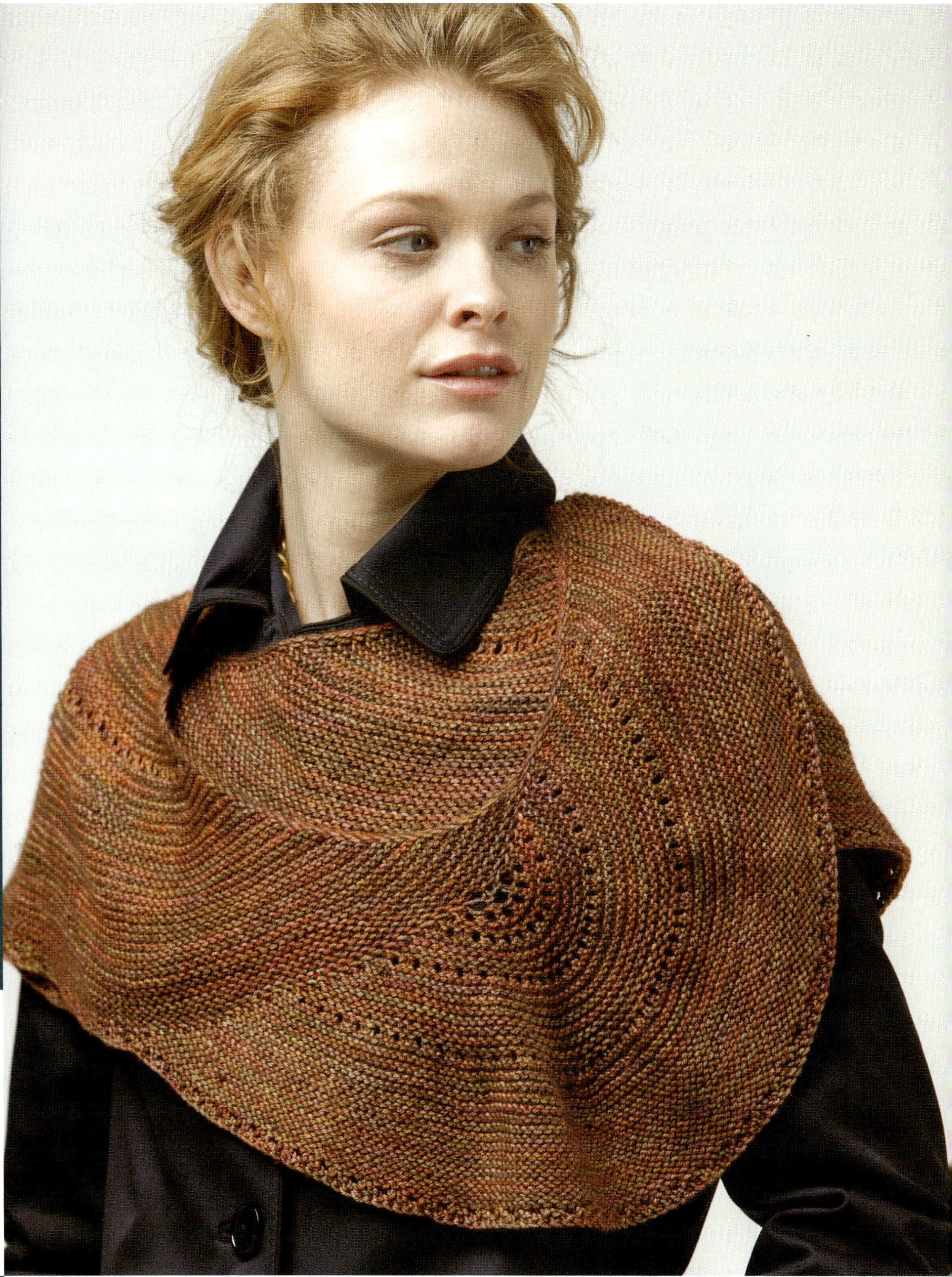

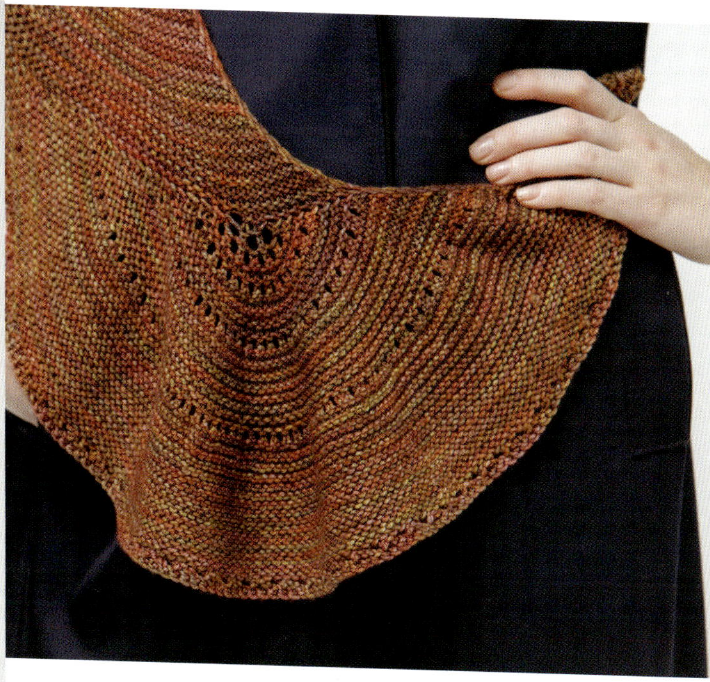

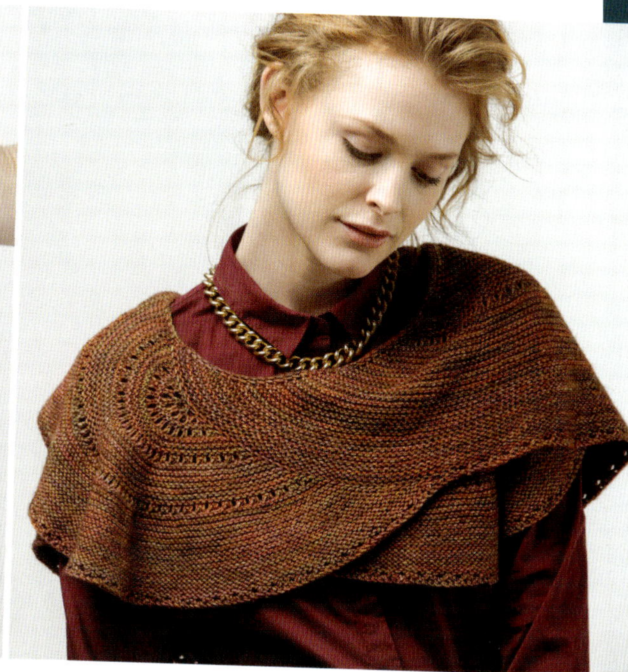

UMRANDUNG

1. REIHE: re M.

2. R: 1 M re, U, *1 M re, 2 M re zus, 1 M re, U; ab * bis End-M wh, 1 M re.

3. R: re M.

Maschen rechts verschränkt (= dehnbar) abketten wie folgt:

1 M re, *1 M re, li Nadel vorn in die ersten 2 M der re Nadel schieben und die 2 M re verschr zusstr; ab * fortlfd. wh.

FERTIGSTELLUNG

Fäden vernähen, Tuch spannen.

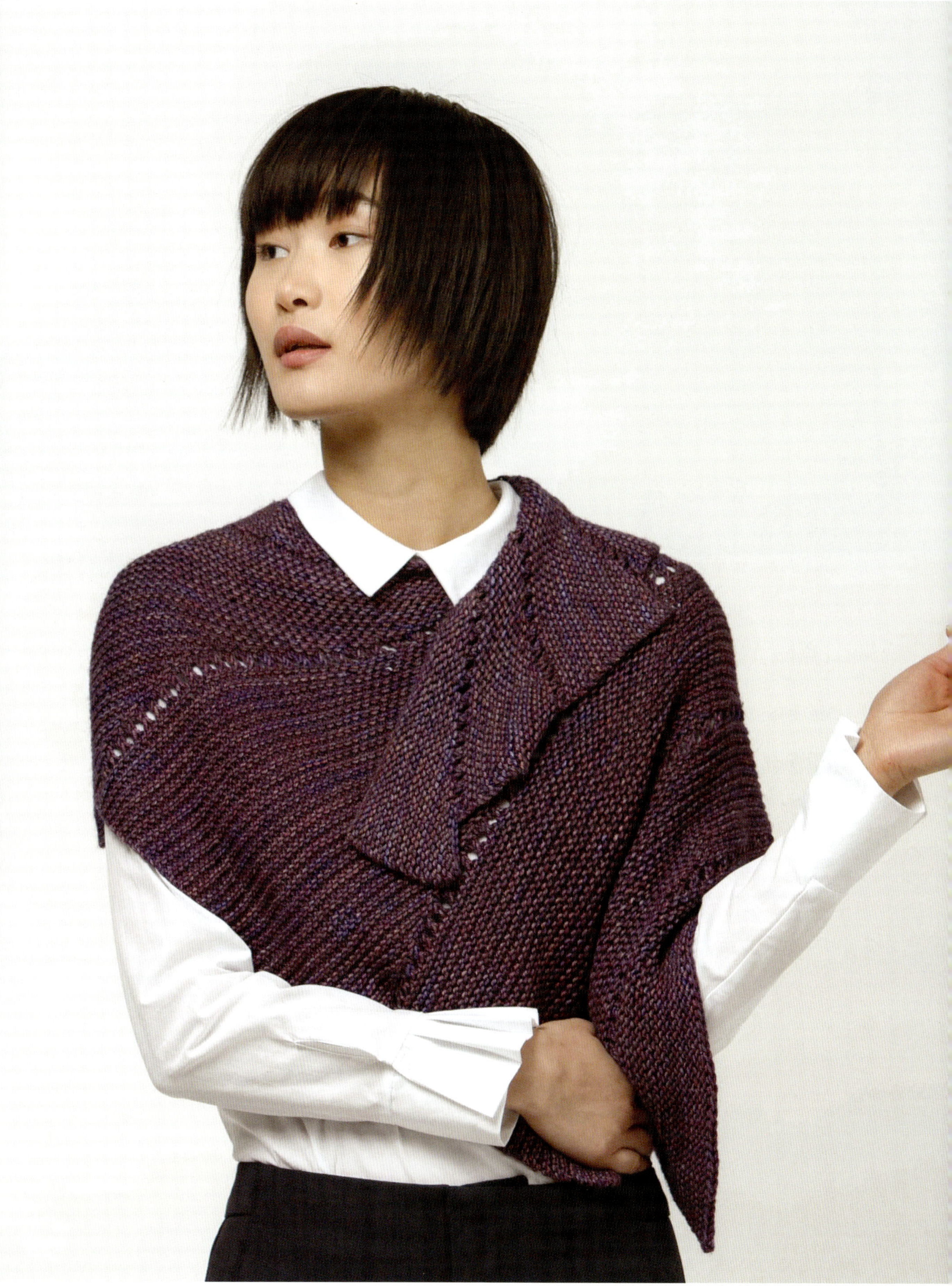

LamellenSCHAL

Kraus rechts mit der W&w-Technik gestrickte Dreiecke fügen sich wie Lamellen aneinander und werden dabei zuerst immer breiter, dann wieder schmaler und zugleich länger. Die Wickel brauchen nicht aufgenommen zu werden und dank des dickeren Garnes ist dieser unkomplizierte, beidseitig tragbare Schal schnell gemacht.

FERTIGE GRÖSSE
Ca. 173 cm breit und 53,5 cm hoch.

GARN
Mitteldickes Garn [Aran/Worsted, Stärke 4, Medium].

Abgebildetes Modell: Dream in Color Classy with Cashmere [70 % Merinowolle, 20 % Kaschmir, 10 % Nylon, LL 200 yd/4 oz [183 m/113 g]], Farbe Visual Purple, 3 Stränge.

STRICKNADELN
Rundstricknadel Nr. 5, 80 cm lang.
Nadelstärke ggf. anpassen, um die Maschenzahl der Maschenprobe zu erreichen.

SONSTIGES MATERIAL
Wollnadel.

MASCHENPROBE
17 M und 24 R in kraus rechts = 10 x 10 cm.

Anmerkungen

Bei diesem kraus rechts gestrickten Tuch ist es nicht notwendig, die Wickel zusammen mit der Wickelmasche abzustricken.

Wegen der großen Maschenzahl eine Rundstricknadel verwenden, jedoch nicht in Runden, sondern in Reihen stricken.

Muster und Techniken

W&w (an rechten Reihen), Wickeln & wenden: Masche links abheben, Faden nach vorn legen. Masche zurück auf linke Nadel heben, Arbeit wenden, Faden nach vorn legen.

SCHULTERTUCH

Maschenanschlag: 38 M aufstricken (siehe Techniken).

1 Reihe re str.

Erste Lamelle

1. VERK. ANF-R: re M bis 3 M vor Ende, W&w.

2. VERK. ANF-R: re M bis Ende.

1. VERK. R: re M bis 3 M vor voriger Wickel-M, W&w.

2. VERK. R: re M bis Ende.

1. und 2. verkürzte R wh, bis vor der letzten Wickelmasche nur noch 2 M übrig sind.

Zweite Lamelle

ZUNAHME-R: 6 M abk, re M bis Ende; wenden und 9 M aufstricken – 41 M.

LOCHREIHE: 10 M re, *U, 2 M re zus; ab * bis End-M wh, 1 M re.

Erste Lamelle wh.

Dritte Lamelle

ZUNAHME-R: 6 M abk, re M bis Ende; wenden und 12 M aufstricken – 47 M.

LOCHREIHE: 12 M re, *U, 2 M re zus; ab * bis End-M wh, 1 M re.

Erste Lamelle wh.

Vierte Lamelle

ZUNAHME-R: 6 M abk, re M bis Ende; wenden und 15 M aufstricken – 56 M.

LOCHREIHE: 15 M re, *U, 2 M re zus; ab * bis End-M wh, 1 M re.

Erste Lamelle wh.

Fünfte Lamelle

ZUNAHME-R: 6 M abk, re M bis Ende; wenden und 18 M aufstricken – 68 M.

LOCHREIHE: 19 M re, *U, 2 M re zus; ab * bis End-M wh, 1 M re.

Erste Lamelle wh.

Sechste Lamelle

ZUNAHME-R: 6 M abk, re M bis Ende; wenden und 21 M aufstricken – 83 M.

LOCHREIHE: 22 M re,*U, 2 M re zus; ab * bis End-M wh, 1 M re.

Erste Lamelle wh.

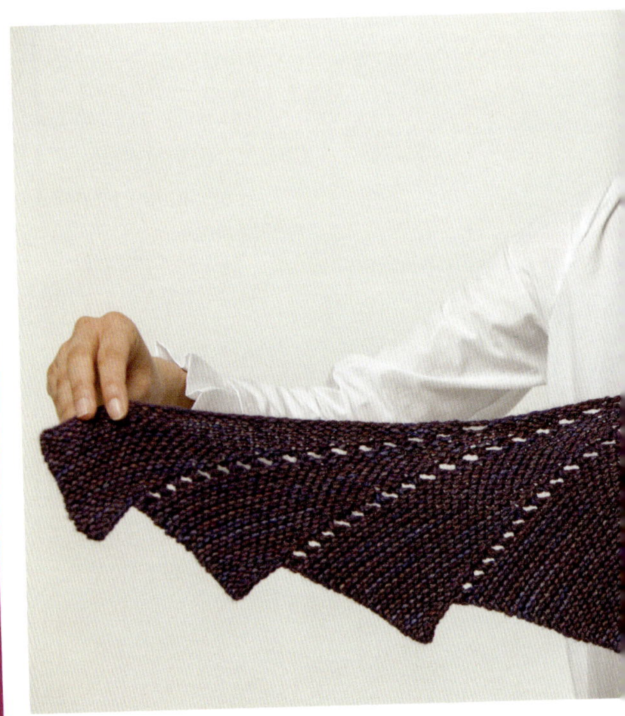

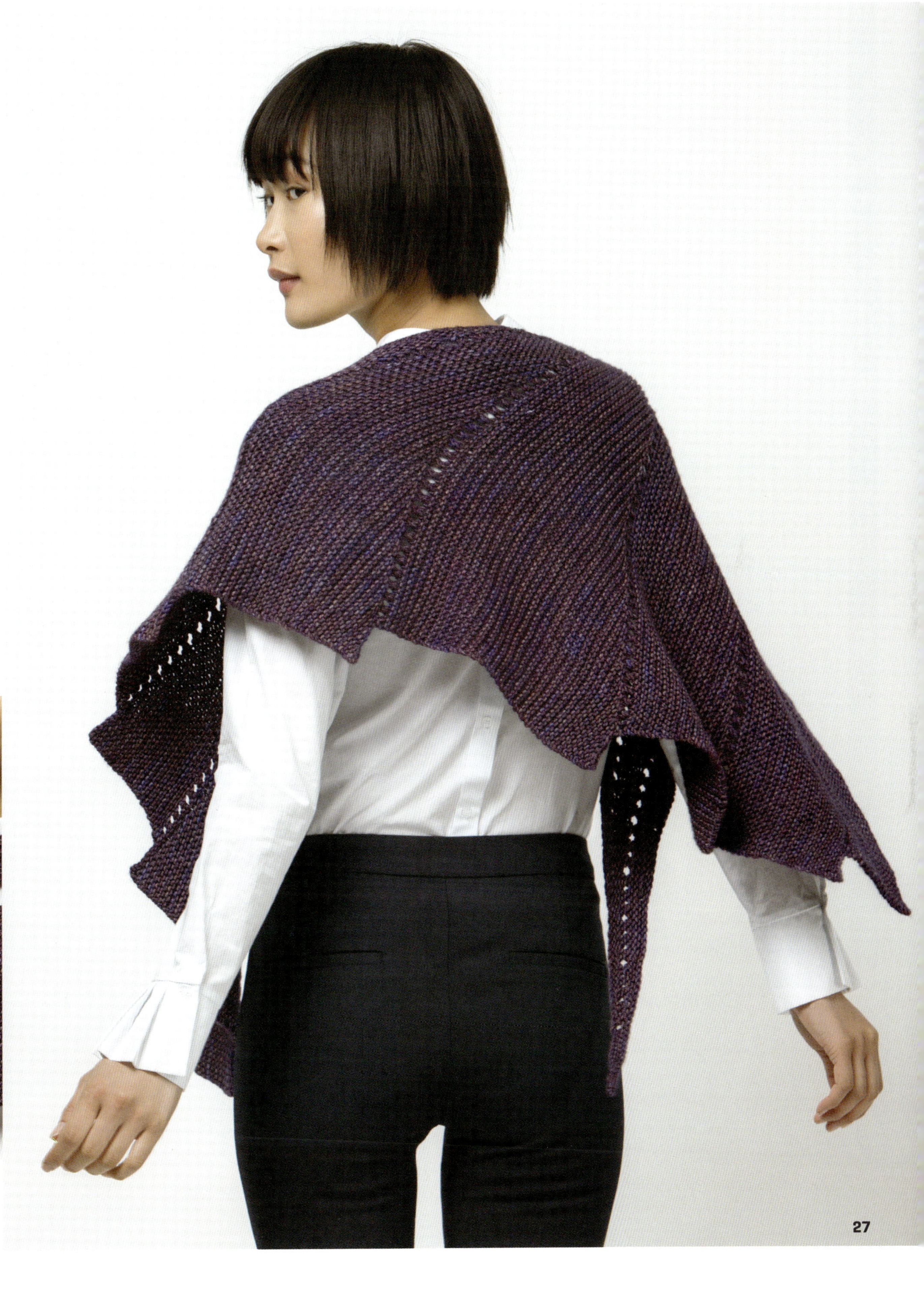
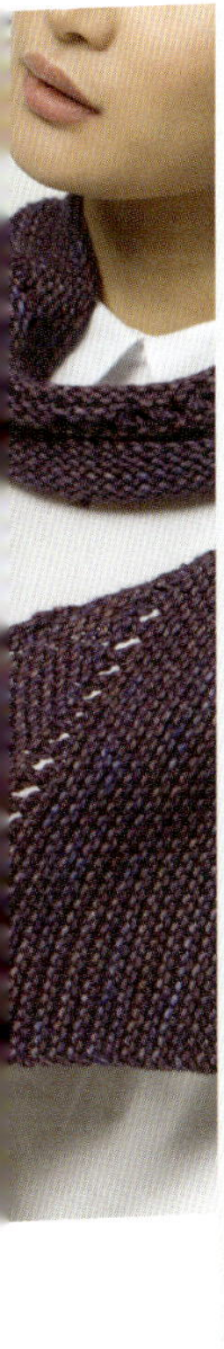

Siebte Lamelle

ZUNAHME-R: 6 M abk, re M bis Ende; wenden und 24 M aufstricken – 101 M.

LOCHREIHE: 24 M re, *U, 2 M re zus; ab * bis End-M wh, 1 M re.

Erste Lamelle wh.

Achte Lamelle

ZUNAHME-R: 6 M abk, re M bis Ende; wenden und 21 M aufstricken – 116 M.

LOCHREIHE: 21 M re, *U, 2 M re zus; ab * bis End-M wh, 1 M re.

1. VERK. ANF-R: re M bis 4 M vor Ende, W&w.

2. VERK. ANF-R: re M bis Ende.

1. VERK. R: re M bis 4 M vor voriger Wickel-M, W&w.

2. VERK. R: re M bis Ende.

1. und 2. verkürzte R wh, bis vor der letzten Wickelmasche nur noch 4 M übrig sind.

Neunte Lamelle

ZUNAHME-R: 6 M abk, re M bis Ende; wenden und 18 M aufstricken – 128 M.

LOCHREIHE: 19 M re, *U, 2 M re zus; ab * bis End-M wh, 1 M re.

1. VERK. ANF-R: re M bis 6 M vor Ende, W&w.

2. VERK- ANF-R: re M bis Ende.

1. VERK. R: re M bis 6 M vor voriger Wickel-M, W&w.

2. VERK. R: re M bis Ende.

1. und 2. verkürzte R wh, bis vor der letzten Wickelmasche nur noch 2 M übrig sind.

Zehnte Lamelle

ZUNAHME-R: 6 M abk, re M bis Ende; wenden und 15 M aufstricken – 137 M.

LOCHREIHE: 16 M re, *U, 2 M re zus; ab * bis End-M wh, 1 M re.

1. VERK. ANF-R: re M bis 9 M vor Ende, W&w.

2. VERK- ANF-R: re M bis Ende.

1. VERK. R: re M bis 9 M vor voriger Wickel-M, W&w.

2. VERK. R: re M bis Ende.

1. und 2. verkürzte R wh, bis vor der letzten Wickelmasche nur noch 2 M übrig sind.

FERTIGSTELLUNG

Alle M locker abketten. Fäden vernähen und Tuch spannen.

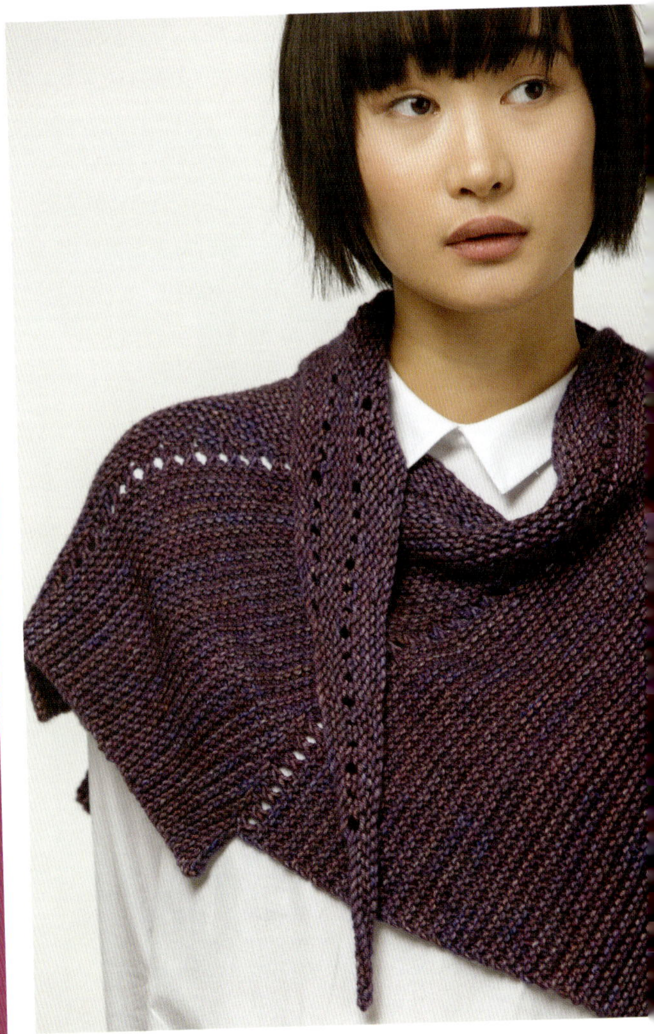

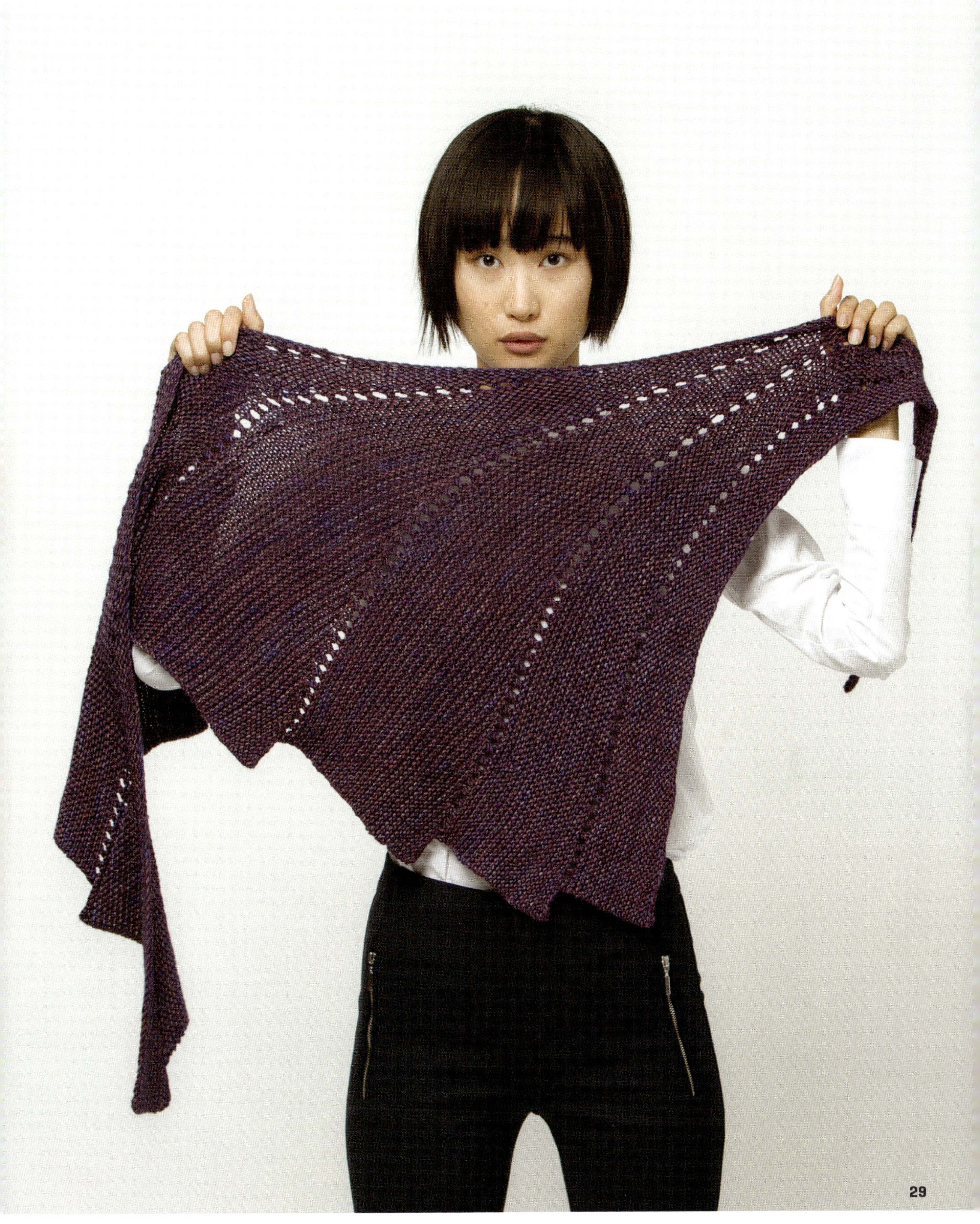

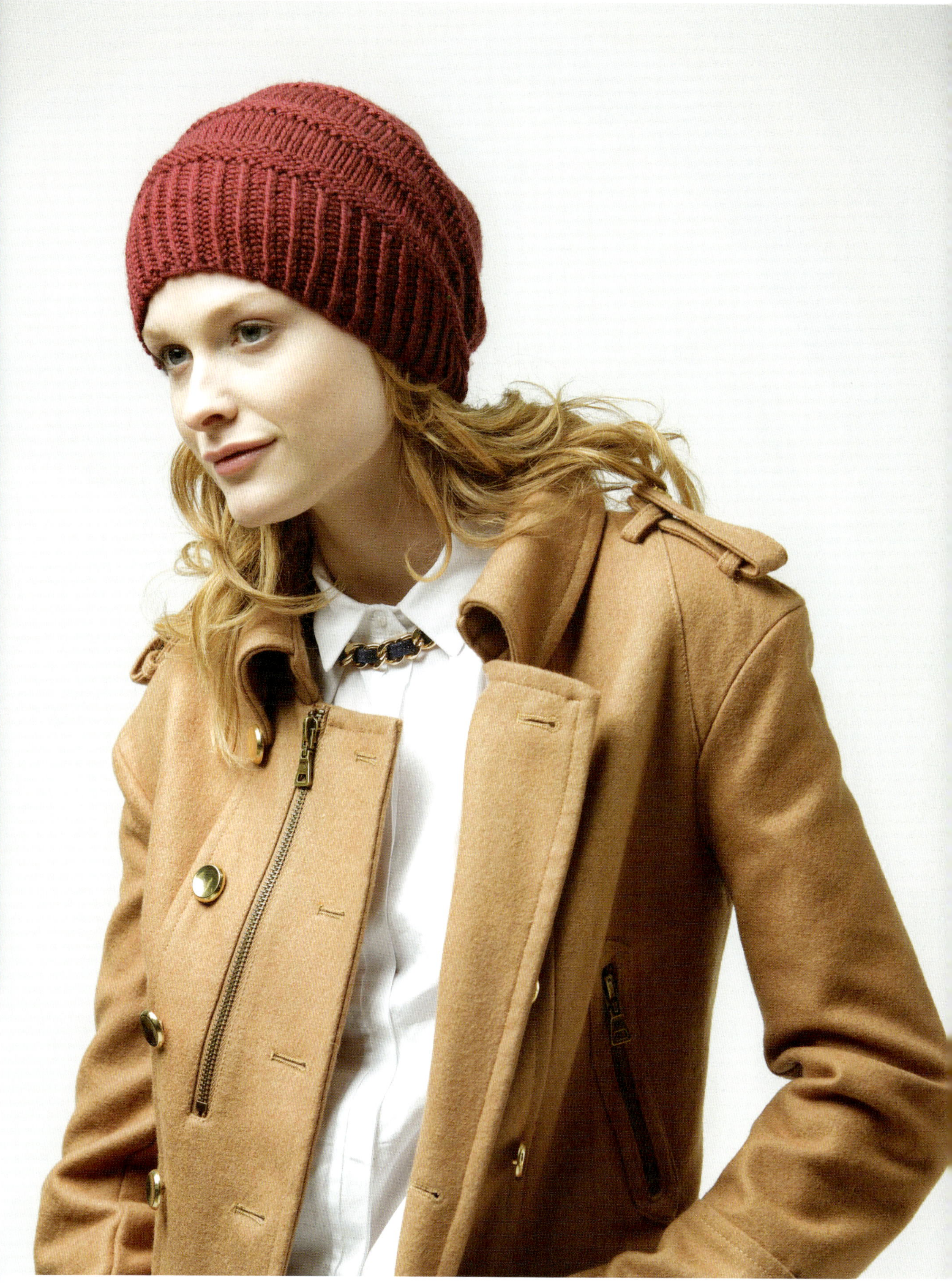

MÜTZE MIT **Querrippen**

In W&w-Technik gestrickte verkürzte Reihen formen den Bund dieser Mütze so, dass er sich an den Nacken schmiegt. Durch weitere verkürzte Reihen zwischen den Linksrippen fällt die Mütze schön lässig.

FERTIGE GRÖSSE
Einheitsgröße für Erwachsene; ca. 40,5 cm Umfang und 23 cm Höhe, ungedehnt gemessen.

GARN
Mitteldickes Garn (Aran/Worsted, Stärke 4, Medium).

Abgebildetes Modell: Lorna's Laces Shepherd Worsted Solid (100 % Merinowolle, LL 225 yd/4 oz [206 m/113 g]), Farbe Manzanita, 1 Strang.

STRICKNADELN
Rundstricknadel Nr. 4½, 40 cm lang oder 60 cm bei Anwendung der Magic-Loop-Technik.
Nadelstärke ggf. anpassen, um die Maschenzahl der Maschenprobe zu erreichen.

SONSTIGES MATERIAL
9 Maschenmarkierer (MM), Wollnadel.

MASCHENPROBE
18 M und 24 Rd in glatt rechts = 10 x 10 cm.

Anmerkungen

Die Hin-R nach der Anleitung für W&w an rechten Reihen stricken, die Rück-R nach W&w an linken Reihen. Die verkürzten Reihen des Bundes sind so angelegt, dass die Wickel-M stets eine linke M in einer Hin-R ist; den Wickel aufzunehmen erübrigt sich, da er in den Linksrippen des Bündchenmusters verschwindet. Bei der Anweisung „bis 4 M vor der vorigen Wickel-M" so weit stricken, dass noch 4 normale M, gefolgt von der Wickel-M, auf der linken Nadel liegen.

Muster und Techniken

W&w (an rechten Reihen), Wickeln & wenden: Masche links abheben, Faden nach vorn legen, Masche zurück auf linke Nadel heben, Arbeit wenden, Faden nach vorn legen.

W&w (an linken Reihen), Wickeln & wenden: Masche links abheben, Faden nach hinten legen, Masche zurück auf linke Nadel heben, Arbeit wenden, Faden nach hinten legen.

VERSCHRÄNKTES RIPPENMUSTER (in Reihen gestrickt, M-Zahl teilbar durch 2)

1. R (Hin-R): 1 M re verschr, 1 M li im Wechsel.

2. R (Rück-R): 1 M re, 1 M li verschr im Wechsel.

Für das Muster 1. und 2. R stets wh.

VERSCHRÄNKTES RIPPENMUSTER (rundgestrickt, M-Zahl teilbar durch 2)

1. Rd: 1 M re verschr, 1 M li im Wechsel.

Für das Muster 1. Rd stets wh.

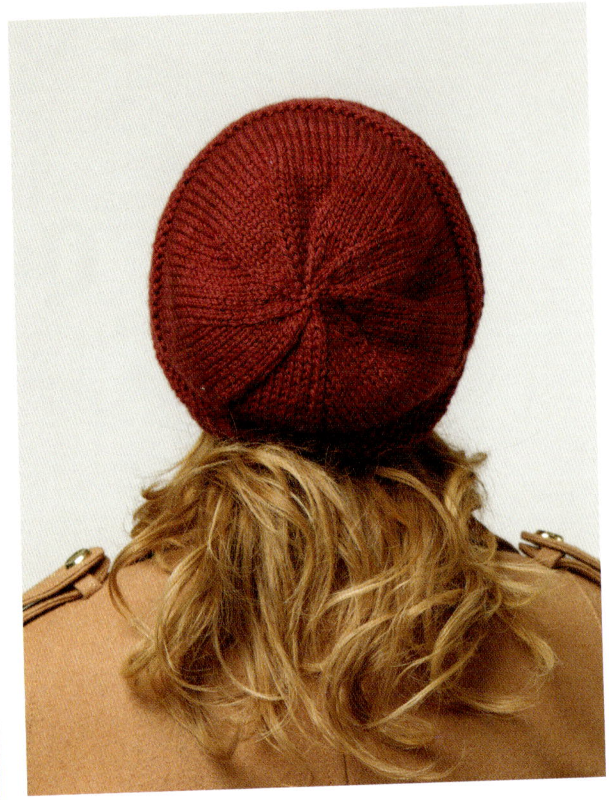

BUND

Maschenanschlag: 80 M aufstricken (siehe Techniken); MM setzen und M zur Runde schließen (aufpassen, dass die M nicht verdreht werden).

2,5 cm im verschränkten Rippenmuster stricken.

1. VERK. ANF-R (HIN-R): 1 M re verschr, 1 M li im Wechsel bis 16 M vor MM, 1 M re verschr, W&w.

2. VERK. ANF-R (RÜCK-R): 1 M li verschr, 1 M re im Wechsel bis 15 M vor MM, 1 M li verschr, W&w.

1. VERK. R: Im Muster bis 2 M vor voriger Wickel-M str, W&w.

1. verk R noch 9x wh.

FOLG. R (RÜCK-R): li M bis Ende.

ZUNAHME-RD: *7 M li, 2 M li aus 1 M herausstr; ab * fortlfd. wh – 90 M.

2 Rd li str.

Querrippe

3 Rd re str.

1. VERK. ANF-R (HIN-R): re M bis 16 M vor MM, W&w.

2. VERK.ANF-R (RÜCK-R): li M bis 16 M vor MM, W&w.

1. VERK. R: re M bis 4 M vor voriger Wickel-M, W&w.

2. VERK. R: li M bis 4 M vor voriger Wickel-M, W&w.

1. und 2. verk R noch 1x wh.

FOLG. R (HIN-R): li M bis Ende.

2 Rd li str.

Querrippe noch 1x wh.

15 Rd re str; Höhe der Mütze ab der zweiten Querrippe ca. 6,5 cm.

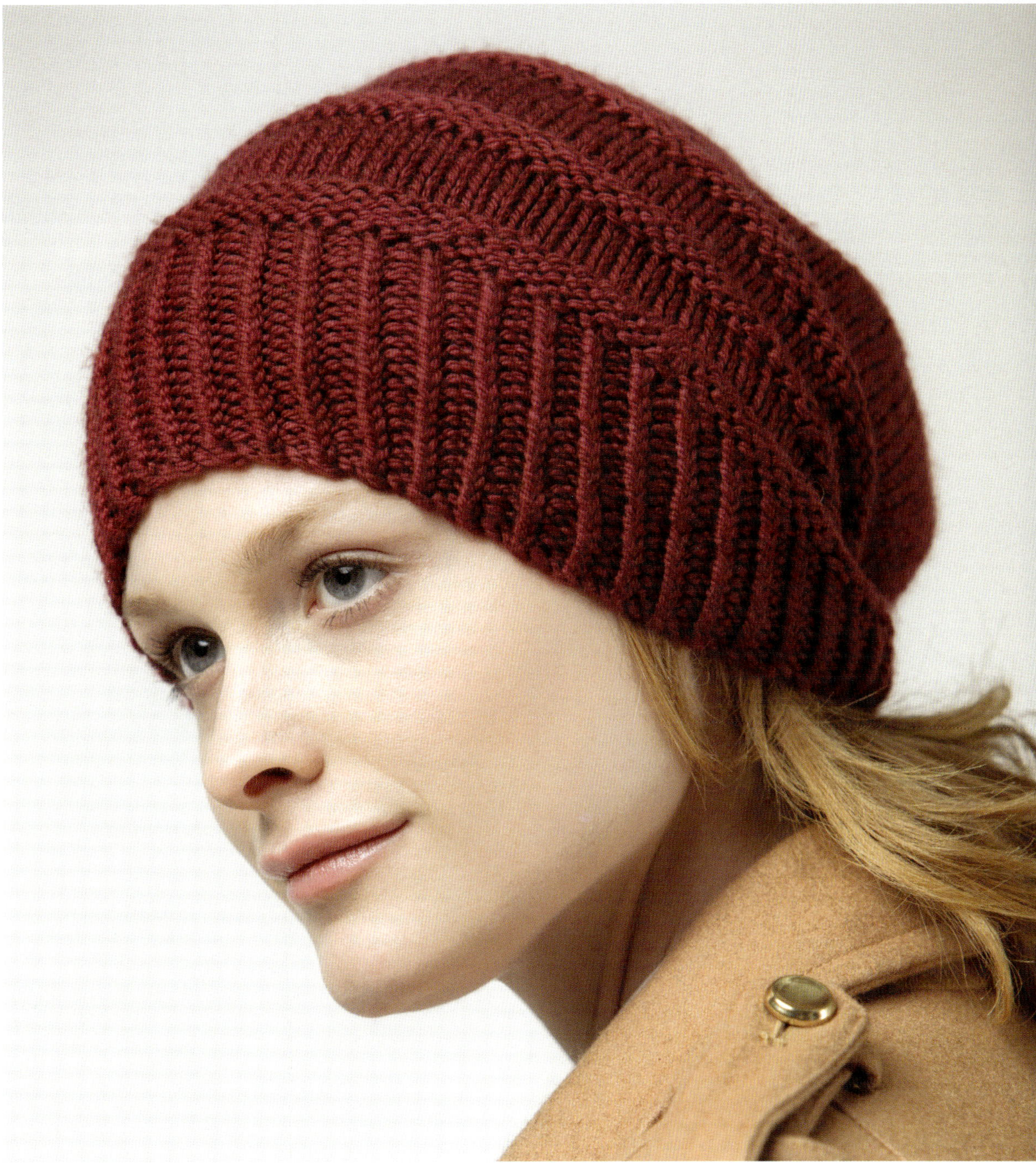

KOPFTEIL

ANFANGS-ABNAHME-RD: *8 M re, 2 M re zus, MMs; ab * bis 10 M vor Ende wh, 8 M re, 2 M re zus – 9 M abgen.

1 Rd re str.

ABNAHME-RD: *re M bis 2 M vor MM, 2 M re zus; ab * fortlfd. wh – 9 M abgen.

Abnahme-Rd noch 5x in jeder zweiten Runde wh, dann Abnahme-Rd noch 1x wh – 18 M übrig.

FOLG. RD: fortlfd. 2 M re zus bis Ende – 9 M übrig.

FERTIGSTELLUNG

Faden durchschneiden und durch die übrigen M ziehen. Fäden vernähen und Mütze spannen.

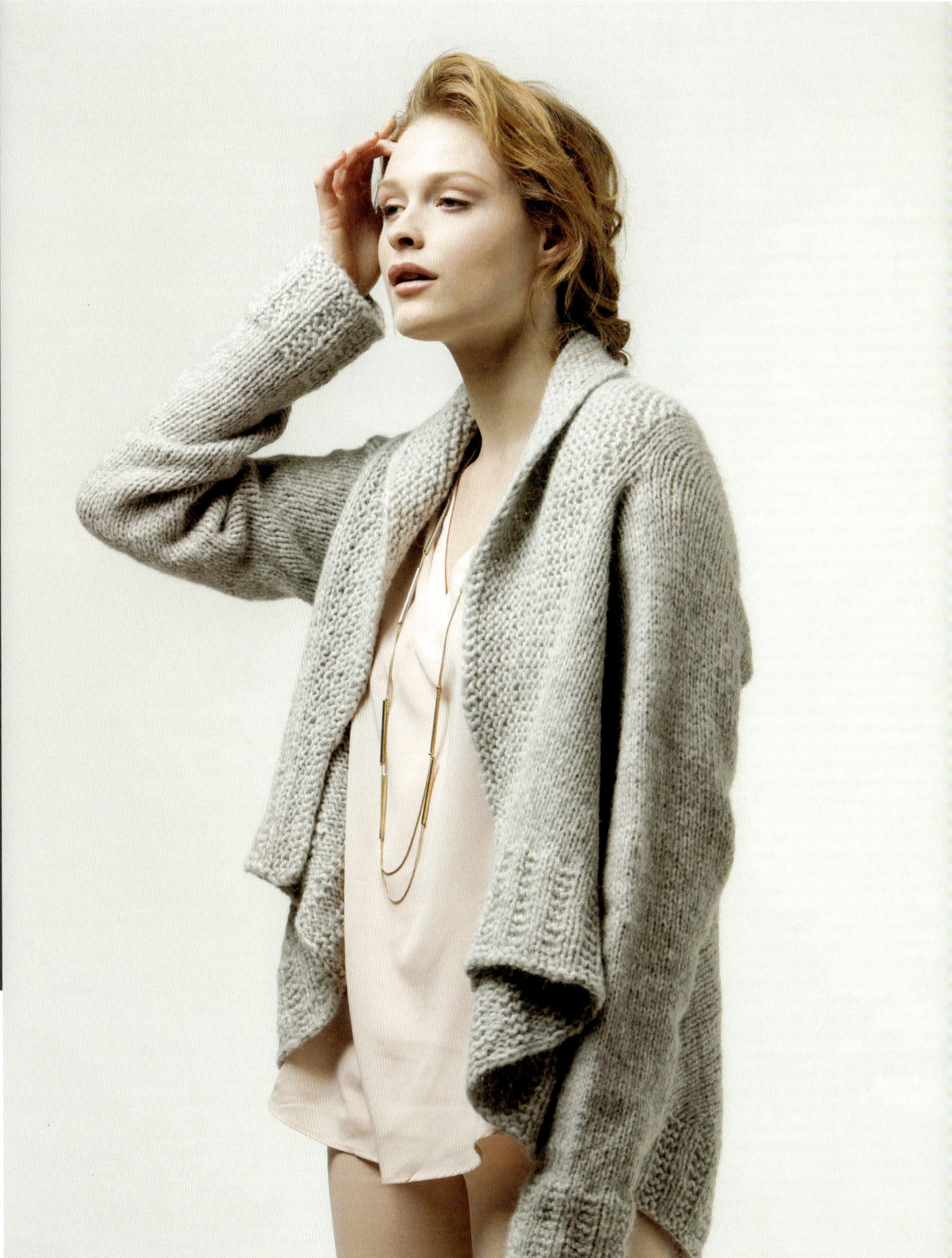

WEITE
Wickeljacke

Vom provisorischen Anschlag in der hinteren Mitte wird diese nahtlose weite Wickeljacke seitlich in einem Stück bis zur Vorderkante gestrickt. Die Ärmel werden nachträglich aus offenen Maschen am Armausschnitt gearbeitet. Den unteren Saum formen verkürzte Reihen (W&w); die aufgenommenen Wickel bilden einen unsichtbaren Übergang zum Rippenmuster. Für den übergroßen, kraus rechts gestrickten Schalkragen werden Maschen aus der Oberkante aufgenommen; er wird durch verkürzte Reihen (W&w ohne aufgenommene Wickel) geformt.

FERTIGE GRÖSSE

Ca. 37 [38, 44,5, 42, 44,5] cm Rückenbreite. Diese Jacke hat keinen eigentlichen Brustumfang; daher die Größe anhand der Rückenbreite bestimmen [abgebildetes Modell: 38 cm].

GARN

Dickes Garn [Chunky, Stärke 5, Bulky].

Abgebildetes Modell: Blue Sky Fibers Techno [68 % Alpaka, 22 % Seide, 10 % Merinowolle; LL 120 yd/1¾ oz [110 m/50 g]], Farbe Metro Silver, 9 [9, 10, 11, 12] Stränge.

STRICKNADELN

Rundstricknadeln Nr. 6½ und 5½, 100 cm lang. *Nadelstärke ggf. anpassen, um die Maschenzahl der Maschenprobe zu erreichen.*

SONSTIGES MATERIAL

1 Maschenmarkierer [MM], Maschenhalter, Wollnadel, Garnrest [Hilfsfaden] für provisor. MA und später angestrickte Ärmel.

MASCHENPROBE

12 M und 20 R in glatt rechts auf dickerer Nadel = 10 x 10 cm;
12 R und 26 R in kraus rechts auf dickerer Nadel = 10 x 10 cm.

Muster und Techniken

W&w (an rechten Reihen), Wickeln & wenden: Masche links abheben, Faden nach vorn legen. Masche zurück auf linke Nadel heben, Arbeit wenden, Faden nach vorn legen.

W&w (an linken Reihen), Wickeln & wenden: Masche links abheben, Faden nach hinten legen, Masche zurück auf linke Nadel heben, Arbeit wenden, Faden nach hinten legen.

RIPPENMUSTER (Garter Rib) in Reihen, M-Zahl teilbar durch 4 + 8

1. R (Hin-R): re M.

2. R (Rück-R): 3 M li, [2 M re, 2 M li] bis 5 M vor Ende, 2 M re, 3 M li.

1. und 2. R fortlfd. wh.

RIPPENMUSTER (Garter Rib) in Reihen, M-Zahl teilbar durch 4

1. Rd: re M.

2. Rd: 2 M re, 2 M li im Wechsel.

1. und 2. Rd fortlfd. wh.

RECHTES RÜCKENTEIL

Maschenanschlag: dickere Nadel, 64 (69, 75, 78, 81) M im provisorischen unsichtbaren MA (siehe Techniken).

2 R re str.

FOLG. R (HIN-R): re M.

FOLG. R (RÜCK-R): li M.

Noch 32 (34, 36, 38, 40) R glatt re str, mit Rück-R enden. Höhe ab MA ca. 18,5 (19, 20,5, 21, 22) cm.

RECHTES VORDERTEIL

FOLG. R (HIN-R, WIRD FÜR ÄRMEL GETEILT): 39 (43, 47, 49, 51) M re; Arbeitsfaden 20 cm lang abschneiden. Mit Hilfsfaden (Garnrest) folg. 22 (23, 25, 26, 27) M re str; Hilfsfaden beenden, R mit neuem Arbeitsfaden re zu Ende str.

VERKÜRZTE ANF-R (RÜCK-R): li M bis End-M, W&w.

1. VERK R (HIN-R): re M bis Ende.

2. VERK R (RÜCK-R): li M bis 1 M vor voriger Wickel-M, W&w.

1. und 2. verk R noch 22x (24x, 27x, 28x, 29x) wh, bis noch 40 (43, 46, 48, 50) nicht gearbeitete M übrig sind. Höhe ab Ärmelteilung ca. 24 (26, 29, 30, 32,5) cm.

Faden abschneiden, alle M auf Halter stilllegen.

LINKES RÜCKENTEIL

64 (69, 75, 78, 81) M des provisor. MA auf die dickere Nadel legen, 2 R re str (mit Hin-R anf).

FOLG. R (HIN-R): re M.

FOLG. R (RÜCK-R): li M.

Noch 32 (34, 36, 38, 40) R glatt re str, mit Rück-R enden. Höhe ab MA in der hinteren Mitte ca. 18,5 (19, 20,5, 21, 22) cm.

LINKES VORDERTEIL

FOLG. R (HIN-R, WIRD FÜR ÄRMEL GETEILT): 3 M re; Arbeitsfaden 20 cm lang abschneiden. Mit Hilfsfaden (Garnrest) folg. 22 (23, 25, 26, 27) M re str; Hilfsfaden beenden, mit neuem Arbeitsfaden re M bis End-M, W&w.

VERKÜRZTE ANF-R (RÜCK-R): li M bis Ende.

1. VERK R (HIN-R): re M bis 1 M vor voriger Wickel-M, W&w.

2. VERK R (RÜCK-R): li M bis Ende.

1. und 2. verk R noch 22x (24x, 27x, 28x, 29x) wh; 40 (43, 46, 48, 50) nicht gearbeitete M sind übrig. Höhe ab Ärmelteilung ca. 24 (26, 29, 30, 32,5) cm.

Arbeitsfaden nicht abschneiden.

SAUM

FOLG. R (HIN-R): 64 (69, 75, 78, 81) M des li Vorderteils re str, Wickel dabei mit Wickel-M zusstr. 56 (58, 62, 64, 66) M aus unt. Rand der Rückenpartie aufnehmen und re str. 64 (69, 75, 78, 81) M des M-Halters re str, Wickel dabei mit Wickel-M zusstr – 184 (196, 212, 220, 228) M.

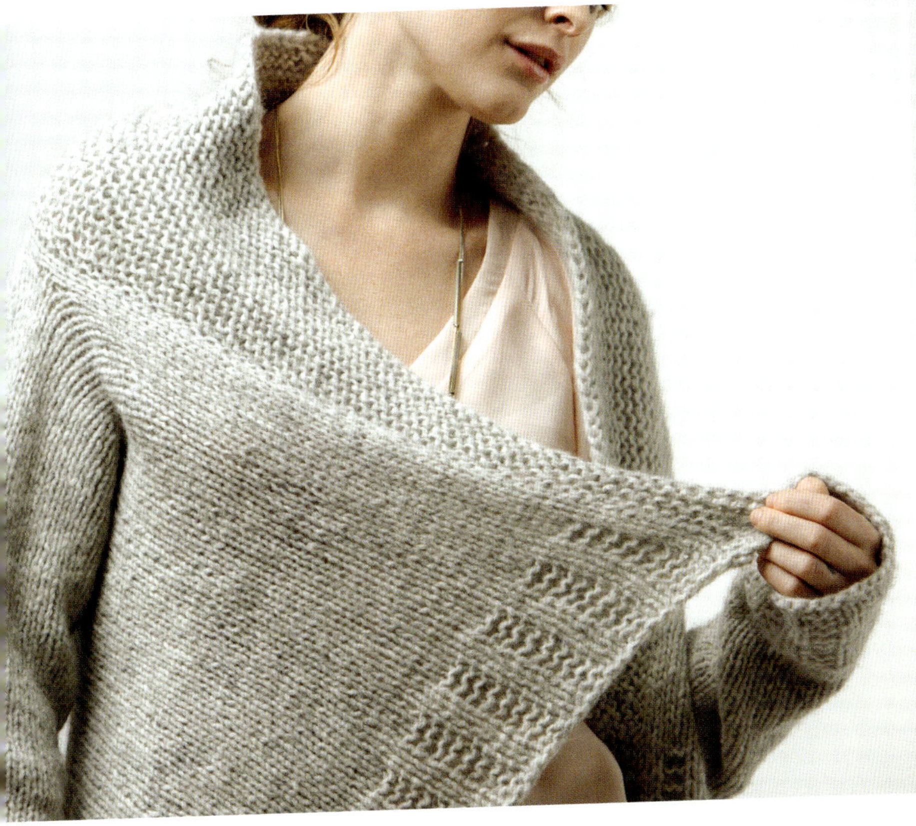

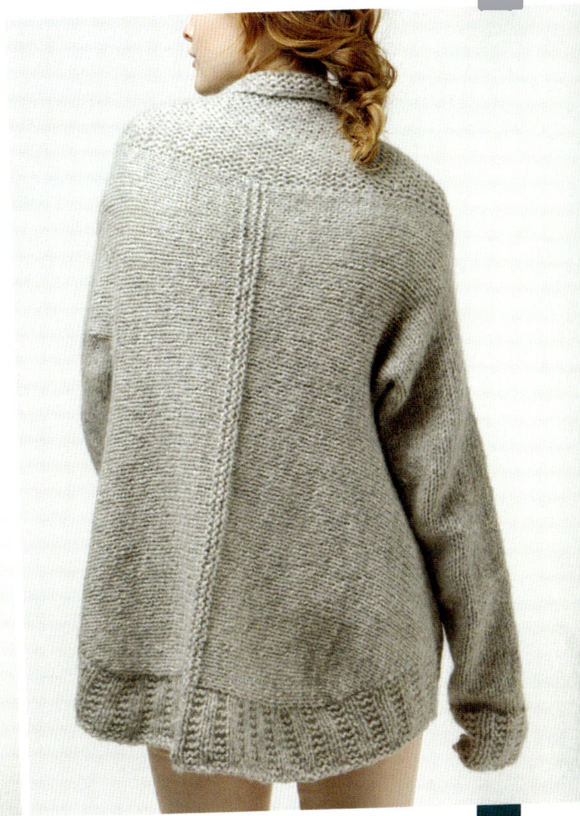

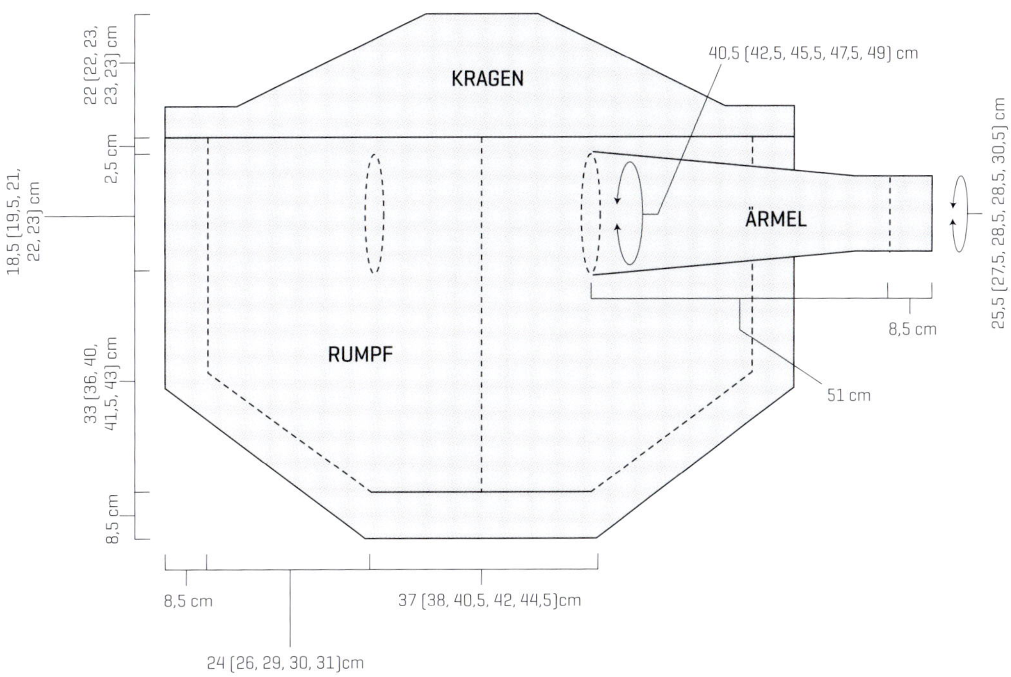
KRAGEN
RUMPF
ÄRMEL
22 (22, 23, 23, 23) cm
2,5 cm
18,5 (19,5, 21, 22, 23) cm
33 (36, 40, 41,5, 43) cm
8,5 cm
8,5 cm
37 (38, 40,5, 42, 44,5)cm
24 (26, 29, 30, 31)cm
40,5 (42,5, 45,5, 47,5, 49) cm
25,5 (27,5, 28,5, 28,5, 30,5) cm
8,5 cm
51 cm

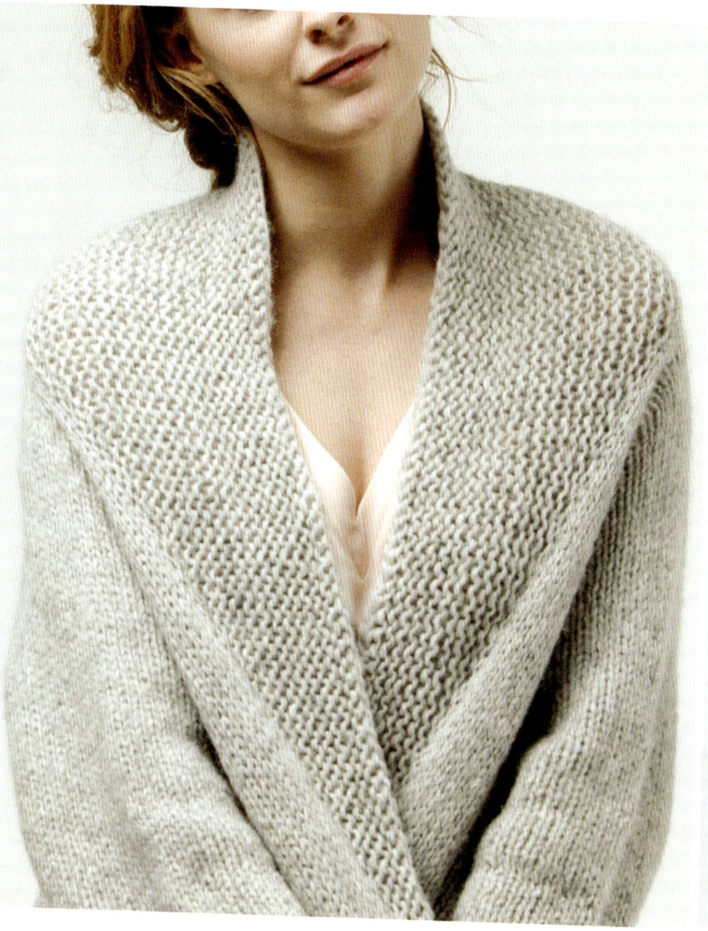

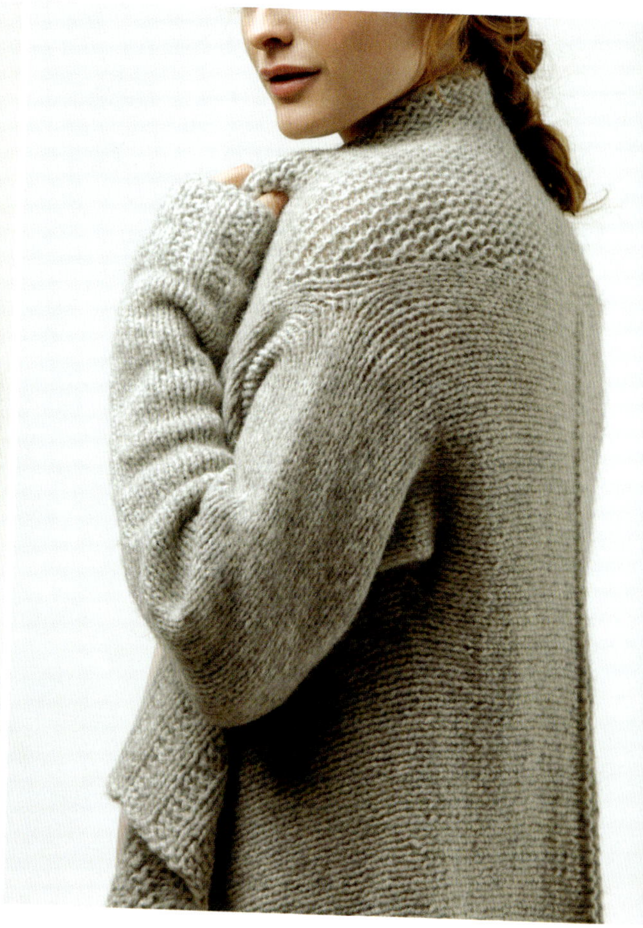

Anmerkung: Etwa 3 M auf 4 R aufnehmen. Die Wickel an den Maschen des rechten Vorderteils liegen umgekehrt: Einfach unter Wickel und Masche einstechen und beide zusammenstricken.

FOLG. R (RÜCK-R): 3 M li, [2 M re, 2 M li] bis 5 M vor Ende, 2 M re, 3 M li.

1. R (HIN-R): re M.

2. R (RÜCK-R): 3 M li, [2 M re, 2 M li] bis 5 M vor Ende, 2 M re, 3 M li.

Im Garter-Rib-Muster noch 16 R stricken; Höhe des Saumes ca. 8,5 cm.

In folg. R (Hin-R) alle M li abk.

ÄRMEL

Vorsichtig in der Mitte des Armausschnitts 1 M des Hilfsfadens durchschneiden, Hilfsfaden entfernen, 45 (47, 51, 53, 55) M auf die dickere Nadel aufnehmen.

Die rechte Seite (Außenseite) liegt oben. Unten am Armausschnitt anf, 1 M aus dem Rumpf aufn und re str, re M bis oben am Armausschnitt, 2 M aus dem Rumpf aufn und re str, re M bis Ende. MMs und M zur Rd schließen – 48 (50, 54, 56, 58) M.

9 (9, 8, 7, 7) Rd re str.

ABNAHME-RD: 1 M re, abh abh re verschr zus, re M bis 3 M vor MM, 2 M re zus, 1 M re – 2 M abgen.

Abnahme-Rd noch 8x (8x, 9x, 8x, 8x) in jed. 10. (10., 9., 8., 8.) Rd wh, dann noch 0x (0x, 0x, 2x, 2x) in jed. 11. (11., 10., 9., 9.) Rd – 30 (32, 34, 34, 36) M übrig.

Noch 10 Rd re str.

Ärmelbündchen

1. RD: re M.

2. RD: 2 M re, 2 M li im Wechsel.

Noch 16 Rd im Garter-Rib-Muster str.

Alle M li abketten.

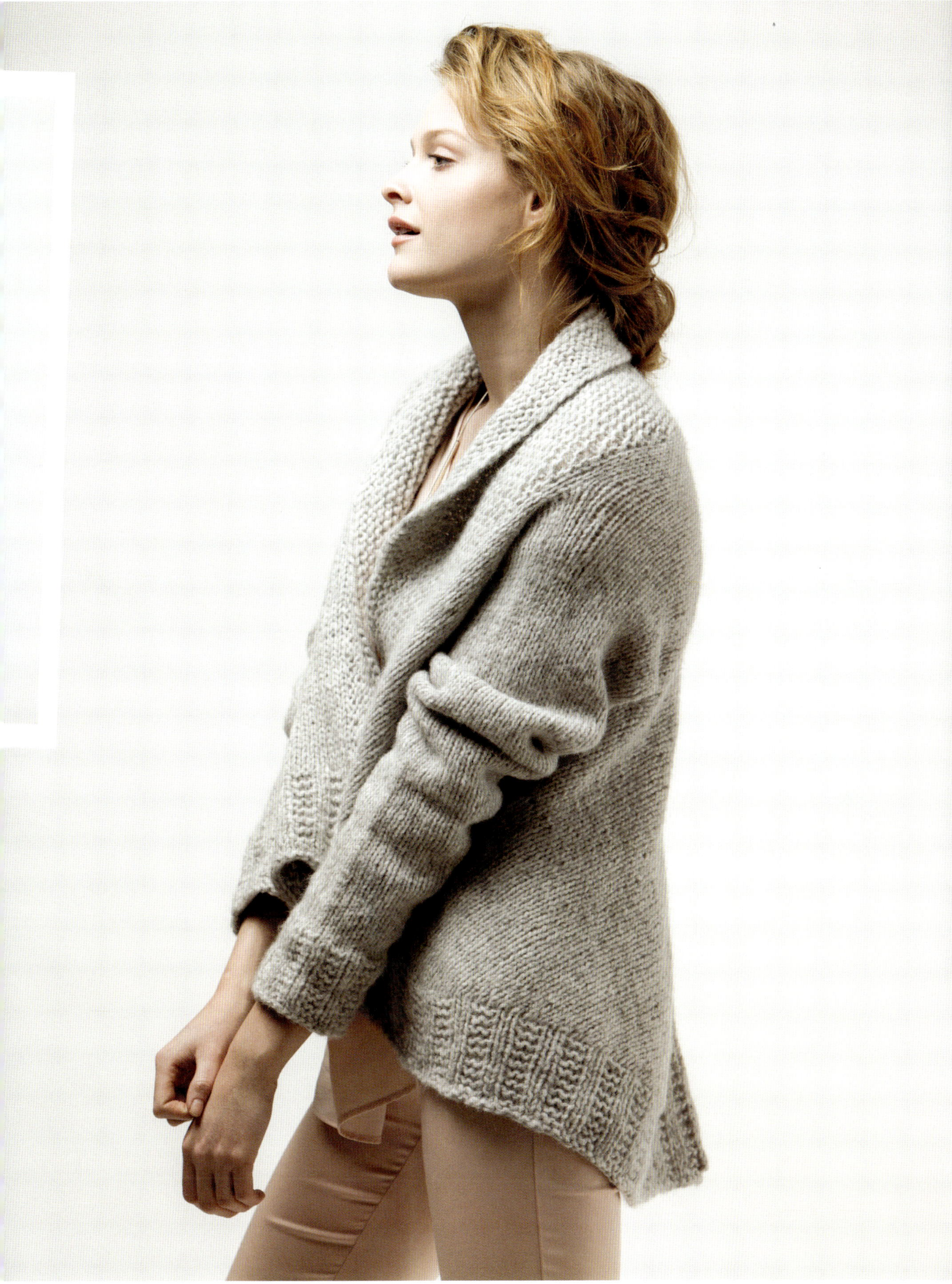

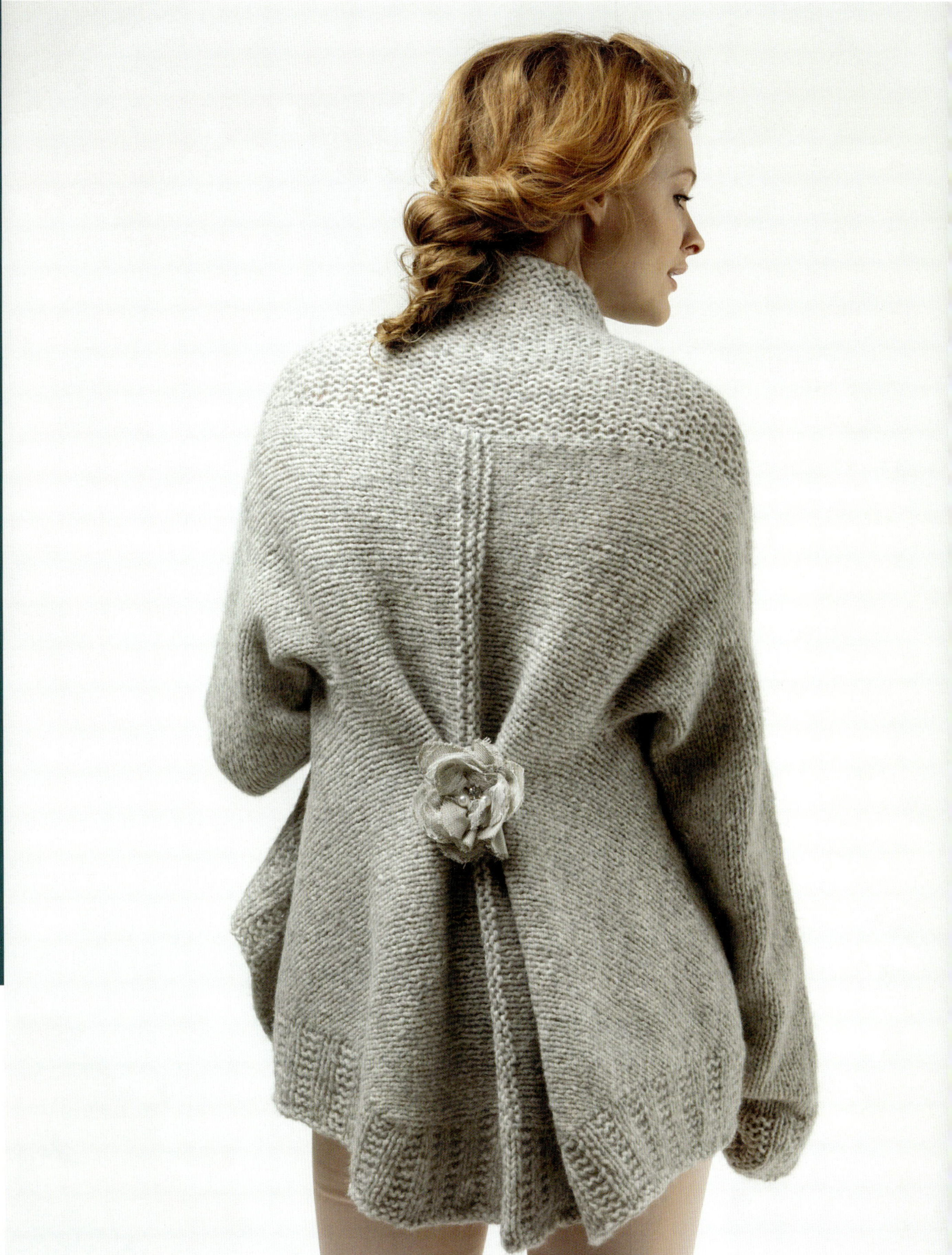

KRAGEN

Anmerkung: Etwa 2 M auf 3 R aufnehmen.

Die rechte Seite (Außenseite) liegt oben. Mit der dünneren Nadel an der rechten vorderen Kante beginnen; 12 M entlang des Rippenmusters am Saum aufn und re str, dann 56 (60, 65, 68, 71) M entlang der Kante bis zur hinteren Mitte, MMs, 56 (60, 65, 68, 71) M entlang der Kante bis zum Rippenmuster und wieder 12 M entlang des Rippenmusters – 136 (144, 154, 160, 166) M.

Mit der dickeren Nadel 1 R re str.

1. VERK. ANF-R (HIN-R): re M bis MM, 9 (11, 13, 15, 17) M re, W&w.

2. VERK. ANF-R (RÜCK-R): re M bis MM, 9 (11, 13, 15, 17) M re, W&w.

1. VERK R (HIN-R): re M bis vorige Wickel-M, 2 M re, W&w.

2. VERK R (RÜCK-R): re M bis vorige Wickel-M, 2 M re, W&w.

1. und 2. verk R noch 22x (22x, 23x, 23x, 23x) wh, bis an jedem Ende noch 12 (14, 15, 16, 17) nicht gearbeitete M übrig sind.

FOLG. R (HIN-R): re M bis Ende.

FOLG. R (RÜCK-R): re M bis Ende.

Noch 4 R re str.

In der folg. Hin-R alle M li abketten.

FERTIGSTELLUNG

Alle Fäden vernähen und die Jacke spannen. Dabei besonders die gerundeten Partien des Rippenmusters glätten.

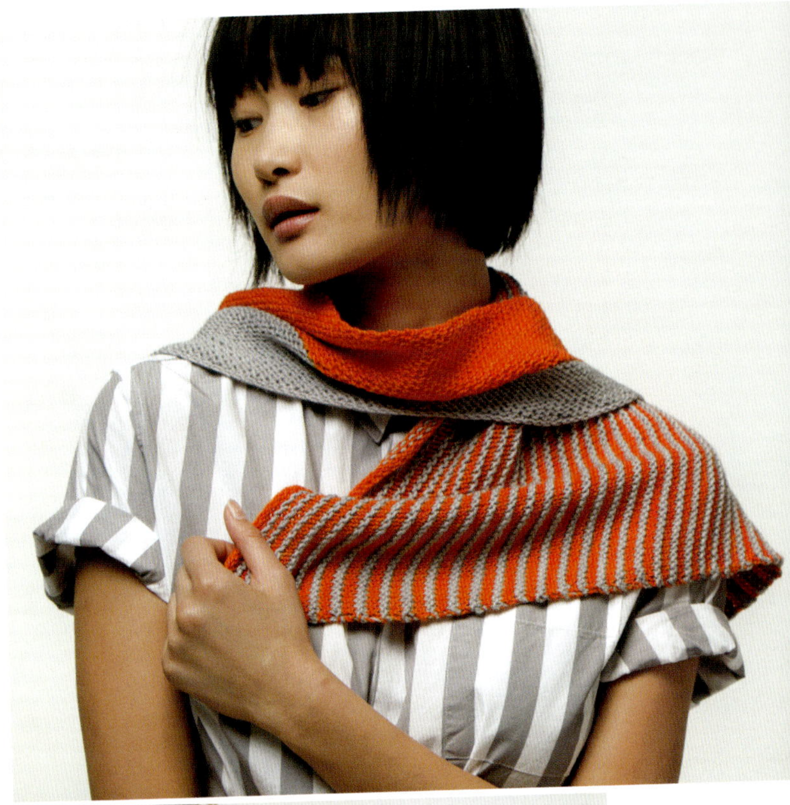

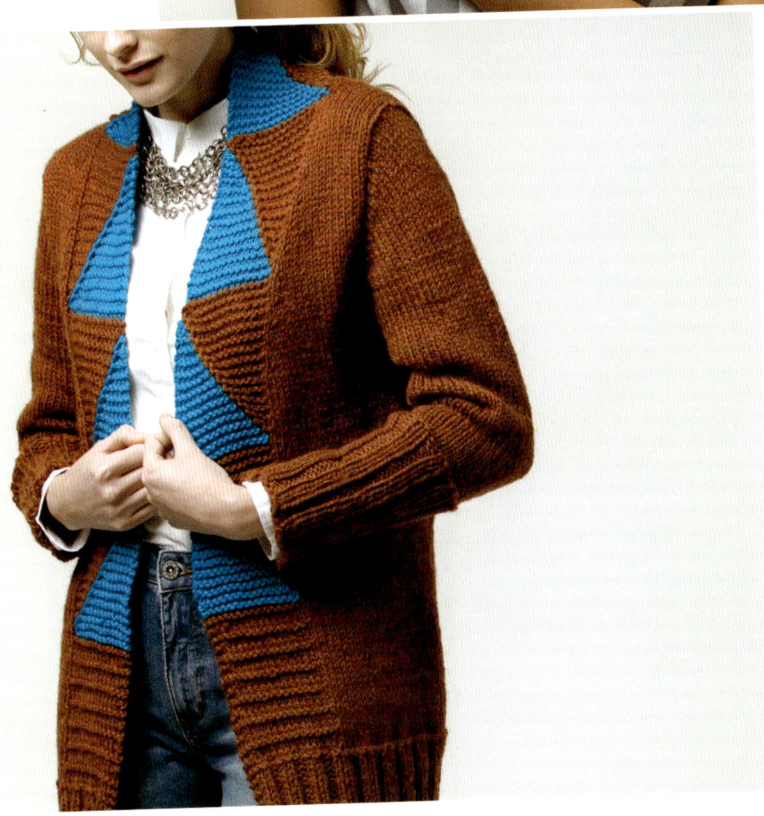

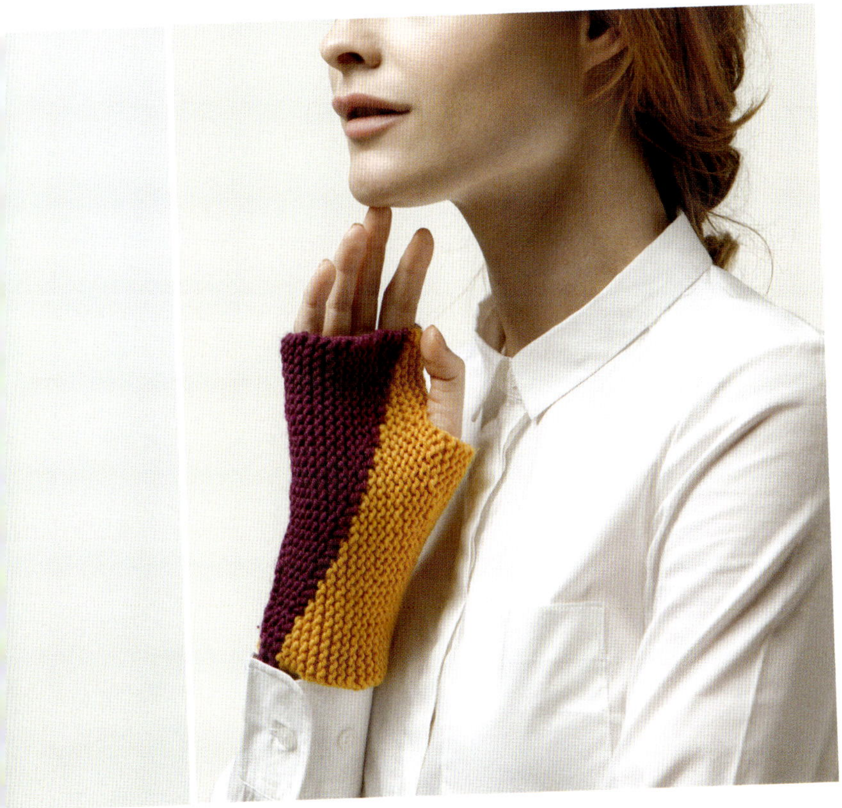

Kapitel 2

UMSCHLAG-METHODE

An Hin- und Rückreihen – egal ob glatt rechts, kraus rechts oder in Rippen (Bündchenmuster) – ist die Umschlagmethode einfach anzuwenden und ergibt ein sauberes Maschenbild. Es wird bis zum gewünschten Wendepunkt gestrickt, dann gewendet und mit dem Arbeitsfaden ein Umschlag gearbeitet. In der Folgereihe wird der Umschlag zusammen mit der Nachbarmasche abgestrickt, um den Wendepunkt zu kaschieren. Dabei sitzt der Umschlag entweder verschränkt oder glatt auf der Nadel, je nachdem, wie die zusätzliche Schlinge im Gestrick liegen soll.

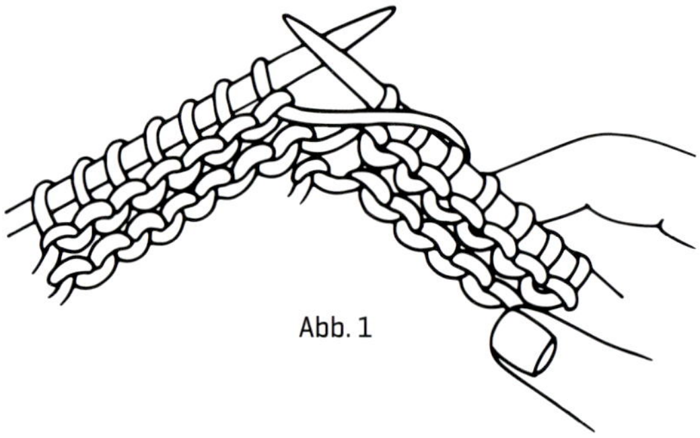

Abb. 1

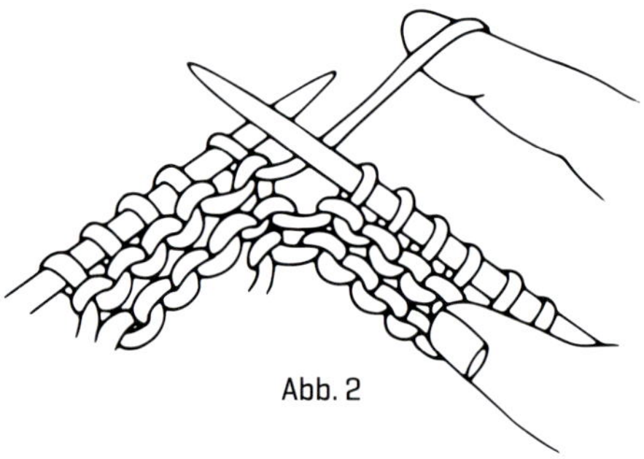

Abb. 2

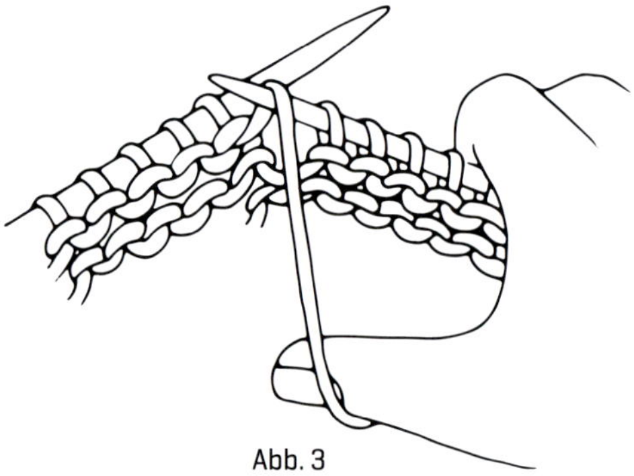

Abb. 3

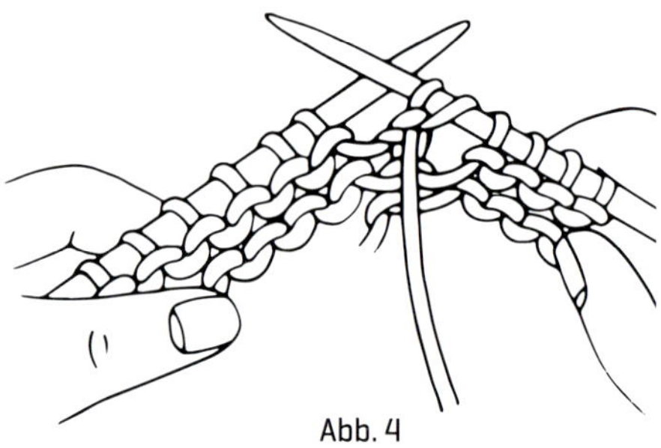

Abb. 4

UMSCHLAGMETHODE AN RECHTEN REIHEN

1 Bis zum Wendepunkt rechts stricken und die Arbeit wenden (**Abb. 1**).

2 Einen umgekehrten Umschlag arbeiten: den Faden zwischen den Nadeln nach hinten legen (**Abb. 2**); der anschließend gearbeitete U wird verschränkt.

3 Wenn Sie glatt rechts stricken, den Faden über die rechte Nadel wieder nach vorn legen und links stricken (**Abb. 3 und 4**). Wenn nötig, den U bei der ersten Masche mit dem Finger festhalten. Wenn Sie kraus rechts stricken, den Faden über die rechte Nadel nach vorn, dann zwischen den Nadeln wieder nach hinten legen und rechts stricken.

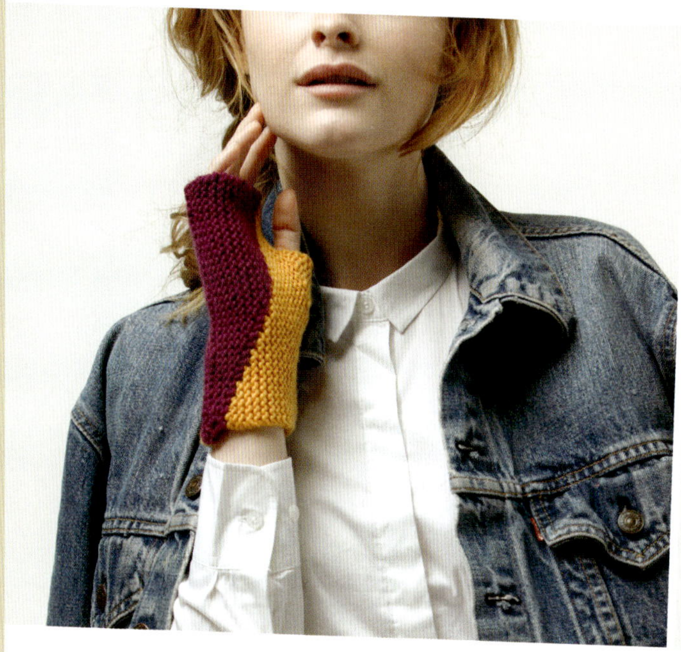

UMSCHLAGMETHODE AN LINKEN REIHEN

1 Bis zum Wendepunkt links stricken und die Arbeit wenden (**Abb. 1**).

2 Einen Umschlag arbeiten: den Faden zwischen den Nadeln nach vorn legen (**Abb. 2**).

3 Den Faden über die rechte Nadel wieder nach hinten legen (**Abb. 3**) und rechts stricken (**Abb. 4**); der so gearbeitete U ist nicht verschränkt.

Durch jeden Umschlag entsteht eine Extraschlinge, die bei glatt rechts gestrickten Arbeiten vor dem Zusammenstricken mit der Nachbarmasche korrekt auf die Nadel gesetzt werden muss, damit die Schlinge unsichtbar auf der Rückseite der Arbeit liegt.

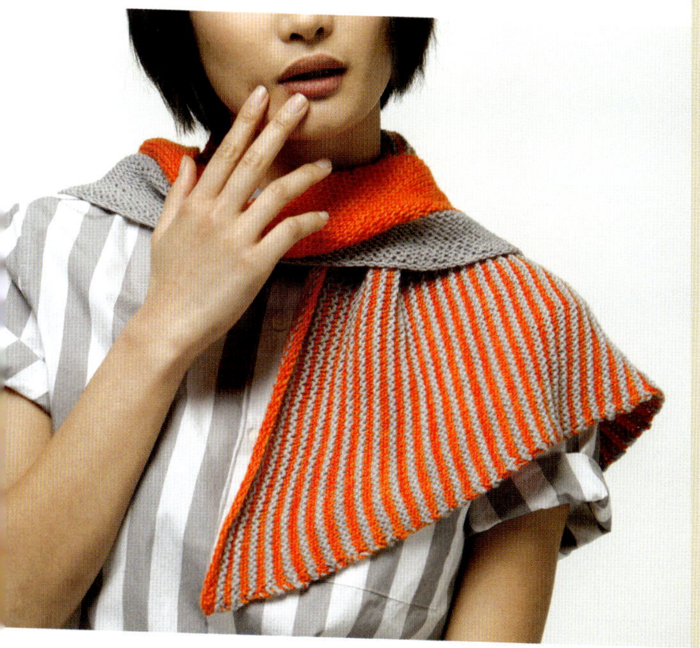

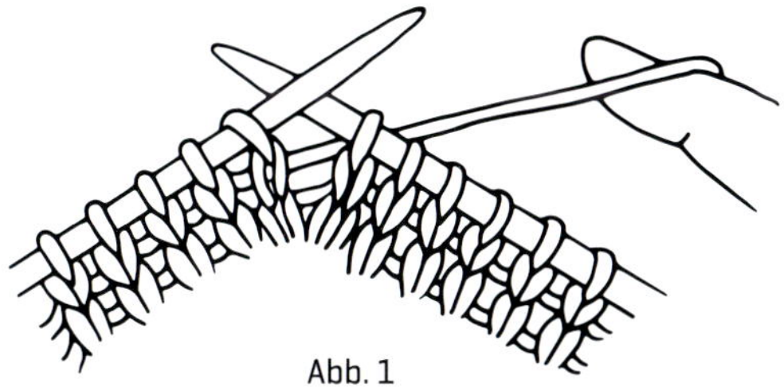

Abb. 1

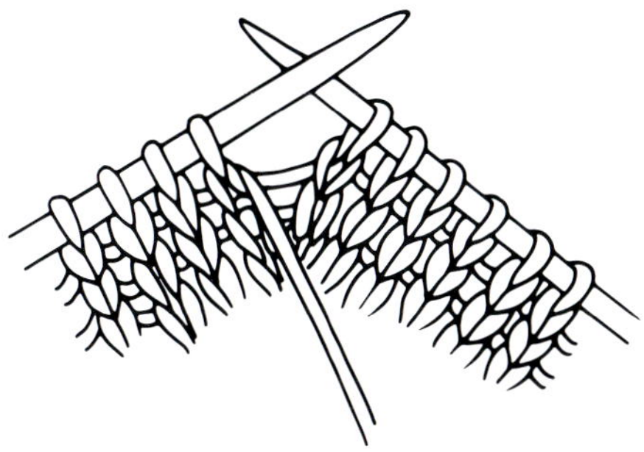

Abb. 2

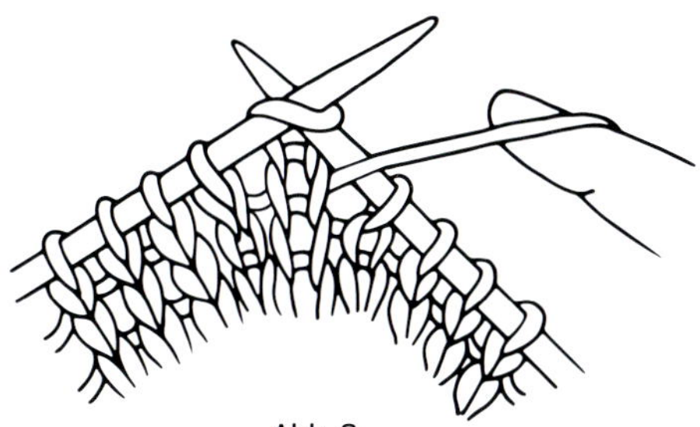

Abb. 3

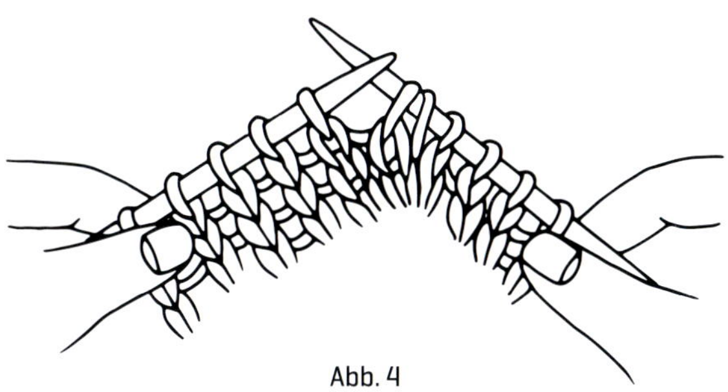

Abb. 4

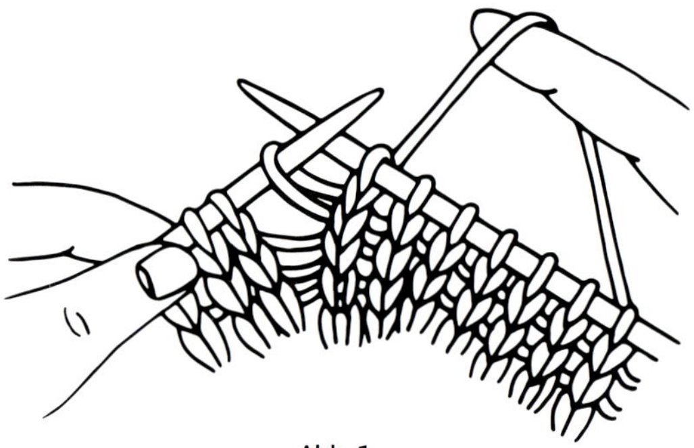

Abb. 1

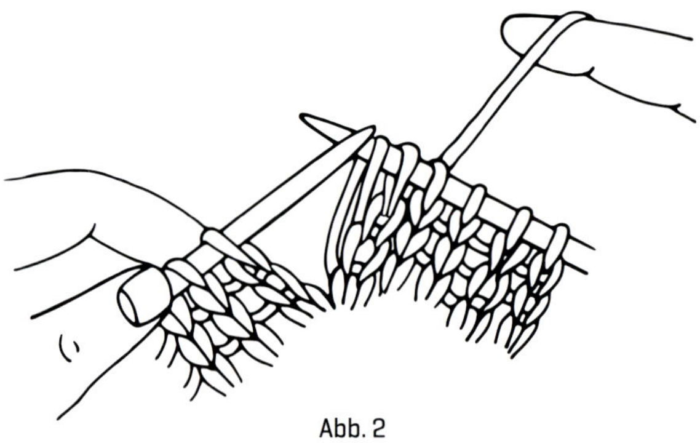

Abb. 2

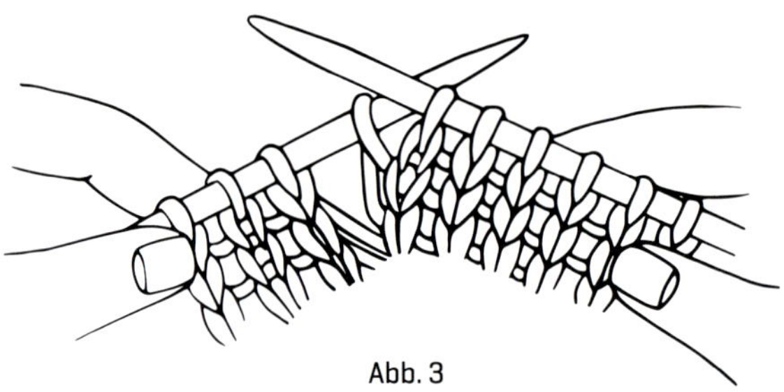

Abb. 3

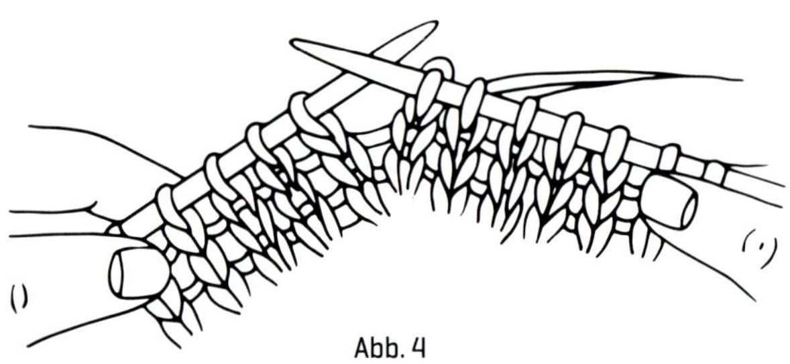

Abb. 4

ABSTRICKEN DES UMSCHLAGS AN RECHTEN REIHEN

1 Bis zum umgekehrten U rechts stricken (Abb. 1); den U rechts verschränkt abheben: Unter das führende Maschenglied einstechen, das hinter der linken Nadel liegt. Dadurch wird die Ausrichtung des Umschlags korrigiert (Abb. 2).

2 Den U zurück auf die linke Nadel heben, ohne ihn zu verdrehen (Abb. 3). Der U ist nun nicht mehr verschränkt.

3 Den U mit der folgenden Masche rechts zusammenstricken (Abb. 4).

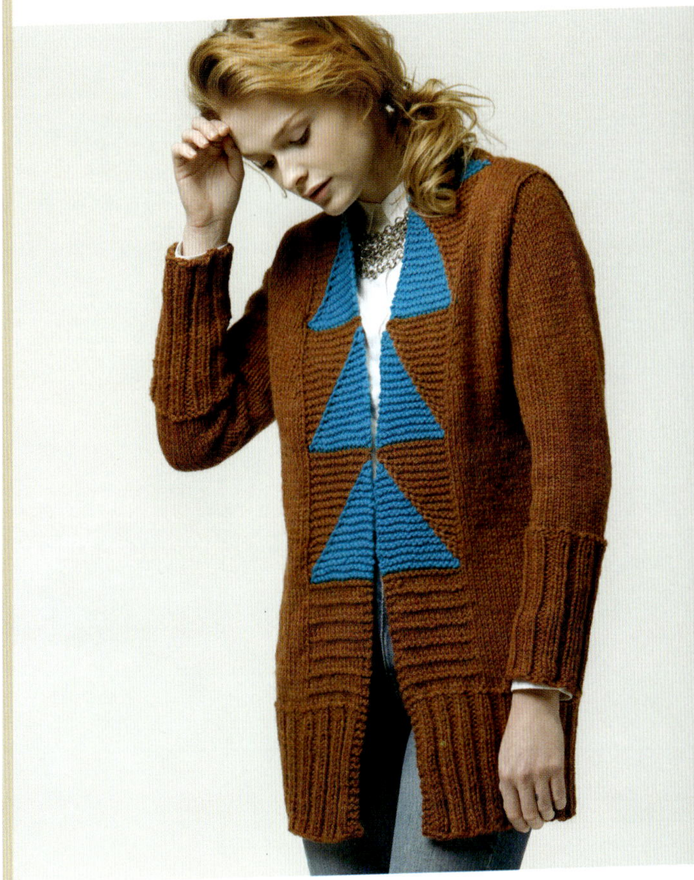

ABSTRICKEN DES UMSCHLAGS AN LINKEN REIHEN

1 Bis zum U links stricken **(Abb. 1)**; den U rechts abheben, sodass er verschränkt wird **(Abb. 2)**.

2 Die folgende Masche rechts abheben, sodass sie verschränkt wird **(Abb. 3)**.

3 Die Masche und den U zurück auf die linke Nadel heben; beide sind verschränkt **(Abb. 4)**.

4 Die Masche und den Umschlag links verschränkt zusammenstricken **(Abb. 5)**.

Diese Umschlagmethode funktioniert gut bei glatt rechts gestrickten Arbeiten, vor allem auf der rechts gestrickten Seite. Auf der links gestrickten Seite kann sie etwas unordentlich wirken, da die Schlingen des mit der Masche zusammengestrickten U sichtbar sind. Daher bei glatt links gestrickten Arbeiten den U etwas anders arbeiten.

Für einen U an einer rechten Reihe einer glatt links gestrickten Arbeit die Ausrichtung des U auf der Nadel nicht korrigieren; den U abheben, wie er erscheint, sodass das führende Maschenglied hinter der Nadel bleibt. Die folgende Masche rechts abheben, sodass sie ebenfalls verschränkt wird. Die verschränkte Masche und den verschränkten U zurück auf die linke Nadel heben und rechts verschränkt zusammenstricken. Der U liegt auf der rechts gestrickten Seite und ist von rechts (= links gestrickte Seite) nicht zu sehen.

Für einen U an einer links gestrickten Reihe einer glatt links gestrickten Arbeit den U und die Masche nicht verschränken, sondern einfach links zusammenstricken. So erscheint der U auf der rechts gestrickten Seite und ist auf der rechten (= links gestrickten) Seite unsichtbar. In allen Fällen den U fest anziehen, damit er später ordentlich aussieht.

Die Umschlagmethode ist auf beiden Seiten einer Arbeit leicht anzuwenden und der U selbst ist gut zu erkennen, wenn er in der folgenden Reihe mit der Nachbarmasche zusammengestrickt werden muss. Da durch die U Extraschlingen auf der Nadel liegen, aufpassen, dass sie beim Arbeiten des Musters nicht als Maschen mitgezählt werden.

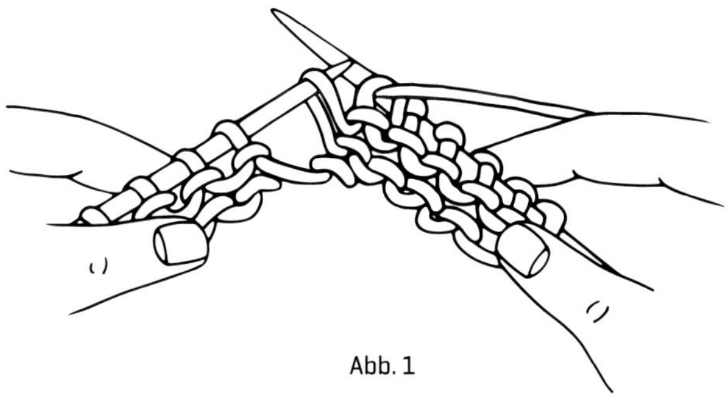

Abb. 1

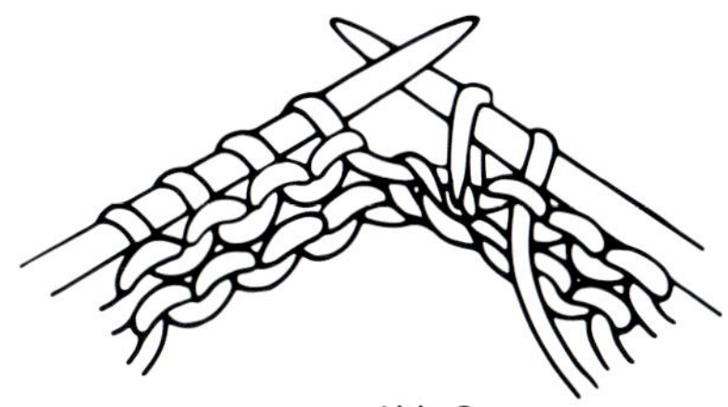

Abb. 2

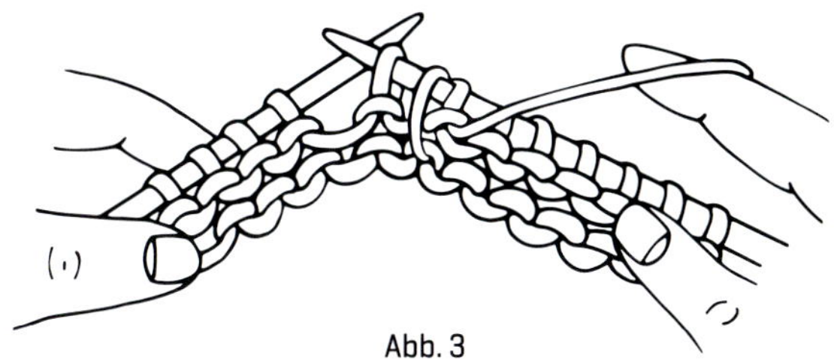

Abb. 3

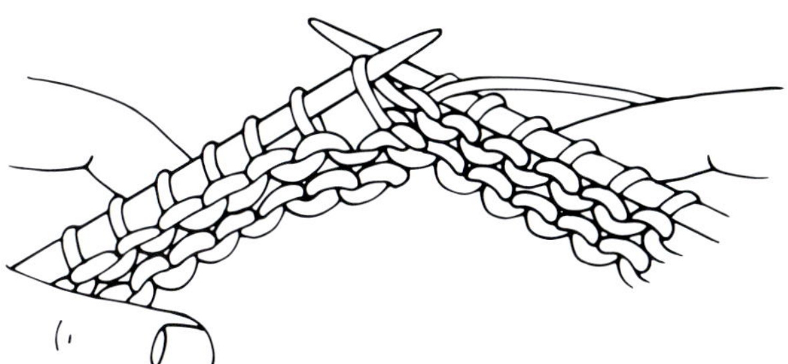

Abb. 4

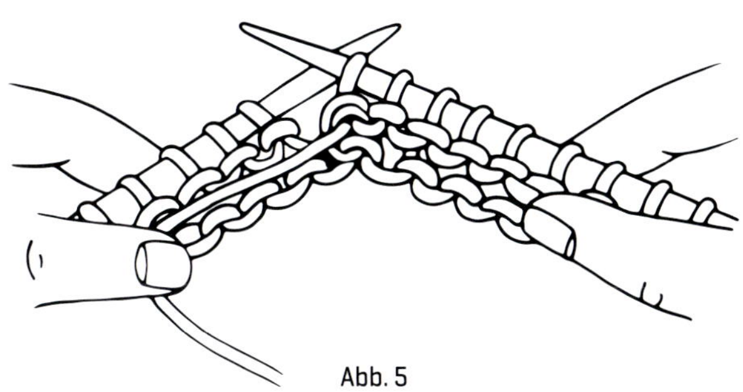

Abb. 5

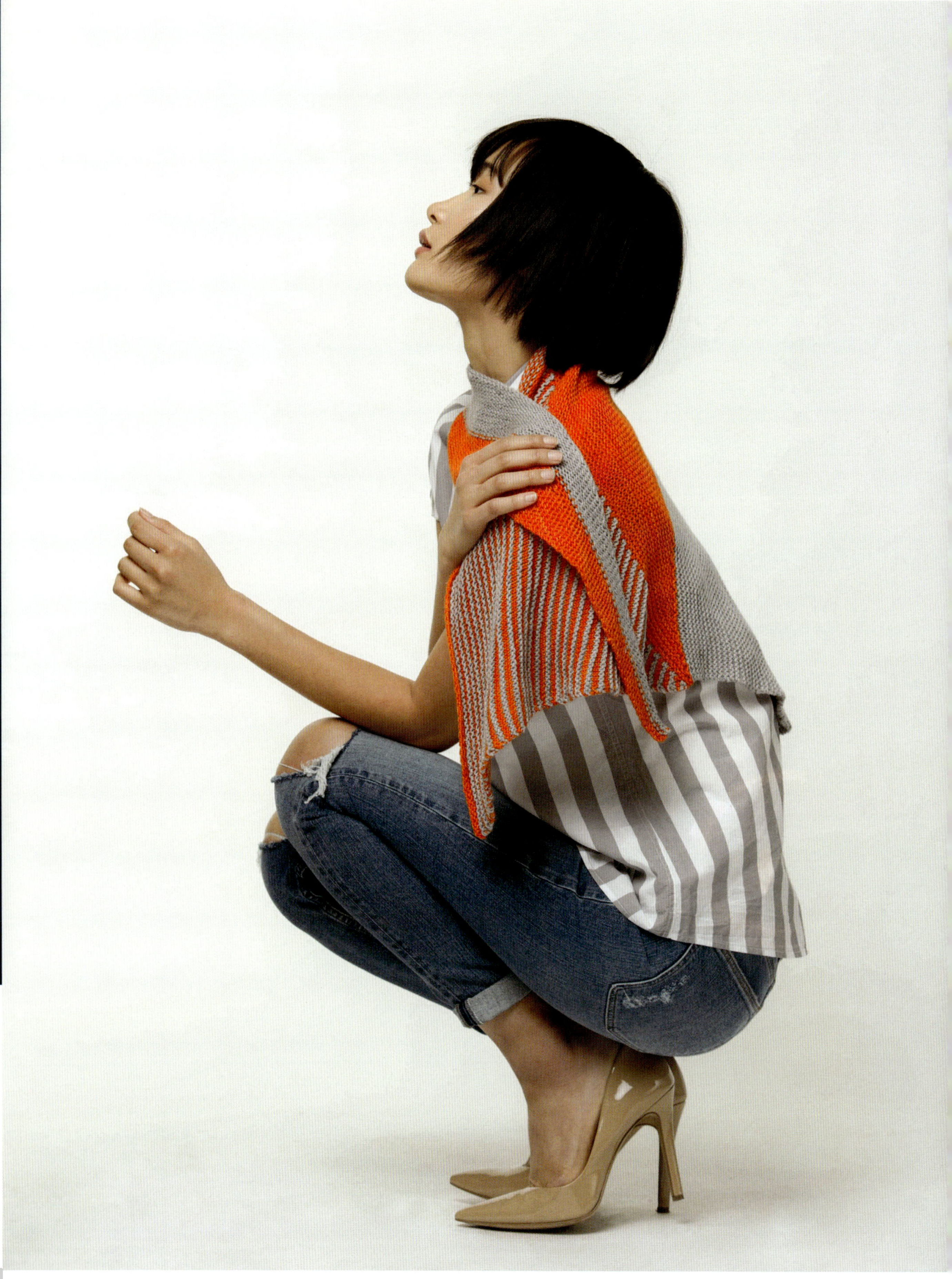

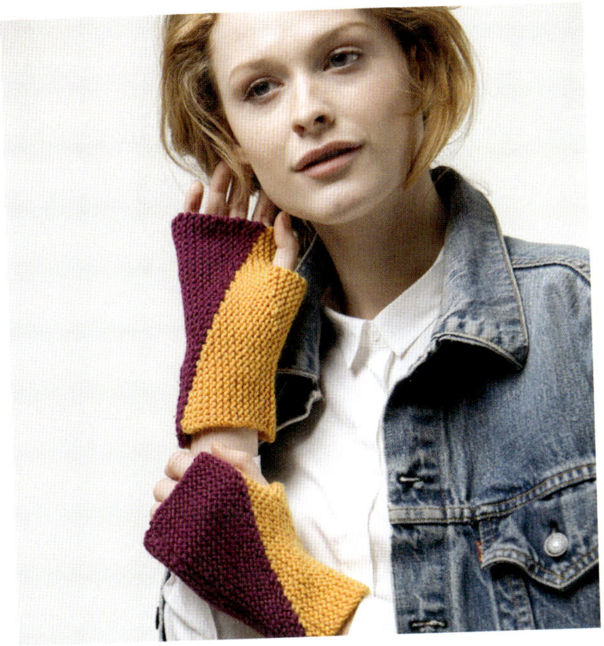

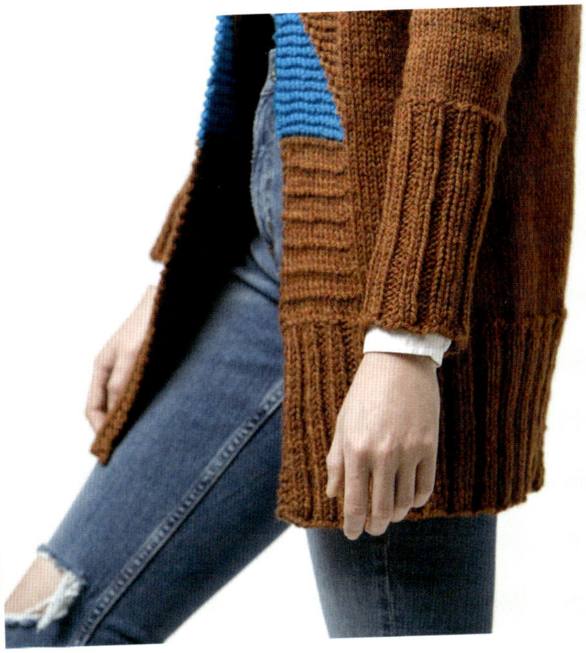

BESONDERHEITEN

Da bei dieser Methode nicht in die nächsttiefere Reihe gestochen wird, verzieht die Arbeit sich nicht. Daher eignet sich die Methode gut für glatt oder kraus in Reihen gestrickte Arbeiten und kann zwischen im Muster gestrickten Reihen eingefügt werden. Sie eignet sich auch für Farbwechsel, bei denen die Farbe zwischen der Reihe mit dem U und der folgenden Reihe (Abstricken des U) gewechselt wird.

An rundgestrickten Arbeiten ist die Umschlagmethode etwas komplizierter: Wenn man wieder an den Punkt kommt, an dem die verkürzten Reihen in der Gegenrichtung gearbeitet wurden, erscheint der U nach der Masche, mit der er zum Schließen der Lücke am Wendepunkt zusammengestrickt werden muss. Das Prinzip ist das gleiche, die Vorgehensweise jedoch anders: Es wird bis zur Masche vor dem U gestrickt, da dies die Masche ist, die mit dem U zusammengestrickt werden muss. Falls nötig, diese Masche abheben und korrekt ausrichten (gerade oder verschränkt), dann zurück auf die linke Nadel heben und wie folgt mit dem U zusammenstricken:

Glatt rechts gestrickte Arbeiten: Die Runde ist eine rechts gestrickte; bis zur Masche vor dem U rechts stricken, dann abh abh re verschr zus.

Glatt links gestrickte Arbeiten: Die Runde ist eine links gestrickte; bis zur Masche vor dem U links stricken, die Masche links abheben, die Ausrichtung des U korrigieren, dann 2 M li zus.

Wird in Runden kraus gestrickt, wechseln sich rechte und linke Reihen stets ab; daher muss man aufpassen, bei welcher Maschenart man gerade ist, wenn man den U arbeitet. Ein U in einer rechten Reihe wird verschränkt erscheinen; wenn man in der folgenden linken Runde auf den U stößt, bis zur Masche vor dem U stricken und diese links abheben; die Ausrichtung des U korrigieren, dann 2 M li zus. Ein U in einer linken Reihe erscheint nicht verschränkt; stößt man in der folgenden rechten Runde auf den U, bis zur Masche vor dem U stricken, dann abh abh re verschr zus.

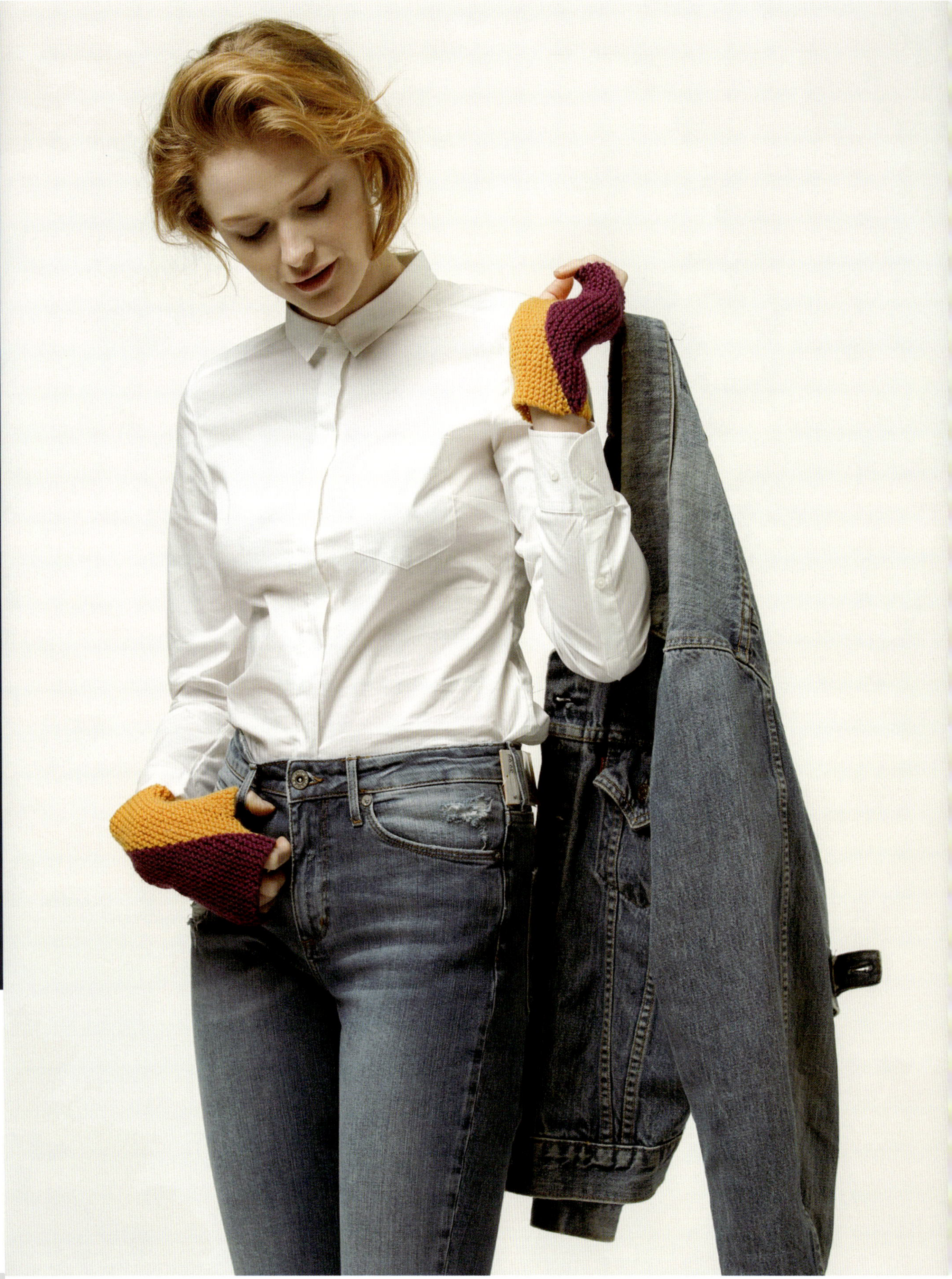

ZWEIGETEILTE Halbhandschuhe

Von einem provisorischen Maschenanschlag an der Handkante aus werden die zweifarbigen Halbhandschuhe in Reihen gestrickt und dann im Maschenstich nahtlos zusammengefügt. Durch die Umschlagmethode gelingt ein glatter, sauberer Übergang zwischen den Farben.

FERTIGE GRÖSSE
S/M [M/L]; ca. 18 [19,5] cm Handumfang und 16 [18] cm Länge, ungedehnt gemessen. Abgebildetes Modell: 16 cm.

GARN
Mitteldickes Garn [Aran/Worsted, Stärke 4, Medium].

Abgebildetes Modell: Cascade Yarns 220 Superwash [100 % Superwash-Wolle; LL 220 yd/3½ oz [200 m/100 g]], Farbe 882 Plum Crazy [HF], 1 Knäuel; Farbe 877 Golden [KF], 1 Knäuel.

STRICKNADELN
Nr. 4. *Nadelstärke ggf. anpassen, um die Maschenzahl der Maschenprobe zu erreichen.*

SONSTIGES MATERIAL
1 Maschenmarkierer [MM], Wollnadel, Garnrest [Hilfsfaden] für provisorischen MA.

MASCHENPROBE
21 M und 42 R in kraus rechts = 10 x 10 cm.

Anmerkungen

Wenn bis 2 M vor dem vorigen Wendepunkt gestrickt wird, den Umschlag nicht als Masche zählen.

Um Lücken zu vermeiden, den Umschlag beim Stricken der folgenden Masche fest anziehen. Auch die erste Reihe nach Fertigstellung des Daumens fest stricken.

ERSTE HANDSEITE

Maschenanschlag: in HF, 33 (37) M im provisorischen unsichtbaren MA (siehe Techniken).

1 Hin-R re str.

1. VERK. ANF-R (RÜCK-R): re M bis 2 M vor Ende, wenden.

2. VERK. ANF-R (HIN-R): U, re M bis Ende.

1. VERK. R: re M bis 2 M vor dem vorigen Wendepunkt, wenden.

2. VERK. R: U, re M bis Ende.

1. und 2. verk R noch 14x (16x) wh, bis nach dem U noch 1 M re zu stricken ist.

FOLG. R (RÜCK-R): re M bis U, *U zur korrekten Ausrichtung abh und zurück auf li Nadel heben, 2 M re zus, 1 M re; ab * bis Ende wh; HFb-Garn abschneiden.

1. VERK. ANF-R (HIN-R): in KFb 2 M re, wenden.

2. VERK. ANF-R (RÜCK-R): U, re M bis Ende.

1. VERK. R: re M bis U, U zur korrekten Ausrichtung abh und zurück auf li Nadel heben, 2 M re zus, 1 M re, wenden.

2. VERK. R: U, re M bis Ende.

1. und 2. verk R noch 14x (16x) wh, bis alle M bis auf die letzte M abgestrickt sind.

FOLG. R (HIN-R): re M bis U, U zur korrekten Ausrichtung abh und zurück auf li Nadel heben, 2 M re zus, an oberem Rand enden.

DAUMEN

1. VERK. ANF-R (RÜCK-R): 10 M re, MMs, 2 M re, wenden.

2. VERK. ANF-R (HIN-R): U, re M bis MM, wenden.

1. VERK. R: re M bis U, U zur korrekten Ausrichtung abh und zurück auf li Nadel heben, 2 M re zus, 1 M re, wenden.

2. VERK. R: U, re M bis MM, wenden.

1. und 2. verk R noch 4x wh, bis für die Daumenlänge 12 M gestrickt wurden.

FOLG. R (RÜCK-R): re M bis U, U zur korrekten Ausrichtung abh und zurück auf li Nadel heben, 2 M re zus, re M bis Ende (Unterkante/Handgelenk).

FOLG. R: re M bis MM, wenden.

1. VERK. ANF-R (RÜCK-R): 12 M re, wenden.

2. VERK. ANF-R (HIN-R): U, re M bis MM, wenden.

1. VERK. R: re M bis 2 M vor vorigem Wendepunkt, wenden.

2. VERK. R: U, re M bis MM, wenden.

1. und 2. verk R noch 4x wh; bei letzter R MM entf und re M str bis Ende (Oberkante).

FOLG. R (RÜCK-R): re M bis U, *U zur korrekten Ausrichtung abh und zurück auf li Nadel heben, 2 M re zus, 1 M re; ab * noch 5x wh, re M bis Ende (Unterkante/Handgelenk).

ZWEITE HANDSEITE

1. VERK. ANF-R (HIN-R): re M bis 2 M vor Ende, wenden.

2. VERK. ANF-R (RÜCK-R): U, re M bis Ende.

1. VERK. R: re M bis 2 M vor vorigem Wendepunkt, wenden.

2. VERK. R: U, re M bis Ende.

1. und 2. verk R noch 14x (16x) wh, bis nach dem U noch 1 M re zu stricken ist. KFb-Garn abschneiden.

FOLG. R (HIN-R): In HFb re M bis U, *U zur korrekten Ausrichtung abh und zurück auf li Nadel heben, 2 M re zus, 1 M re; ab * bis Ende (Oberkante) wh.

1. VERK. ANF-R (RÜCK-R): 2 M re, wenden.

2. VERK. ANF-R (HIN-R): U, re M bis Ende.

1. VERK. R: re M bis U, U zur korrekten Ausrichtung abh und zurück auf li Nadel heben, 2 M re zus, 1 M re, wenden.

2. VERK. R: U, re M bis Ende.

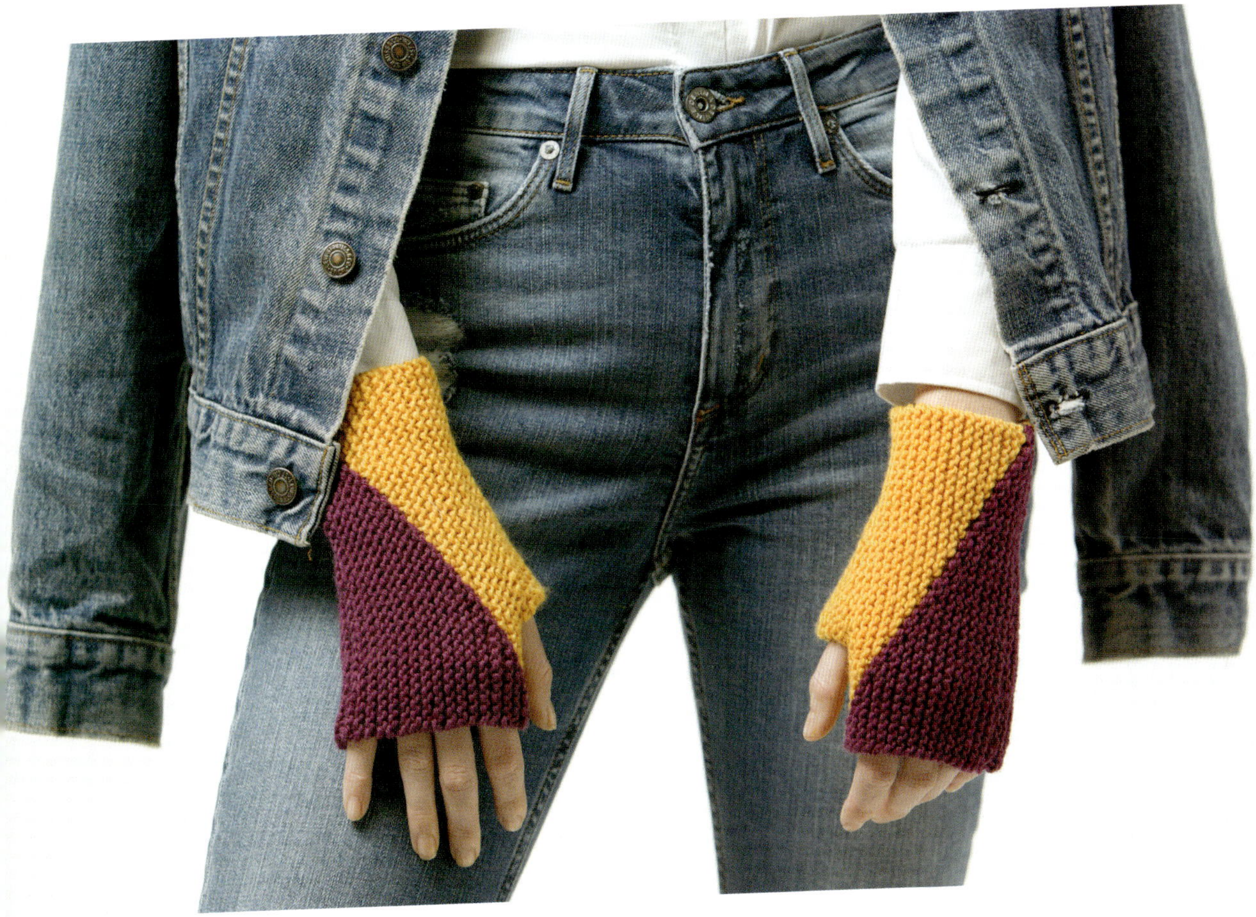

1. und 2. R noch 14x (16x) wh, bis alle M bis auf die letzte M abgestrickt sind.

FOLG. R (RÜCK-R): re M bis U, U zur korrekten Ausrichtung abh und zurück auf li Nadel heben, 2 M re zus, an Unterkante/Handgelenk enden.

Garn zum späteren Zusammennähen in 50 cm Länge abschneiden, offene M auf der Nadel lassen.

FERTIGSTELLUNG

33 (37) provisorisch angeschl M auf Extranadel legen, dabei ggf. Ausrichtung korrigieren. Handschuh li auf li falten und Nadeln parallel aneinanderlegen (letzte R vorn, M-Anschlag hinten). Der Arbeitsfaden kommt vom rechten Ende der vorderen Nadel. Alle M mit dem Fadenende im Maschenstich (kraus re) zusammennähen:

ANFANG: Nähnadel wie für li M erst in 1. M d. vord. Nadel, dann in 1. M d. hint. Nadel einstechen.

VORD. NADEL: Faden wie für re M durch 1. M ziehen, die M von der Nadel heben, dann wie für li M durch folg. M ziehen, die M auf der Nadel lassen.

HINT. NADEL: Faden wie für re M durch 1. M ziehen, die M von der Nadel heben, dann wie für li M durch folg. M ziehen, die M auf der Nadel lassen.

Schritte für die vordere und hintere Nadel wh, bis alle M aufgefasst sind.

Fäden vernähen, leicht spannen.

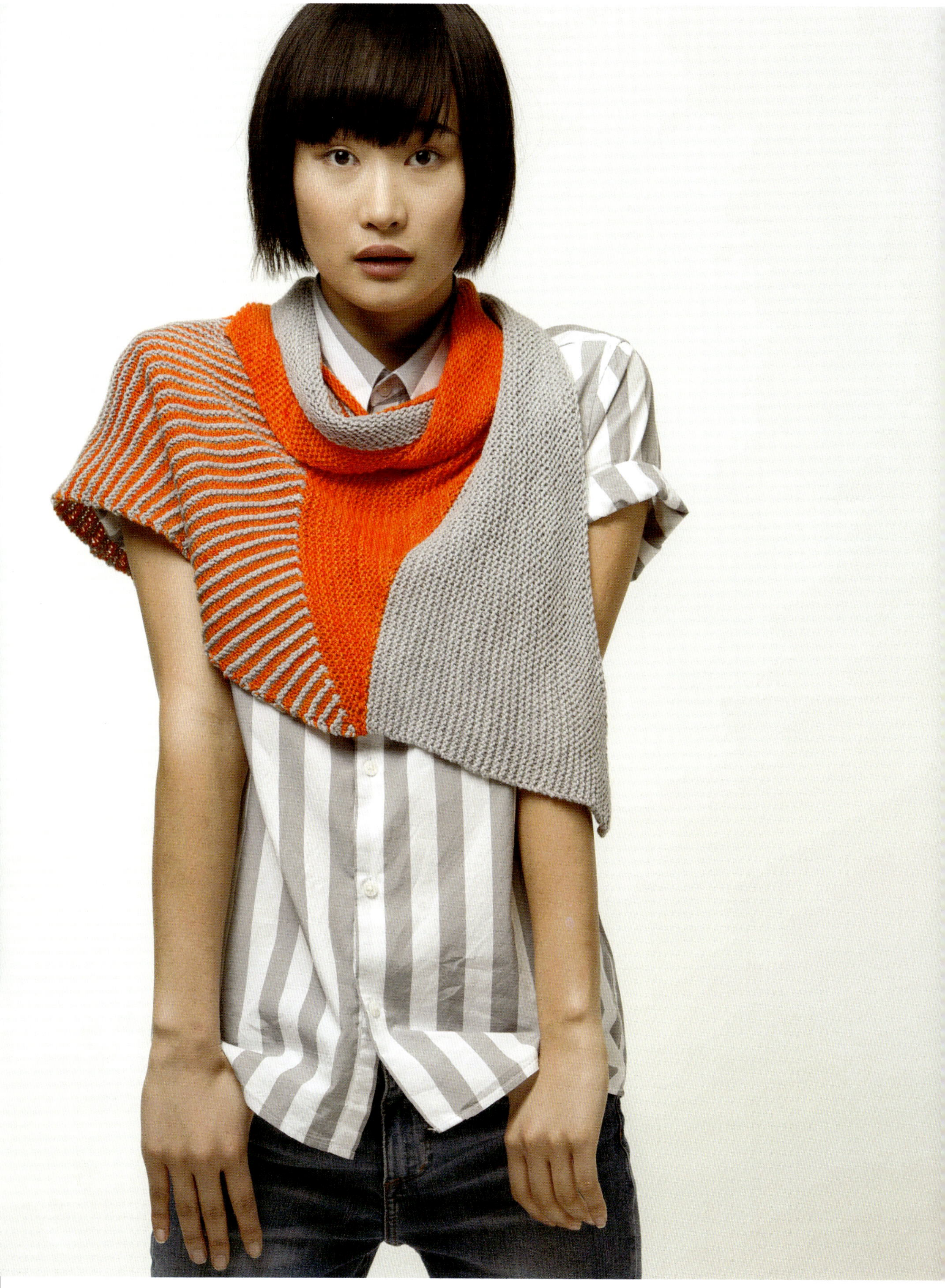

Dreigeteiltes SCHULTERTUCH

Drei mit verkürzten Reihen nach der Umschlagmethode gestrickte Keile fügen sich nahtlos zu einem dreigeteilten Schal zusammen.

FERTIGE GRÖSSE
Ca. 142 cm breit und 61 cm hoch.

GARN
Sehr dünnes Garn (Fingering, Stärke 1, Super Fine)

Abgebildetes Modell: Baah Yarn La Jolla (100 % Merinowolle; LL 400 yd/3½ oz [366 m/100 g]): Farbe California Poppy (HF), 1 Strang; Farbe Grey Onyx (KF), 1 Strang.

STRICKNADELN
Rundstricknadel Nr. 4, 60 cm lang. *Nadelstärke ggf. anpassen, um die Maschenzahl der Maschenprobe zu erreichen.*

SONSTIGES MATERIAL
Wollnadel.

MASCHENPROBE
15 M und 30 R in kraus rechts = 10 x 10 cm.

ANMERKUNGEN
Wenn eine bestimmte M-Zahl bis zum vorigen Wendepunkt gestrickt wird, den Umschlag nicht als Masche zählen.

Um Lücken zu vermeiden, den Umschlag beim Stricken der folgenden Masche fest anziehen.

Wegen der großen Maschenzahl eine Rundstricknadel verwenden, jedoch nicht in Runden, sondern in Reihen stricken.

GESTREIFTER KEIL

MASCHENANSCHLAG: in HFb 81 M im Kreuzanschlag.

1 Rückreihe re stricken.

1. VERK. ANF-R (HIN-R): re M bis End-M, wenden.

2. VERK. ANF-R (RÜCK-R): U, li M bis Ende.

Garn zwischen den Farbwechseln nicht abschneiden; die nicht verwendete Farbe am Rand mitführen.

1. VERK. R: in KFb re M bis 1 M vor vorigem Wendepunkt, wenden.

2. VERK. R: U, re M bis Ende.

3. VERK. R: in HFb re M bis 1 M vor vorigem Wendepunkt, wenden.

4. VERK. R: U, li M bis Ende.

1. bis 4. verk R wh, bis alle M abgestrickt sind. In KFb enden. KFb abschneiden.

FOLG. R (HIN-R): nur in HFb fortfahren. 1 M re, *U zur korrekten Ausrichtung abh und zurück auf li Nadel heben, 2 M re zus; ab * bis Ende wh – 81 M.

KRAUS-RECHTS-KEIL IN HFB

1. VERK. ANF-R (RÜCK-R): in HFb re M bis End-M, wenden.

2. VERK. ANF-R (HIN-R): U, re M bis Ende, 2 M re aus 1 M herausstr – 1 M zugen.

1. VERK. R: re M bis 2 M vor vorigem Wendepunkt, wenden.

2. VERK. R: U, re M bis Ende, 2 M re aus 1 M herausstr – 1 M zugen.

1. und 2. verk R wh, bis vor letztem Wendepunkt noch 2 M übrig sind.

FOLG. R (RÜCK-R): 1 M re, *1 M re, U zur korrekten Ausrichtung abh und zurück auf li Nadel heben, 2 M re zus; ab * bis Ende wh – 161 M. HFb-Garn abschneiden.

KRAUS-RECHTS-KEIL IN KFB

1. VERK. ANF-R (HIN-R): in KFb anf, wo HFb beendet wurde. Re M bis End-M, wenden.

2. VERK. ANF-R (HIN-R): U, re M bis Ende.

1. VERK. R: re M bis 4 M vor vorigem Wendepunkt, wenden.

2. VERK. R: U, re M bis Ende.

1. und 2. verk R wh, bis vor letztem Wendepunkt noch 4 M übrig sind.

FOLG. R (HIN-R): 1 M re, *3 M re, U zur korrekten Ausrichtung abh und zurück auf li Nadel heben, 2 M re zus; ab * bis Ende wh – 161 M.

FERTIGSTELLUNG

In Rück-R alle M locker re abk. Fäden vernähen, Tuch spannen.

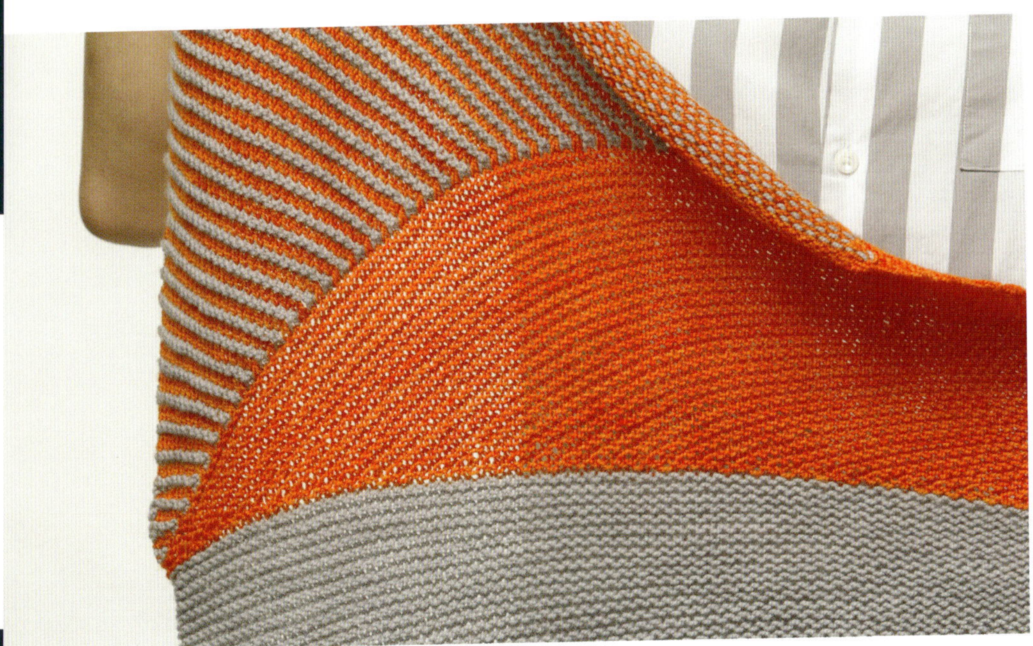

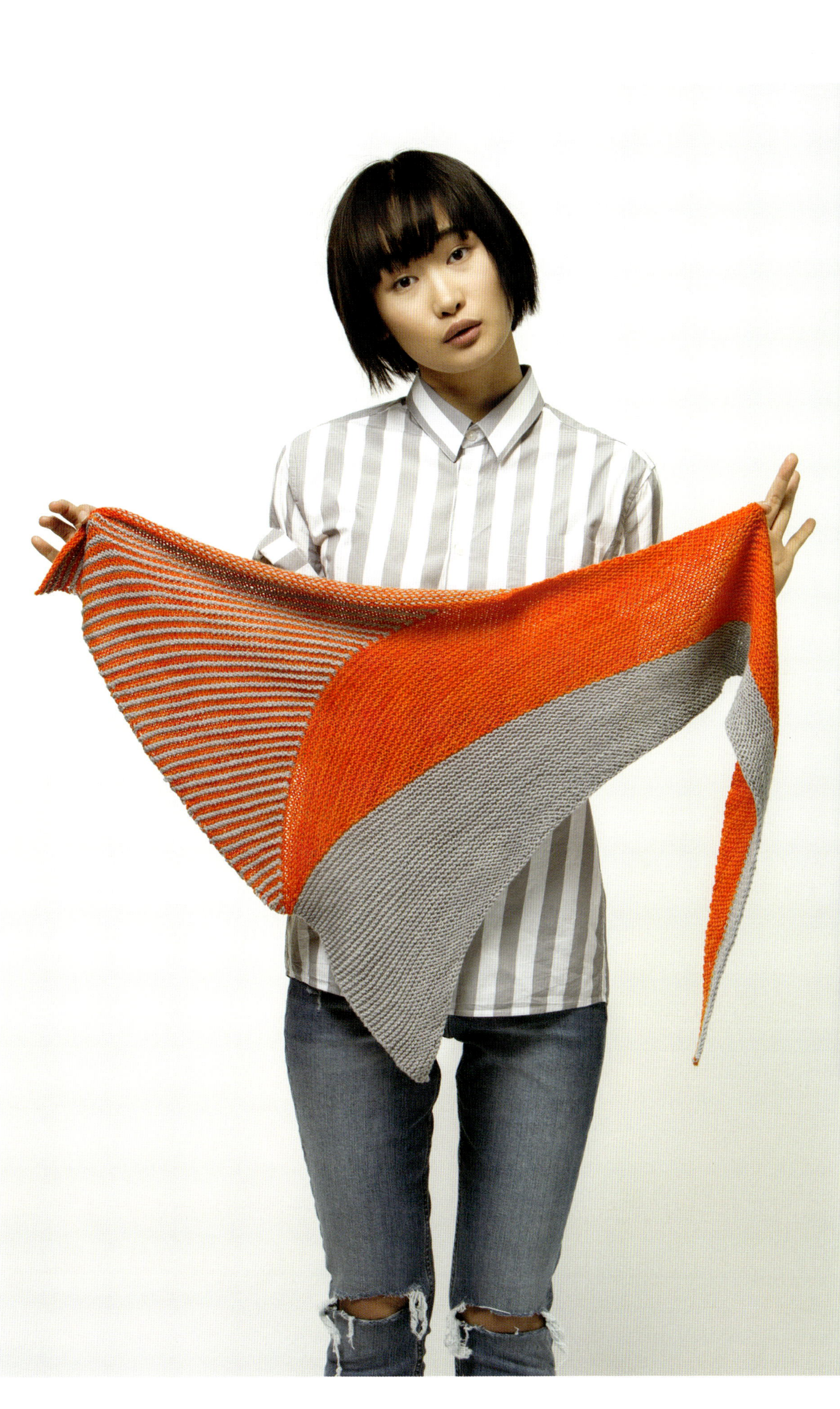

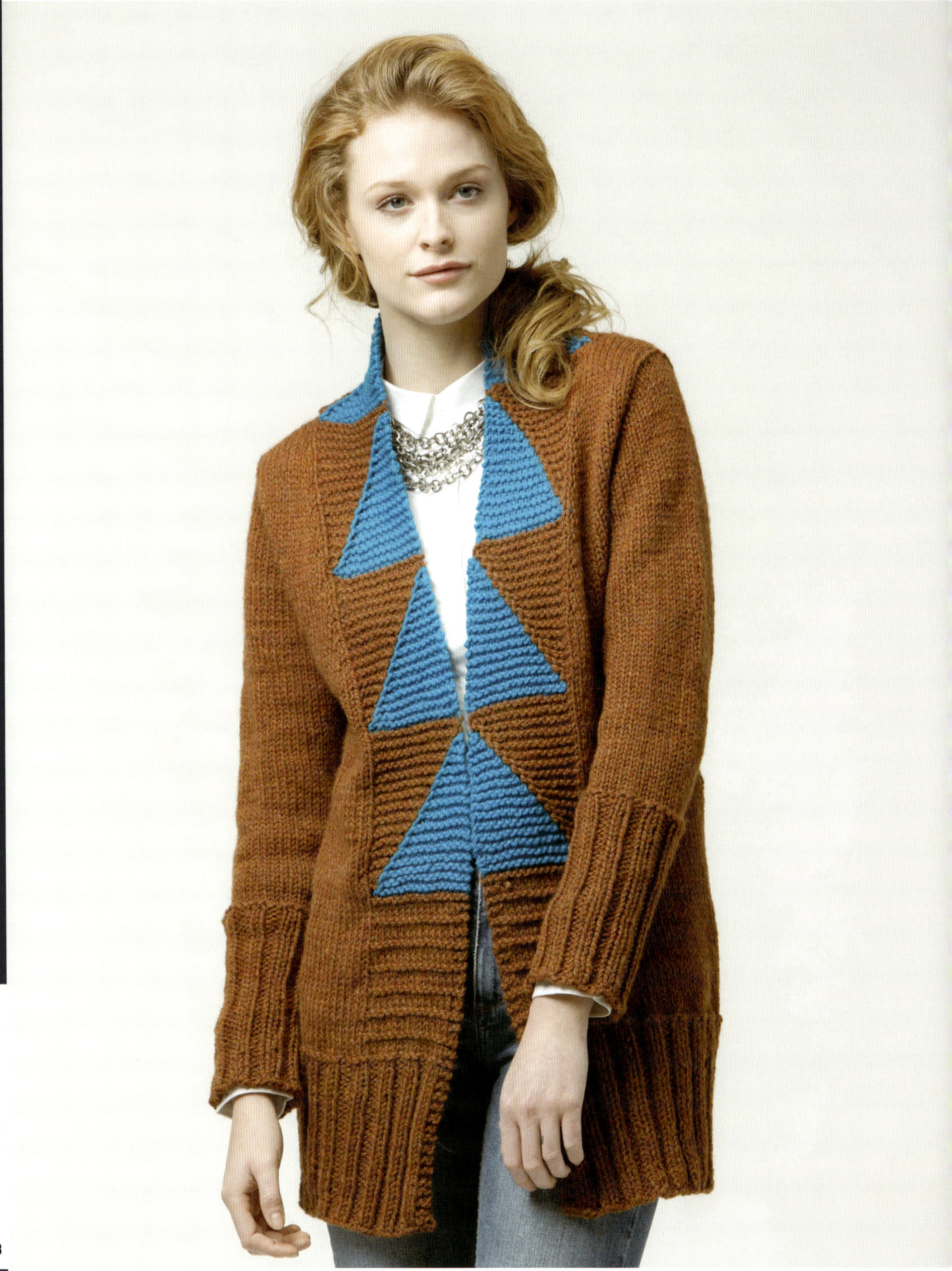

PULLOVERJACKE
Dreieckspuzzle

An Vorderkanten und Kragen dieser Pulloverjacke fügen sich mit der Umschlagmethode gestrickte Dreiecke zu Rechtecken zusammen. Der Kragen wird nahtlos angestrickt; zusätzliche verkürzte Reihen formen die Schulterpartie und die Armkugel.

FERTIGE GRÖSSE
Ca. 91 (101,5, 112, 122, 131,5) cm Brustumfang. Abgebildetes Modell: 101,5 cm.

GARN
Dickes Garn (Chunky, Stärke 5, Bulky).

Abgebildetes Modell: Cascade Yarns Eco+ (100 % Wolle; LL 478 yd/8,82 oz [437 m/250 g]), Farbe Pumpkin Spice (HF), 2 (2, 3, 3, 3) Stränge; Farbe Real Teal (KF), ca. 50–60 m.

STRICKNADELN
Rundstricknadel Nr. 5½, 80 cm lang. *Nadelstärke ggf. anpassen, um die Maschenzahl der Maschenprobe zu erreichen.*

SONSTIGES MATERIAL
4 Maschenmarkierer (MM), 2 offene Maschenmarkierer, Maschenhalter, Wollnadel, Garnrest (Hilfsfaden) für provisor. MA.

MASCHENPROBE
15 M und 20 R in glatt rechts = 10 x 10 cm. Größe der Dreiecke mit verkürzten Reihen (15 M und 30 R): ca. 10 cm Breite und 14 cm Höhe.

Anmerkungen

Dieses Modell wird nahtlos von oben nach unten gestrickt. Die Dreiecke an den vorderen Kanten und dem Kragen werden durch verkürzte Reihen zugleich mit dem Rumpf gestrickt. Die Jacke wird offen getragen, sodass die farbigen Vorderkanten schön zur Geltung kommen.

Muster und Techniken

KRAUS-RECHTS-RIPPEN

1. R (HIN-R): re M.

2. R (RÜCK-R): re M bis re Kragen-MM, MM abh, li M bis li Kragen-MM, MM abh, re M bis Ende.

3. R: re M.

4. R: 2 M re, li M bis 2 M vor Ende, 2 M re.

2-RE-2-LI-RIPPEN (in Reihen, M-Zahl teilbar durch 4 + 2)

1. R (HIN-R): *2 M re, 2 M li; ab * bis letzte 2 M wh, 2 M re.

2. R (RÜCK-R): 2 M li, 2 M re; ab * bis letzte 2 M wh, 2 M li.

1. und 2. R fortlfd. wh.

2-RE-2-LI-RIPPEN (in Runden, M-Zahl teilbar durch 4)

1. RD: *2 M re, 2 M li; ab * bis Ende wh.

1. Rd fortlfd. wh.

RÜCKENTEIL

MASCHENANSCHLAG: in HFb 52 (56, 57, 60, 62) M aufstricken (siehe Techniken).

1 Hin-R re str.

ANF-R (RÜCK-R): 8 (9, 9, 10, 10) M li, MMs (off. MM) in zuletzt gestr M, 36 (38, 39, 40, 42) M li, MMs (off. MM) in zuletzt gestr M, li M bis Ende – außerhalb der markierten M je 8 (9, 9, 10, 10) M.

Halsausschnitt hinten

1. VERK R (HIN-R): re M bis 2. markierte M, 1 M re, wenden.

2. VERK R (RÜCK-R): U, li M bis 2. markierte M, 1 M li, wenden.

3. VERK. R: U, re M bis U, U zur korrekten Ausrichtung abh und zurück auf li Nadel heben, 2 M re zus, 3 (3, 3, 4, 4) M re, wenden.

4. VERK. R: U, li M bis U, U und Folge-M zur korrekten Ausrichtung abh und zurück auf li Nadel heben, 2 M li verschr zus, 3 (3, 3, 4, 4) M li, wenden.

5. VERK. R: U, re M bis U, U zur korrekten Ausrichtung abh und zurück auf li Nadel heben, 2 M re zus, re M bis Ende.

FOLG. R: li M bis U, U und Folge-M zur korrekten Ausrichtung abh abh u. zurück auf li Nadel heben, 2 M li verschr zus, li M bis Ende.

Für den oberen Rücken noch 28 (28, 28, 26, 26) R glatt re str, mit Rück-R enden.

Armausschnitt

ZUNAHME-R (HIN-R): 1 M re, 1 re M zun (re), re M bis End-M, 1 re M zun (li), 1 M re – 2 M zugen.

Zunahme-R in jeder Hin-R noch 1x (2x, 4x, 6x, 8x) wh; mit Rück-R enden – 56 (62, 67, 74, 80) M.

Garn abschneiden, M auf Halter stilllegen.

Rechter Kragen

Maschenanschlag: in HFb 16 M im provisorischen unsichtbaren MA (siehe Techniken); dabei gut 90 cm Faden stehen lassen.

HFb-Kragendreieck rechts hinten (30 R)

1. R (HIN-R): re M bis Ende.

2. R (RÜCK-R): re M bis Ende.

1. VERK. ANF-R (HIN-R): re M bis End-M, wenden.

2. VERK. ANF-R (RÜCK-R): U, re M bis Ende.

1. VERK R (HIN-R): re M bis 1 M vor vorigem Wendepunkt, wenden.

2. VERK R (RÜCK-R): U, re M bis Ende.

1. und 2. verk R noch 12x wh, bis noch 2 ungestrickte M übrig sind. Mit Rück-R enden.

HFb-Garn abschneiden, Arbeit wenden. Das KFb-Dreieck am re Rückenteil wie folgt stricken:

KFb-Kragendreieck rechts hinten (30 R)

FOLG. R (HIN-R): In KFb 2 M re [U zur korrekten Ausrichtung abh und zurück auf li Nadel heben, 2 M re zus] bis Ende.

1. VERK. ANF-R (RÜCK-R): 1 M re, wenden.

2. VERK. ANF-R (HIN-R): U, 1 M re.

1. VERK. R: re M bis U, U zur korrekten Ausrichtung abh und zurück auf li Nadel heben, 2 M re zus, wenden.

2. VERK. R: U, re M bis Ende.

1. und 2. verk R noch 12x wh, bis noch 2 ungestrickte M übrig sind.

FOLG. R (RÜCK-R): re M bis U, U zur korrekten Ausrichtung abh und zurück auf li Nadel heben, 2 M re zus, 1 M re. KFb-Garn abschneiden.

RECHTE VORDERE SCHULTER

Rückenteil m. rechter Seite n. oben so drehen, dass der MA an der Oberkante liegt. Für re Schulter in HFb zw. re Rand der Schulter und 1. off. MM aus der MA-Kante 8 (9, 9, 10, 10) M aufn und re str; mit re Seite n. oben die 1. M des re Kragens re str, die letzte M der re Schulter über diese M ziehen, MMs, re M bis Ende der M des re Kragens – 23 (24, 24, 25, 25) M; 15 Kragen-M u. 8 (9, 9, 10, 10) M am re Vorderteil.

FOLG. R (RÜCK-R): re M bis MM, MM abh, li M bis Ende.

Die Kragenpartie besteht nun aus 15 M. Diese 15 M im Muster des re Kragendreiecks vorn stricken; dabei HFb- und KFb-Dreiecke abwechseln (Anleitung siehe folg. Seite). GLEICHZEITIG re Hals- und Armausschnitt arbeiten:

Rechter Halsausschnitt

ANMERKUNG: Das Formen des Halsausschnitts geht nach dem Armausschnitt und dem Verbinden von Rücken- und Vorderteilen weiter.

ZUNAHME-R (HIN-R): re M bis 1 M vor MM, 1 re M zun (li), 1 M re, MM abh, M des re Kragens vorn im Muster wie bisher str; anf mit 1. verk. Anf-R des HFb-Dreiecks bis Ende – 1 M zugen.

FOLG. R (RÜCK-R): M des re Kragens im Muster wie bisher str, MM abh, li M bis Ende.

Zunahme-R noch 2x in jeder 8. R wh, dann 7x (8x, 9x, 10x, 10x) in jeder 4. R – 10 (11, 12, 13, 13) M zugen; GLEICHZEITIG, wenn ab der MA-Kante an der Schulter 32 (32, 32, 30, 30) R in der HFb gestrickt sind, den Armausschnitt arbeiten:

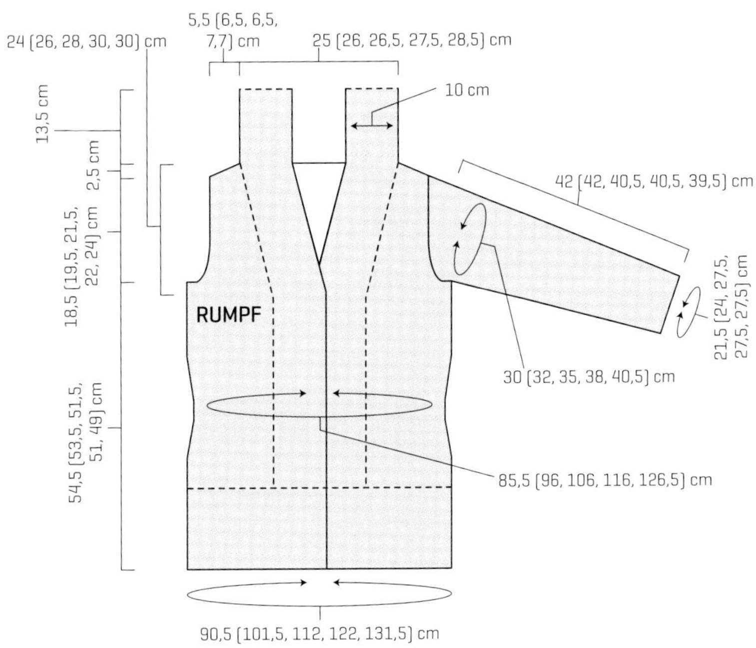

Armausschnitt

ZUNAHME-R (HIN-R): 1 M re, 1 re M zun (re), weiter im Muster wie bisher str bis Ende – 1 M zugen.

Zunahme-R noch 1x (2x, 4x, 6x, 8x) in jeder Hin-R wh, mit einer Rück-R enden – 32 (34, 37, 41, 44) M; 15 Kragen-M u. 17 (19, 22, 26, 29) M am re Vorderteil.

Garn abschneiden, M auf Halter stilllegen.

Kragendreiecke mit verk. Reihen bei separatem Stricken des rechten und linken Vorderteils:

HFB-KRAGENDREIECK RECHTS VORN (30 REIHEN)

1. R (HIN-R): in HFb re M bis Ende.

2. R (RÜCK-R): re M bis MM, MM abh, li M bis Ende.

1. VERK. ANF-R (HIN-R): re M bis End-M, wenden.

2. VERK. ANF-R (RÜCK-R): U, re M bis MM, MM abh, li M bis Ende.

1. VERK R (HIN-R): re M bis 1 M vor vorigem Wendepunkt, wenden.

2. VERK R (RÜCK-R): U, re M bis MM, MM abh, li M bis Ende.

1. und 2. verk R noch 12x wh, bis noch 1 ungestrickte M übrig ist. Mit Rück-R enden.

FOLG. R (HIN-R): re M bis MM; HFb stilllegen (nicht abschneiden). In KFb das Dreieck am rechten Kragen arbeiten wie folgt:

KFB-KRAGENDREIECK RECHTS VORN (30 R)

1. R (HIN-R): in KFb 1 M re, *U zur korrekten Ausrichtung abh und zurück auf li Nadel heben, 2 M re zus; ab * bis Ende wh.

1. VERK. ANF-R (RÜCK-R): 1 M re, wenden.

2. VERK. ANF-R (HIN-R): U, 1 M re.

1. VERK R (RÜCK-R): re M bis U, U zur korrekten Ausrichtung abh und zurück auf li Nadel heben, 2 M re zus, wenden.

2. VERK R (HIN-R): U, re M bis Ende.

1. und 2. verk R noch 12x wh, bis noch 1 ungestrickte M übrig ist.

FOLG. R (RÜCK-R): re M bis U, U zur korrekten Ausrichtung abh und zurück auf li Nadel heben, 2 M re zus.

FOLG. R (HIN-R): re M bis U, U zur korrekten Ausrichtung abh und zurück auf li Nadel heben, 2 M re zus; KFb-Garn abschneiden; HFb-Garn wieder aufn und ab 1. R des HFb-Kragendreiecks rechts vorn (s. o.) weiterarb.

Linker Kragen

Maschenanschlag: in HFb 16 M im provisorischen unsichtbaren MA.

HFB-KRAGENDREIECK LINKS HINTEN (30 R)

1. R (HIN-R): re M bis Ende.

1. VERK. ANF-R (RÜCK-R): re M bis End-M, wenden.

2. VERK. ANF-R (HIN-R): U, re M bis Ende.

1. VERK R (RÜCK-R): re M bis 1 M vor vorigem Wendepunkt, wenden.

2. VERK R (HIN-R): U, re M bis Ende.

1. und 2. verk R noch 12x wh, bis noch 2 ungestrickte M übrig sind. Mit Hin-R enden.

FOLG. R (RÜCK-R): 2 M re, *U zur korrekten Ausrichtung abh und zurück auf li Nadel heben, 2 M re zus; ab * bis Ende wh.

HFb-Garn abschneiden, wenden. Weiter in KF: KFb-Kragendreieck links hinten str wie folgt:

KFB-KRAGENDREIECK LINKS HINTEN (30 R)

1. VERK. ANF-R (HIN-R): in KFb 1 M re, wenden.

2. VERK. ANF-R (RÜCK-R): U, re M bis Ende.

1. VERK. R: re M bis U, U zur korrekten Ausrichtung abh und zurück auf li Nadel heben, 2 M re zus, wenden.

2. VERK. R: U, re M bis Ende.

1. und 2. verk R noch 12x wh, bis noch 2 ungestrickte M übrig sind.

FOLG. R (HIN-R): re M bis U, U zur korrekten Ausrichtung abh und zurück auf li Nadel heben, 2 M re zus, 1 M re, wenden.

FOLG. R (RÜCK-R): re M bis Ende.

Arbeit wenden, KFb-Garn abschneiden.

LINKE VORDERE SCHULTER

Rechte Seite liegt oben. In HFb re M bis End-M des li Kragens, MMs, 1 M abh. Rechte Seite liegt oben, MA-Kante oben am Rückenteil zeigt nach oben. Nach markierter M am li Rand des Halsausschnitts anf, 1 M aufn und re str, abgeh M über diese M auf re Nadel heben, dann für li Schulter 7 (8, 8, 9, 9) M aus MA-Kante aufn

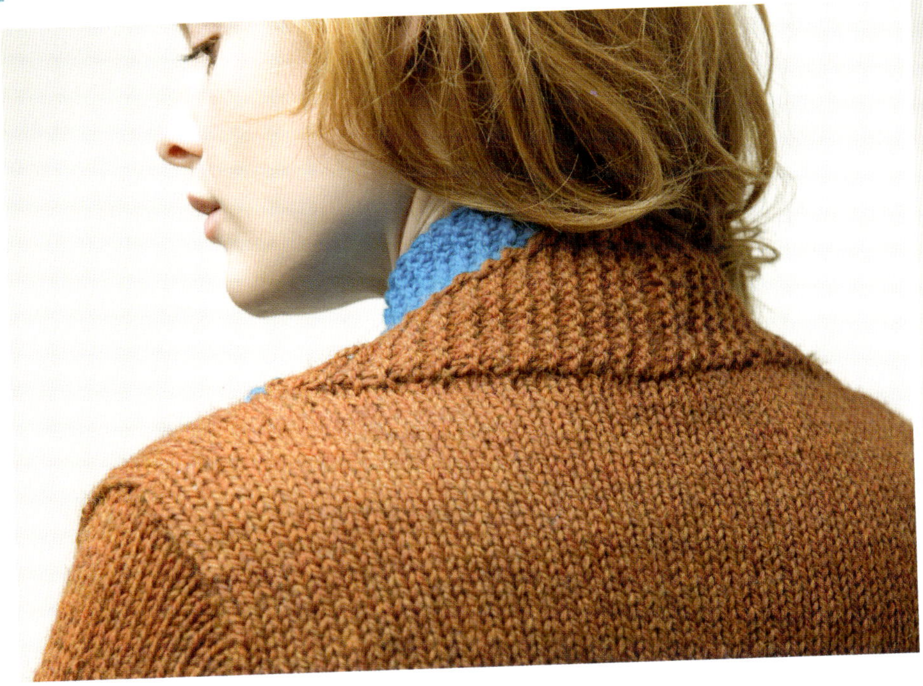

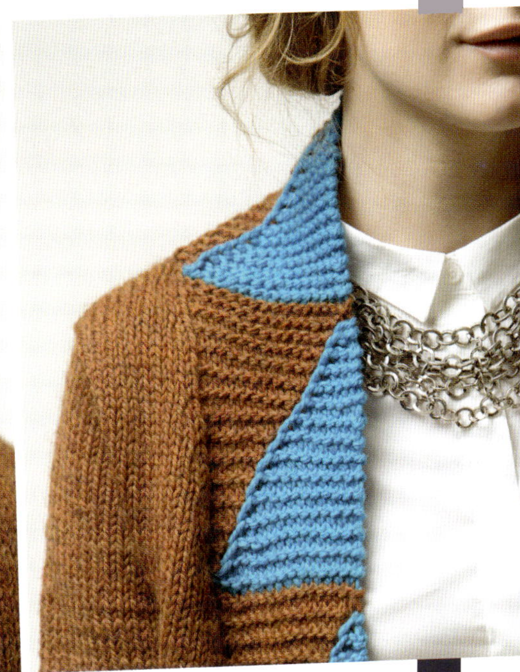

und re str – 23 (24, 24, 25, 25) M; 15 Kragen-M und 8 (9, 9, 10, 10) M am li Vorderteil.

FOLG. R (RÜCK-R): li M bis MM, MM abh, re M bis End-M, wenden.

Die Kragenpartie besteht nun aus 15 M. Diese 15 M im Muster des li Kragendreiecks vorn stricken; dabei HFb- und KFb-Dreiecke abwechseln [Anleitung siehe folg. Seiten]. GLEICHZEITIG li Hals- und Armausschnitt arbeiten:

Linker Halsausschnitt

ANMERKUNG: Das Formen des Halsausschnitts geht nach dem Armausschnitt und dem Verbinden von Rücken- und Vorderteilen weiter.

ZUNAHME-R (HIN-R): M des li Kragens vorn im Muster wie bisher str; anf mit 2. verk. Anf-R des HFb-Dreiecks bis MM, MM abh, 1 M re, 1 re M zun (re), re M bis Ende – 1 M zugen.

FOLG. R (RÜCK-R): li M bis MM, MM abh, M des li Kragens im Muster wie bisher str.

Zunahme-R noch 2x in jeder 8. R wh, dann 7x (8x, 9x, 10x, 10x) in jeder 4. R – 10 (11, 12, 13, 13) M zugen; GLEICHZEITIG, wenn ab der MA-Kante 32 (32, 32, 30, 30) R in der HFb gestrickt sind, den Armausschnitt arbeiten:

Armausschnitt

ZUNAHME-R (HIN-R): bis End-M im Muster wie bisher str, 1 M re zun (li), 1 M re – 1 M zugen.

Zunahme-R in jeder Hin-R noch 1x (2x, 4x, 6x, 8x) wh; mit Rück-R enden – 32 (34, 37, 41, 44) M; 15 Kragen-M und 17 (19, 22, 26, 29) M am li Vorderteil.

Kragendreiecke mit verk. Reihen bei separatem Stricken des rechten und linken Vorderteils:

HFB-KRAGENDREIECK LINKS VORN (30 REIHEN)

FOLG. R (HIN-R): in HFb re M bis MM, MM abh, U zur korrekten Ausrichtung abh und zurück auf li Nadel heben, 2 M re zus, im Muster fortfahren bis Ende.

1. VERK. ANF-R (RÜCK-R): li M bis MM, MM abh, re M bis End-M, wenden.

2. VERK. ANF-R (HIN-R): U, re M bis Ende.

1. VERK R (RÜCK-R): li M bis MM, MM abh, re M bis 1 M vor vorigem Wendepunkt, wenden.

2. VERK R (HIN-R): U, re M bis Ende.

1. und 2. verk R noch 12x wh, bis noch 1 ungestrickte M übrig ist. Mit Hin-R enden.

FOLG. R (RÜCK-R): li M bis MM, MM abh, 1 M re, *U zur korrekten Ausrichtung abh und zurück auf li Nadel heben, 2 M re zus; ab * bis Ende wh. HFb-Garn abschneiden, Arbeit wenden.

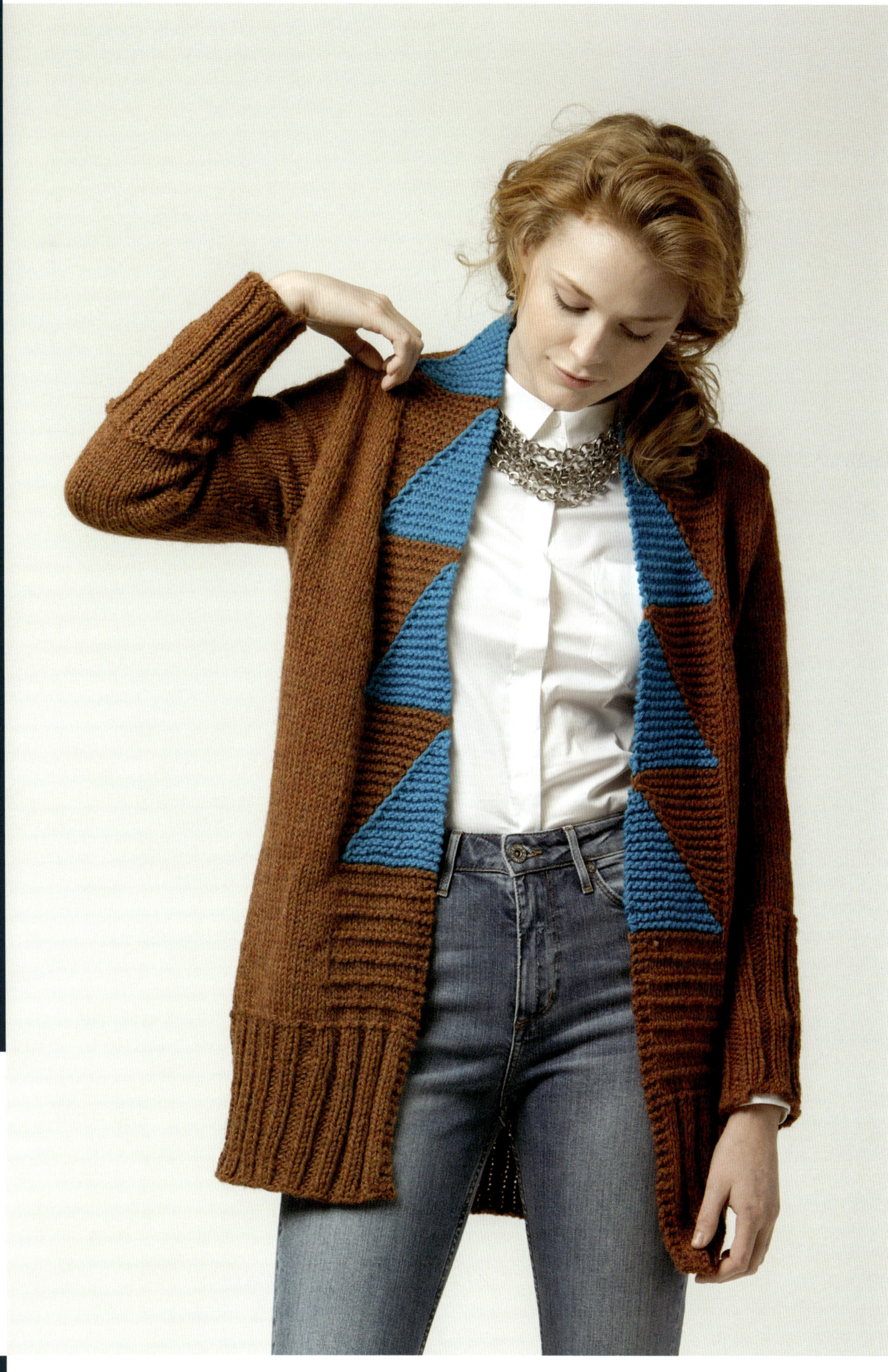

Zur KFb wechseln und das KFb-Dreieck am linken Kragen arbeiten:

KFB-KRAGENDREIECK LINKS VORN (30 REIHEN)

1. VERK. ANF-R (HIN-R): in KFb 1 M re, wenden.

2. VERK. ANF-R (RÜCK-R): U, re M bis Ende.

1. VERK. R: re M bis U, U zur korrekten Ausrichtung abh und zurück auf li Nadel heben, 2 M re zus, wenden.

2. VERK. R: U, re M bis Ende.

1. und 2. verk R noch 12x wh, bis noch 1 ungestrickte M übrig ist.

FOLG. R (HIN-R): re M bis U, U zur korrekten Ausrichtung abh und zurück auf li Nadel heben, 2 M re zus, wenden.

FOLG. R (RÜCK-R): MM auf li Nadel abh, U, MM zurück auf re Nadel abh, re M bis Ende.

KFb-Garn abschneiden.

RÜCKEN UND VORDERTEILE VERBINDEN

FOLG. R (RÜCK-R): M des li Vorderteils im Muster wie bisher str, 4 (6, 8, 8, 10) M anschl (Daumenanschlag) u. nach den ersten 2 (3, 4, 4, 5) M MMs für li Seitennaht, 56 (62, 67, 74, 80) M des Rückenteils vom M-Halter re str, 4 (6, 8, 8, 10) M anschl u. nach den ersten 2 (3, 4, 4, 5) M MMs für re Seitennaht, M des re Vorderteils vom M-Halter im Muster wie bisher str – 128 (144, 159, 174, 190) M.

Im Muster wie bisher str, weiter für Halsausschnitt zun wie bisher – 134 (150, 165, 180, 194) M nach Fertigstellung des Halsausschnitts.

Kragendreiecke mit verk. Reihen nach Verbinden von Rücken und Vorderteilen:

LINKES UND RECHTES HFB-DREIECK (30 R)

FOLG. R (HIN-R): re M bis zu li Kragen-MM, MM abh, U zur korrekten Ausrichtung abh und zurück auf li Nadel heben, 2 M re zus, re M bis Ende.

1. VERK. ANF-R (RÜCK-R): re M bis zu re Kragen-MM, MM abh, li M bis zu li Kragen-MM, MM abh, re M bis End-M, wenden.

2. VERK. ANF-R (HIN-R): U, re M bis zu re Kragen-MM, MM abh, re M bis End-M, wenden.

1. VERK R (RÜCK-R): U, re M bis zu re Kragen-MM, MM abh, li M bis zu li Kragen-MM, MM abh, re M bis 1 M vor vorigem Wendepunkt, wenden.

2. VERK R (HIN-R): U, re M bis zu re Kragen-MM, MM abh, re M bis 1 M vor vorigem Wendepunkt, wenden.

1. und 2. verk R noch 12x wh, bis am re und li Kragen noch je 1 ungestrickte M übrig ist. Mit Rück-R enden. Arbeit wenden, U, 1 M re.

HFb-Garn stilllegen, nicht abschneiden. Nicht wenden. KFB-Kragendreieck rechts str wie folgt:

KFB-KRAGENDREIECK RECHTS (30 R)

FOLG. R (HIN-R): in KFb 1 M re, *U zur korrekten Ausrichtung abh und zurück auf li Nadel heben, 2 M re zus; ab * bis Ende wh.

1. VERK. ANF-R (RÜCK-R): 1 M re, wenden.

2. VERK. ANF-R (HIN-R): U, 1 M re.

1. VERK. R: re M bis U, U zur korrekten Ausrichtung abh und zurück auf li Nadel heben, 2 M re zus, wenden.

2. VERK. R: U, re M bis Ende.

1. und 2. verk R noch 12x wh, bis noch 1 ungestrickte M übrig ist.

FOLG. R (RÜCK-R): re M bis U, U zur korrekten Ausrichtung abh und zurück auf li Nadel heben, 2 M re zus. KFb-Garn abschneiden. Mit stillgelegtem HFb-Garn li M bis li Kragen-MM, 1 M re, *U zur korrekten Ausrichtung abh und zurück auf li Nadel heben, 2 M re zus; ab * bis Ende wh. HFb-Garn abschneiden, Arbeit wenden.

Zur KFb wechseln; KFb-Kragendreieck links str wie folgt:

KFB-KRAGENDREIECK LINKS (30 R)

1. VERK. ANF-R (HIN-R): 1 M re, wenden.

2. VERK. ANF-R (RÜCK-R): U, re M bis Ende.

1. VERK. R: re M bis U, U zur korrekten Ausrichtung abh und zurück auf li Nadel heben, 2 M re zus, wenden.

2. VERK. R: U, re M bis Ende.

1. und 2. verk R noch 12x wh, bis noch 1 ungestrickte M übrig ist.

FOLG. R (HIN-R): re M bis U, U zur korrekten Ausrichtung abh und zurück auf li Nadel heben, 2 M re zus.

FOLG. R (RÜCK-R): MM auf li Nadel abh, U, MM zurück auf re Nadel abh, re M bis Ende.

KFb-Garn abschneiden.

GLEICHZEITIG, wenn der Rumpf ab der Achsel 15 cm misst, den Rumpf zw. li und re Kragen formen wie folgt:

ABNAHME-R (HIN-R): 2x [re M bis 3 M vor folg. seitl. Rand-M, abh abh re verschr zus, 1 M re, MM abh, 1 M re, 2 M re zus], re M bis re Kragen-MM – 4 M abgen.

Abnahme-R nach 10 R noch 1x wh – 126 (142, 157, 172, 186) M übrig.

9 R gerade stricken.

ZUNAHME-R (HIN-R): 2x [re M bis 1 M vor folg. seitl. Rand-M, 1 re M zun (re), 1 M re, MM abh, 1 M re, 1 re M zun (li)], re M bis re Kragen-MM – 4 M zugen.

Zunahme-R nach 10 R noch 1x wh – 134 (150, 165, 180, 194) M.

Kragendreiecke mit verk R beenden, wenn an den Vorderkanten 3 komplette Sets fertig sind (Dreiecke hinten am Kragen zählen nicht). Statt dessen im Kraus-rechts-Rippenmuster weiterarbeiten:

FOLG. R (HIN-R): re M bis li Kragen-MM, MM abh, U zur korrekten Ausrichtung abh und zurück auf li Nadel heben, 2 M re zus, re M bis Ende.

Mit 2. R beginnend über die 15 Kragen-M beidseits 28 R in Kraus-rechts-Rippen stricken.

Saum

2 R re M; dabei in der letzten R an jeder Seitennaht 0 (0, 1, 1, 0) M und in der hinteren Mitte 0 (0, 1, 0, 0) M abn – 134 (150, 162, 178, 194) M übrig.

Mit einer Hin-R beginnend 30 R in 2-re-2-li-Rippen stricken (15 cm).

Alle M abk, wie sie erscheinen.

ÄRMEL

Re Seite liegt oben. In HFb unten in der Mitte des Armausschnitts beginnend 2 (3, 4, 4, 5) M aus dem MA unter dem Arm aufn und re str, dann je 20 (21, 22, 24, 25) M gleichmäßig verteilt um den Armausschnitt bis zur Schulter und wieder um den Armausschnitt bis unter den Arm, dann 2 (3, 4, 4, 5) M aus dem MA unter dem Arm. MMs, M zur Rd schließen – 44 (48, 52, 56, 60) M.

Armkugel formen

1. VERK. ANF-R (HIN-R): 29 (32, 34, 37, 40) M re, wenden.

2. VERK. ANF-R (RÜCK-R): U, 14 (16, 16, 18, 20) M li, wenden.

1. VERK. R: U, re M bis U, U zur korrekten Ausrichtung abh und zurück auf li Nadel heben, 2 M re zus, wenden.

2. VERK. R: U, li M bis U, U und Folge-M zur korrekten Ausrichtung abh u. zurück auf li Nadel heben, 2 M li verschr zus, wenden.

1. und 2. verk R noch 13x (14x, 16x, 17x, 18x) wh, bis beidseits des MM noch je 1 ungestrickte M übrig ist.

FOLG. RD (HIN-RD): U, re M bis U, U zur korrekten Ausrichtung abh und zurück auf li Nadel heben, 2 M re zus, MM abh, 1. M der Rd und folg. U abh abh re verschr zus.

6 (6, 5, 3, 2) Rd re M.

ABNAHME-RD: 1 M re, abh abh re verschr zus, re M bis 3 M vor MM, 2 M re zus, 1 M re – 2 M abgen.

Die Abnahme-Rd noch 5x (5x, 2x, 0x, 2x) in jeder 7. (7., 6., 4., 3.) Rd wh, dann 0x (0x, 3x, 7x, 7x) in jeder 8. (8., 7., 5., 4.) Rd – 32 (36, 40, 40, 40) M übrig.

5 Rd re str (oder bis zur gewünschten Länge vor dem Ärmelbündchen).

1 Rd li str.

Ärmelbündchen

35 Rd (18 cm) 2-re-2-li-Rippen in Runden stricken.

Alle M abk, wie sie erscheinen.

FERTIGSTELLUNG

Kragen

Die 16 provisor. angeschl M des re Kragens auf Nadel aufnehmen, dabei ggf. korrekt ausrichten.

Die zuletzt gestrickten R auf beiden Seiten des Kragens sind rechte R, daher ist für nahtloses Verbinden im Maschenstich ein Zwischenschritt nötig.

ANF-R (HIN-R): mit dem Fadenende 1 R li str.

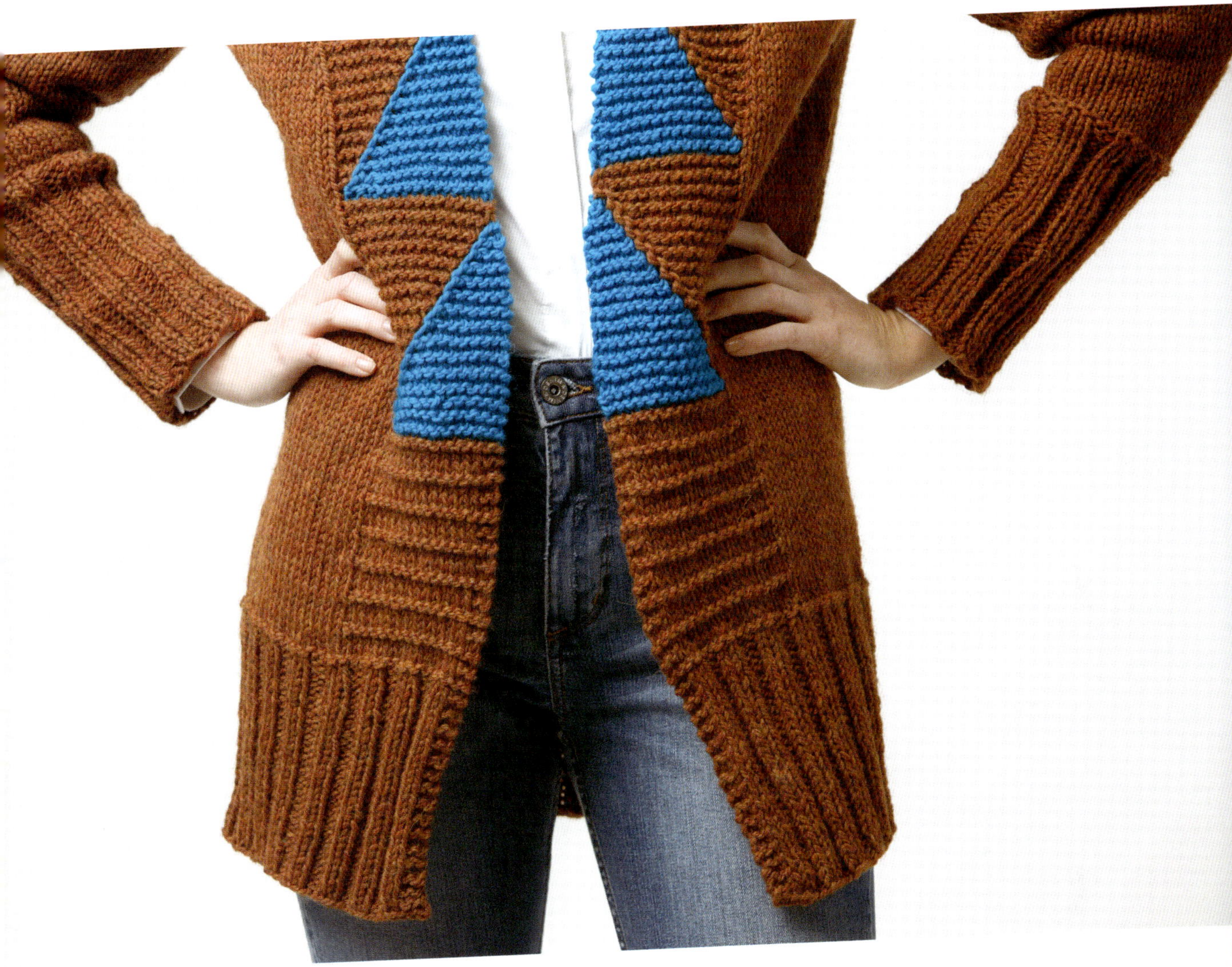

Die 16 provisor. angeschl M des li Kragens auf Nadel aufnehmen, dabei ggf. korrekt ausrichten.

Die Kragenteile aneinanderlegen (li Seite nach oben, Stricknadeln aneinander). Der linke Kragen liegt vorn, der rechte hinten. Alle M mit demselben Fadenende im Maschenstich (kraus li) verbinden:

ANFANG: Nähnadel wie für re M erst in 1. M d. vord. Nadel, dann in 1. M d. hint. Nadel einstechen.

VORD. NADEL: Faden wie für li M durch 1. M ziehen, die M von der Nadel heben, dann wie für re M durch folg. M ziehen, die M auf der Nadel lassen.

HINT. NADEL: Faden wie für li M durch 1. M ziehen, die M von der Nadel heben, dann wie für re M durch folg. M ziehen, die M auf der Nadel lassen.

Schritte für die vordere und hintere Nadel wh, bis alle M aufgefasst sind.

Fäden vernähen bis auf das lange Fadenende an Kragen und hinterem Halsausschnitt. Mit dem Fadenende den li Kragen von der hinteren Mitte bis zur Schulter an den Halsausschnitt nähen. Mit neuem Faden den re Kragen ebenso annähen.

Übrige Fäden vernähen, Jacke spannen.

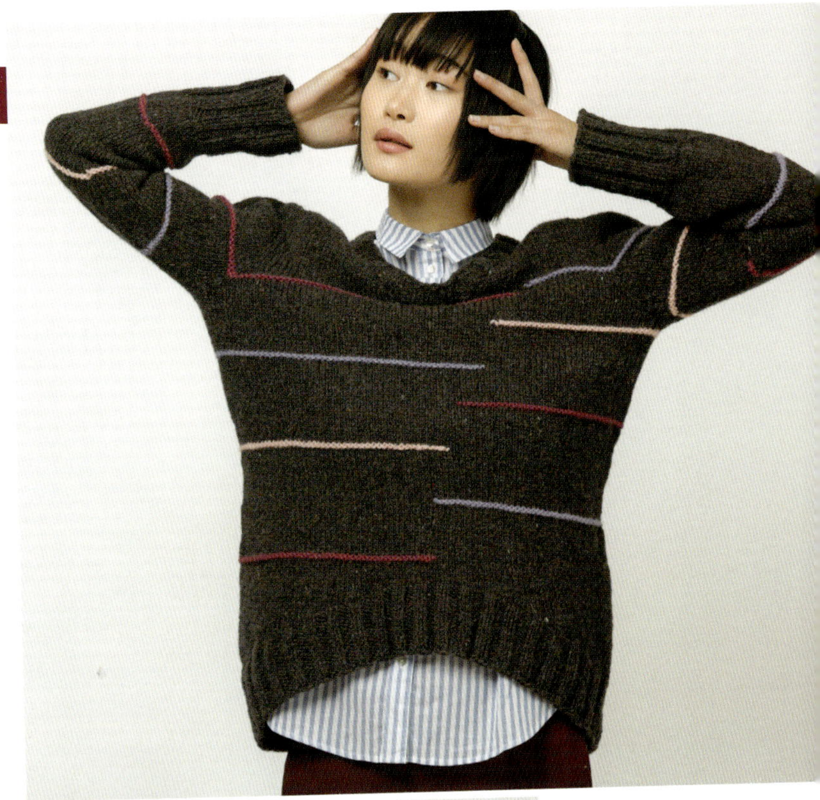

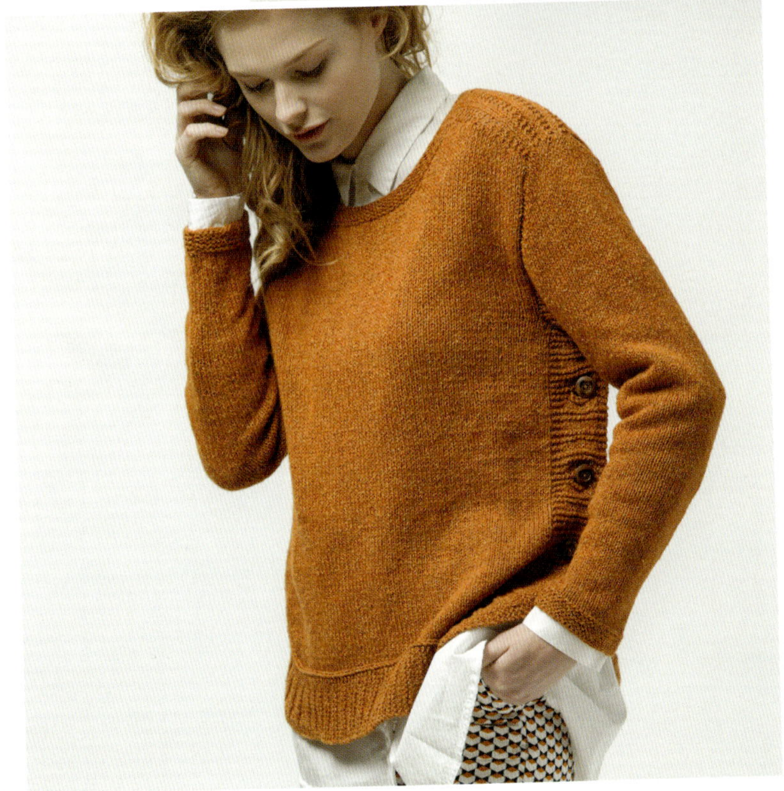

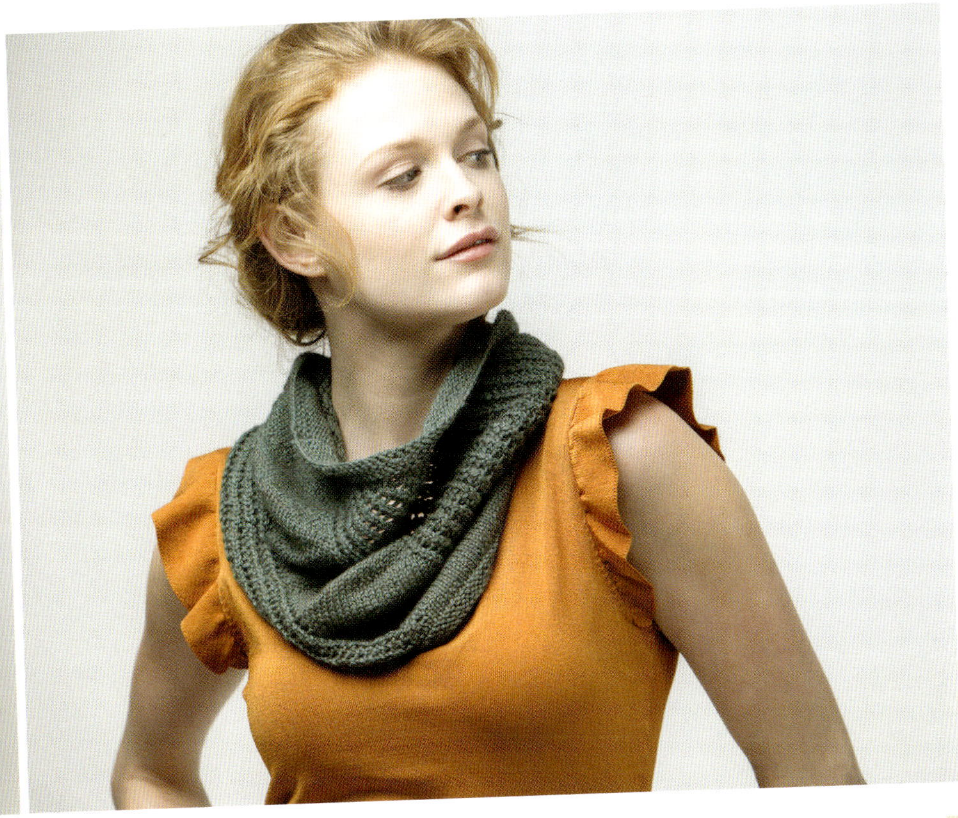

Kapitel 3

DEUTSCHE METHODE

Die deutsche Methode ist in Hin- und Rückreihen einfach zu stricken, sowohl glatt rechts oder links als auch kraus rechts, und ergibt ein sauberes Maschenbild. Es wird bis zum gewünschten Wendepunkt gestrickt, gewendet und mit einem Umschlag eine Masche aus der nächsttieferen Reihe heraufgezogen. Deren beide Maschenglieder bilden nun eine Doppelmasche auf der Nadel. Beim späteren Abstricken werden beide Maschenglieder zusammengestrickt, um den Wendepunkt zu kaschieren. In diesem Buch bedeutet die Abkürzung DM, dass eine Doppelmasche gestrickt werden soll.

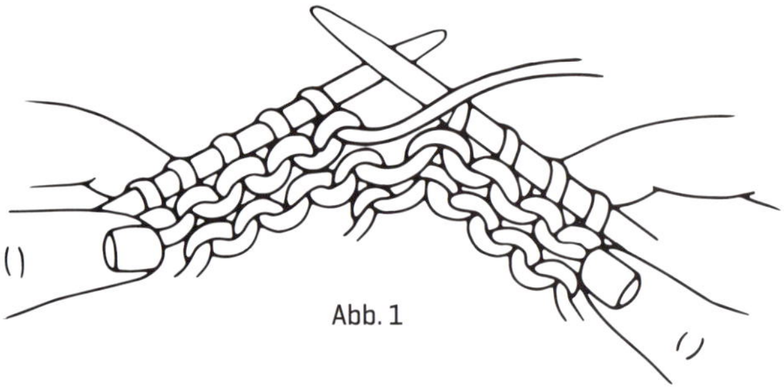

Abb. 1

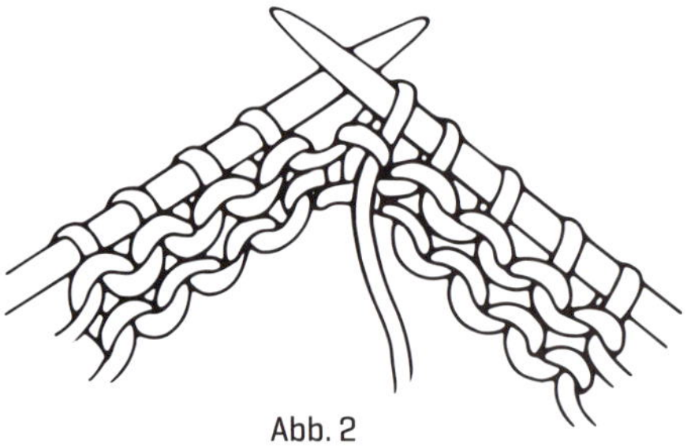

Abb. 2

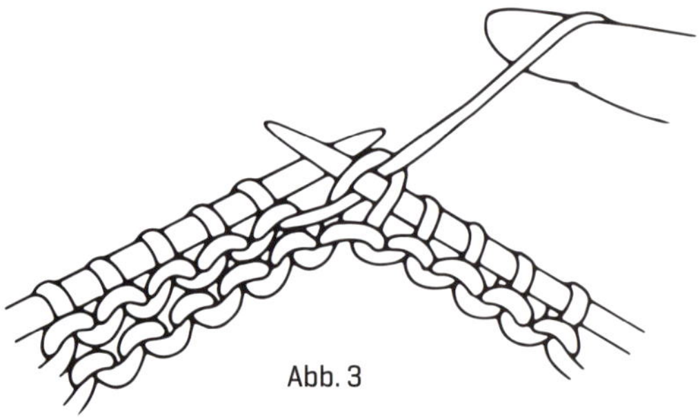

Abb. 3

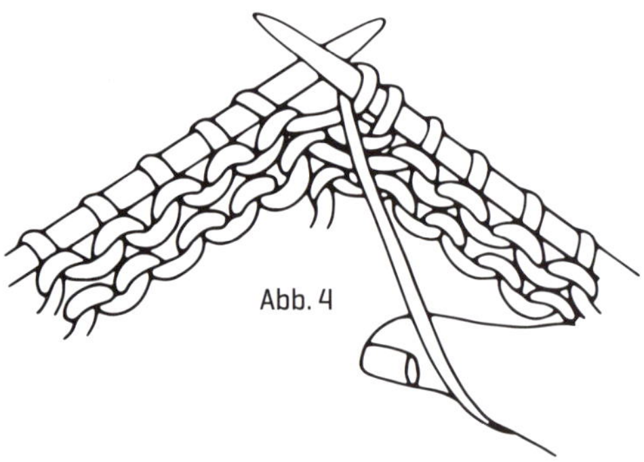

Abb. 4

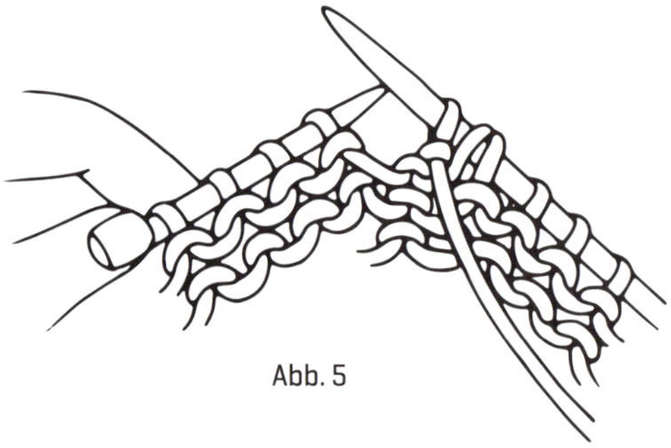

Abb. 5

DEUTSCHE METHODE AN RECHTEN REIHEN

Die Doppelmasche wird nach dem Wenden gearbeitet, also auf der links erscheinenden Seite der rechten Reihe.

1 Bis zum Wendepunkt rechts stricken und die Arbeit wenden **(Abb. 1)**.

2 Die folgende Masche links abheben **(Abb. 2)**.

3 Den Faden über die rechte Nadel nach hinten legen und nach oben ziehen, sodass beide Glieder der Masche unter der abgehobenen Masche auf die Nadel heraufgezogen werden. Es entsteht eine etwas eigenartige Doppelmasche **(Abb. 3)**.

4 Wenn Sie glatt rechts stricken, den Faden zwischen den Nadeln wieder nach vorn legen **(Abb. 4)**; die nächste Reihe links stricken **(Abb. 5)**. Wenn Sie kraus rechts stricken, liegt der Faden bereits hinten; die folgende Reihe rechts stricken.

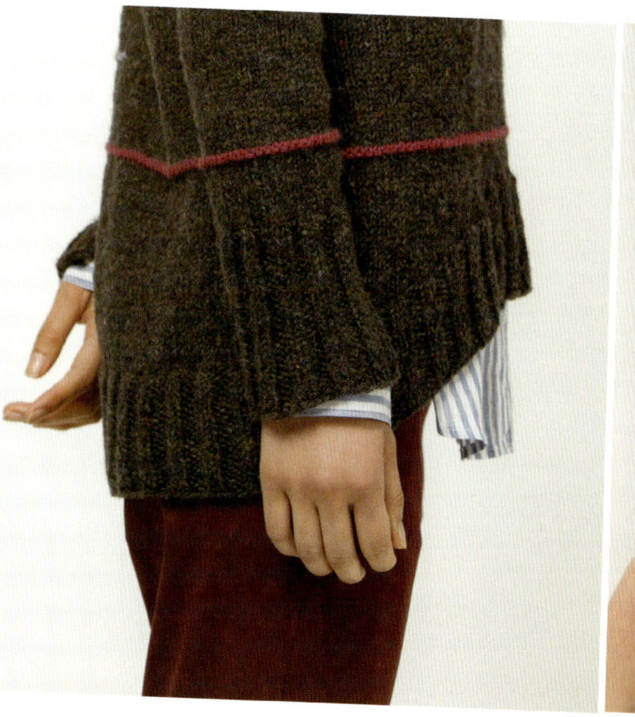

DEUTSCHE METHODE AN LINKEN REIHEN

Die Doppelmasche wird nach dem Wenden gearbeitet, also auf der rechts erscheinenden Seite der linken Reihe.

1 Bis zum Wendepunkt links stricken und die Arbeit wenden **(Abb. 1)**.

2 Den Faden zwischen den Nadeln nach vorn legen **(Abb. 2)**.

3 Die folgende Masche links abheben **(Abb. 3)**.

4 Den Faden über die rechte Nadel nach hinten legen und nach oben ziehen, sodass beide Glieder der Masche unter der abgehobenen Masche auf die Nadel heraufgezogen werden. Es entsteht eine Doppelmasche **(Abb. 4)**; Die folgende Reihe rechts stricken **(Abb. 5)**.

Die Masche erscheint doppelt, da beide Maschenglieder auf der Nadel liegen. Sie sind gut zu erkennen und werden in einer späteren Reihe zusammengestrickt, um den Wendepunkt zu kaschieren.

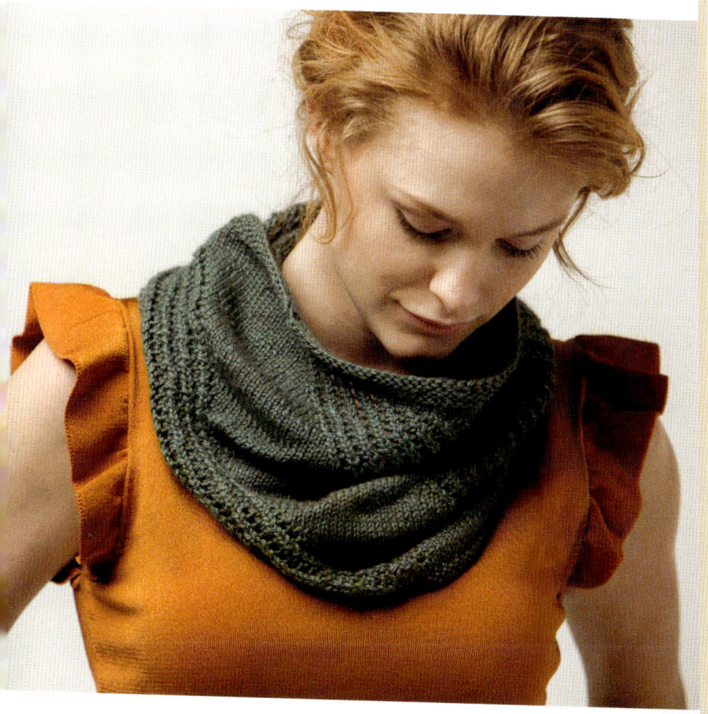

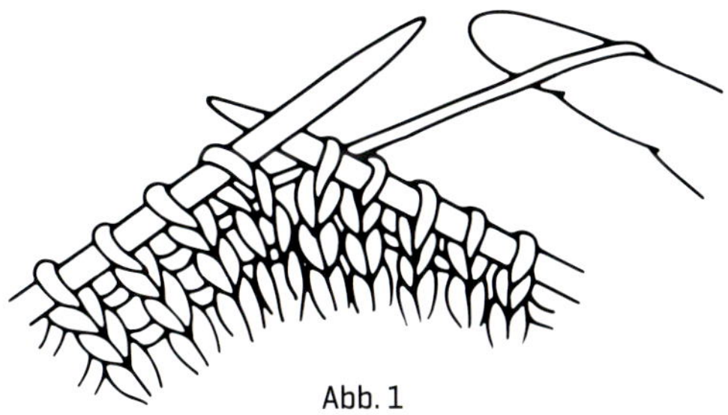

Abb. 1

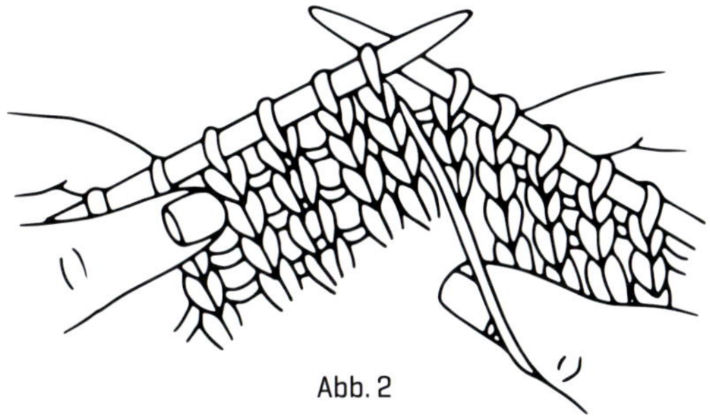

Abb. 2

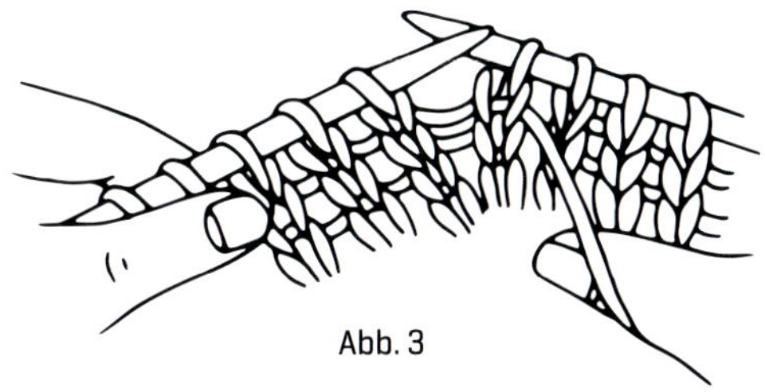

Abb. 3

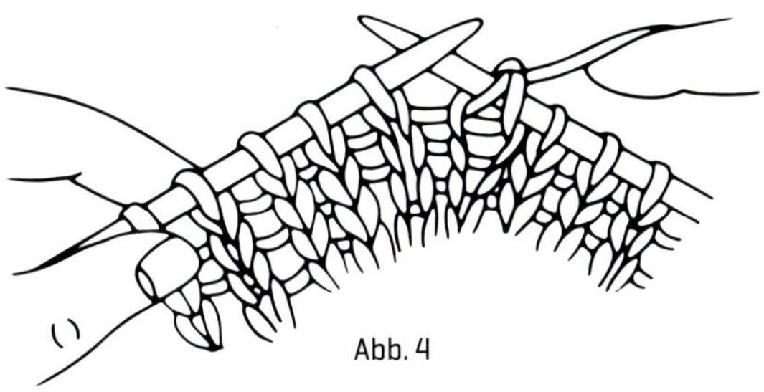

Abb. 4

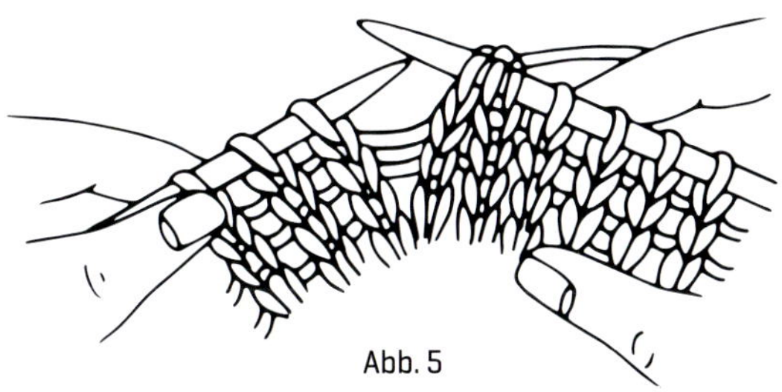

Abb. 5

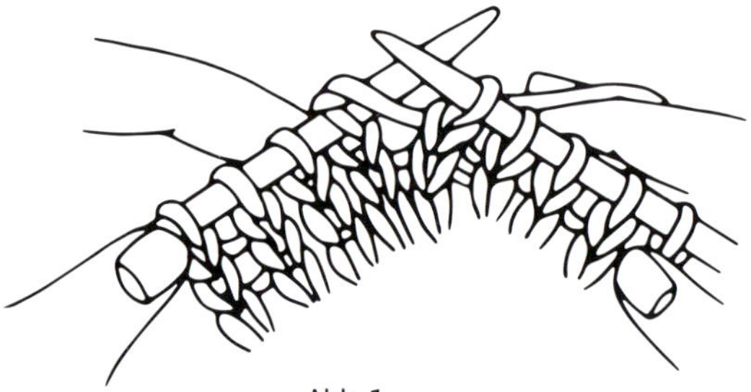

Abb. 1

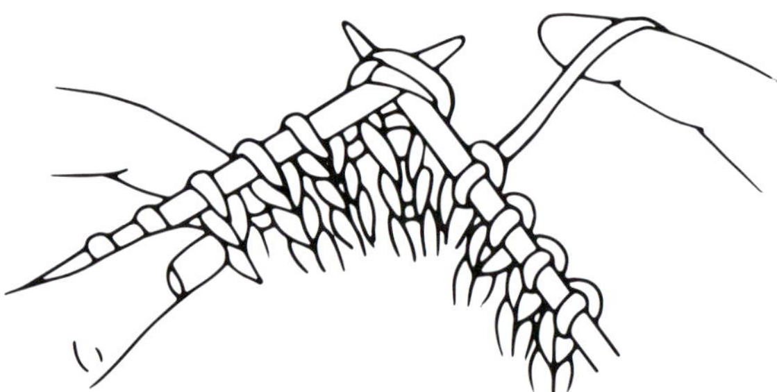

Abb. 2

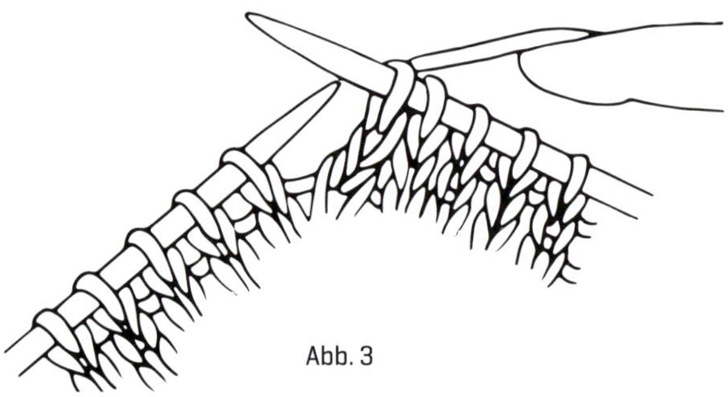

Abb. 3

ABSTRICKEN DER DOPPELMASCHE AN RECHTEN REIHEN

1 Bis zur Doppelmasche rechts stricken (**Abb. 1**).

2 Wie zum Rechtsstricken in beide Maschenglieder einstechen (**Abb. 2**).

3 Beide Maschenglieder rechts zusammenstricken (**Abb. 3**).

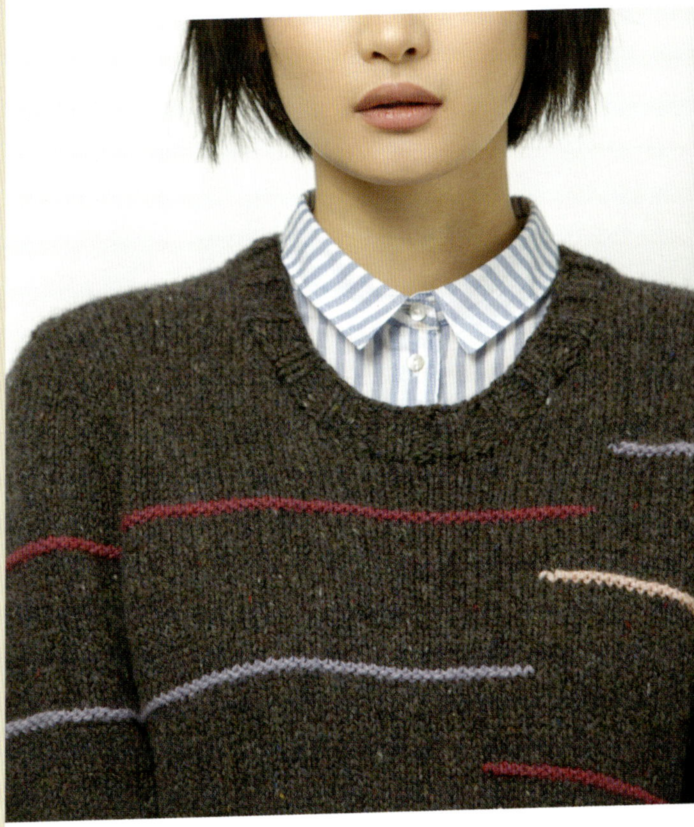

ABSTRICKEN DER DOPPELMASCHE AN LINKEN REIHEN

1 Bis zur Doppelmasche links stricken (Abb. 1).

2 Wie beim Linksstricken in beide Maschenglieder einstechen (Abb. 2).

3 Beide Maschenglieder links zusammenstricken (Abb. 3).

Die deutsche Methode ist ganz einfach und eignet sich für in Reihen glatt rechts, glatt links oder kraus rechts gestrickte Arbeiten. Die Doppelmasche ist sehr leicht zu erkennen und abzustricken; man muss nur ein wenig aufpassen und darf sie beim Zählen nur als eine Masche zählen.

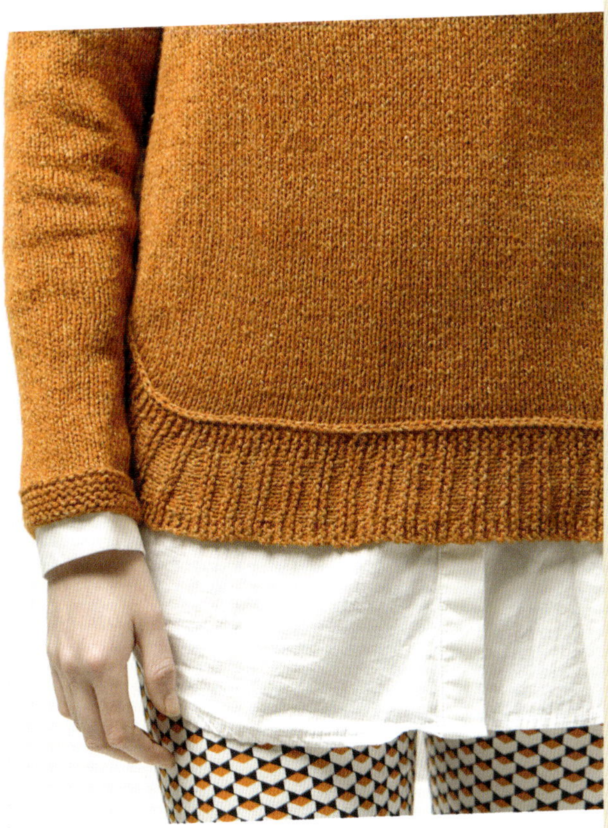

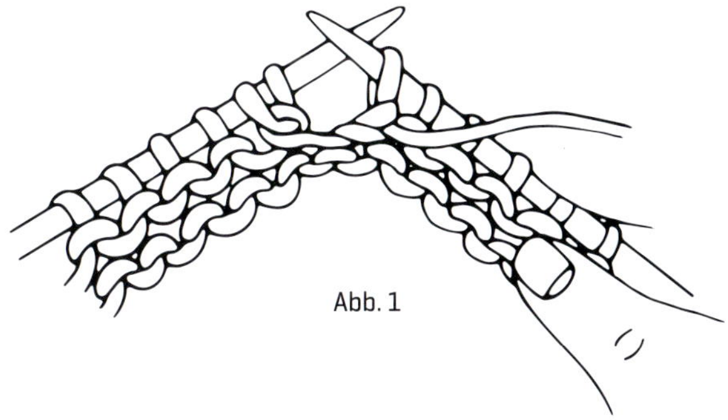

Abb. 1

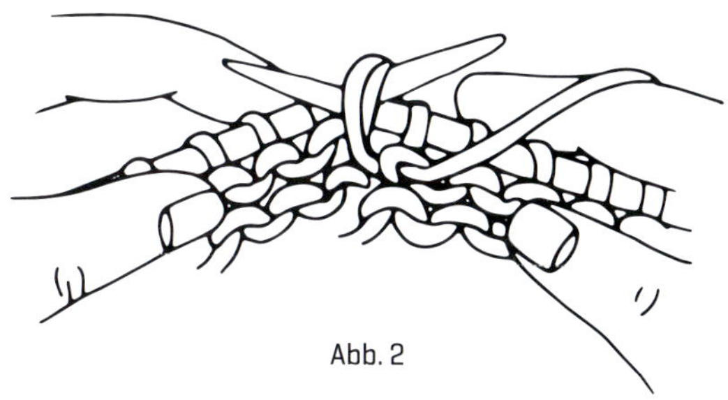

Abb. 2

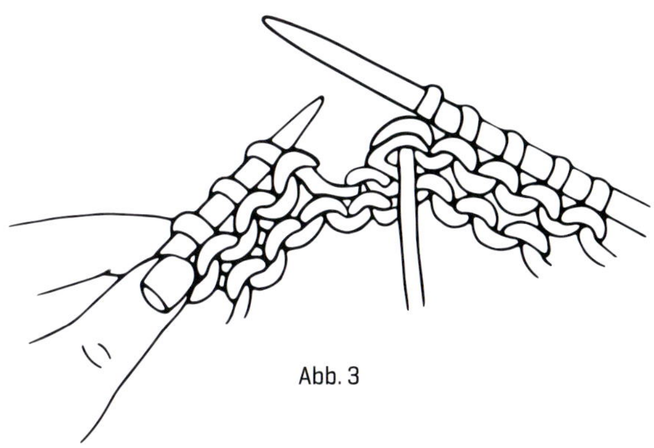

Abb. 3

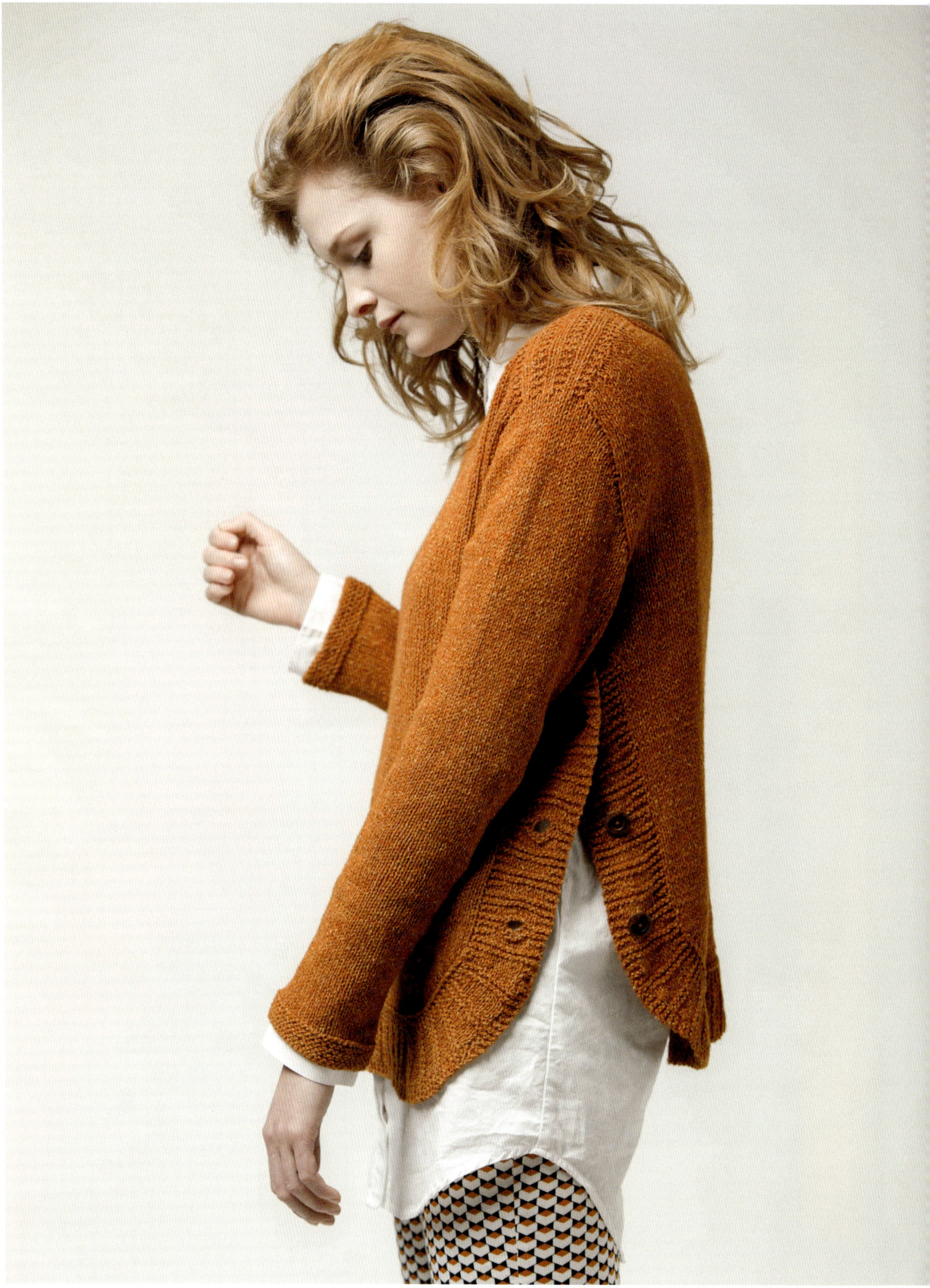

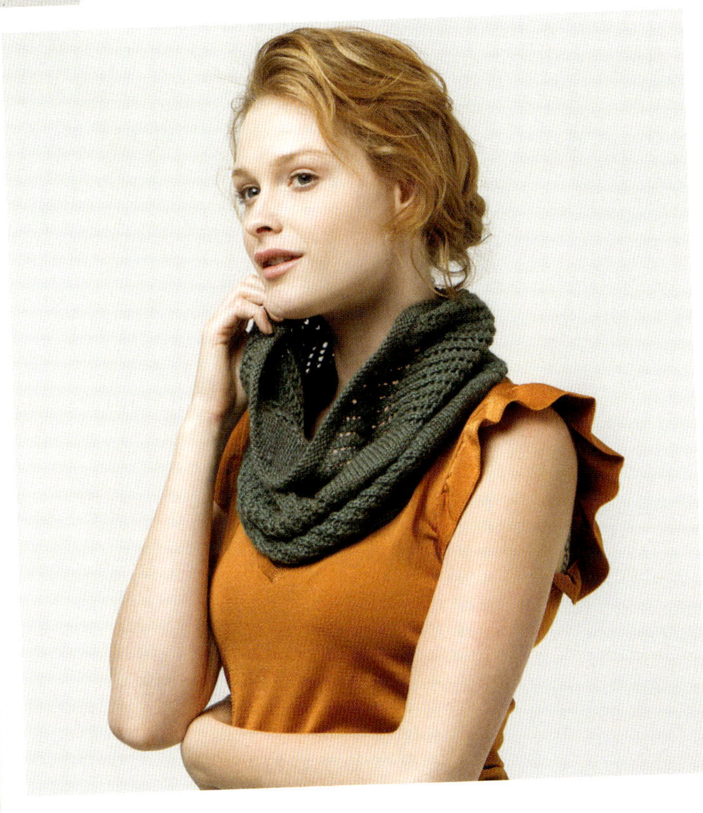

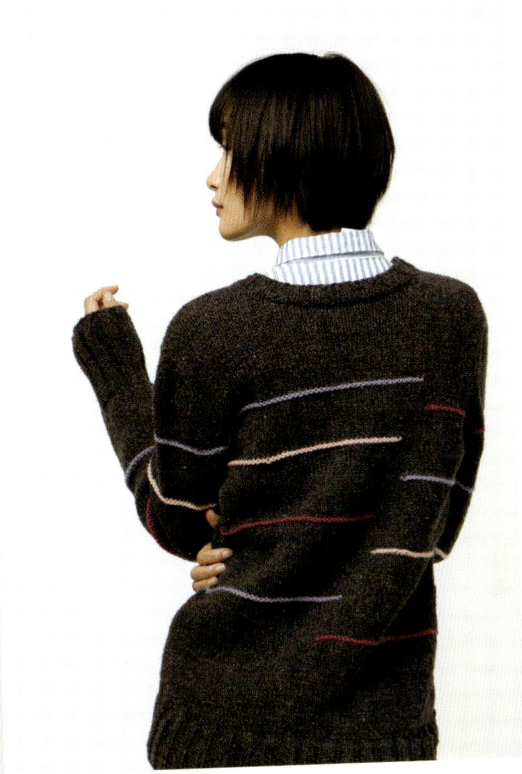

BESONDERHEITEN

Da bei dieser Methode eine Masche aus der nächsttieferen Reihe heraufgeholt wird, kann die Arbeit sich leicht verziehen, vor allem wenn kraus rechts gestrickt wird, also abwechselnd rechte und linke Reihen erscheinen. Je nach Garn und Maschenprobe fällt dies jedoch vielleicht kaum auf, sodass es sich trotzdem lohnt, diese einfache Methode zu wählen. Diese wird im Grunde immer gleich angewendet; man muss lediglich aufpassen, dass der Faden vor dem nächsten Schritt korrekt vor oder hinter den Nadeln liegt. Die einzelnen Schritte sind leicht zu merken und auszuführen und das Strickbild ist meist sehr sauber. Genauso einfach sich lässt diese Methode bei in Runden gestrickten Arbeiten anwenden.

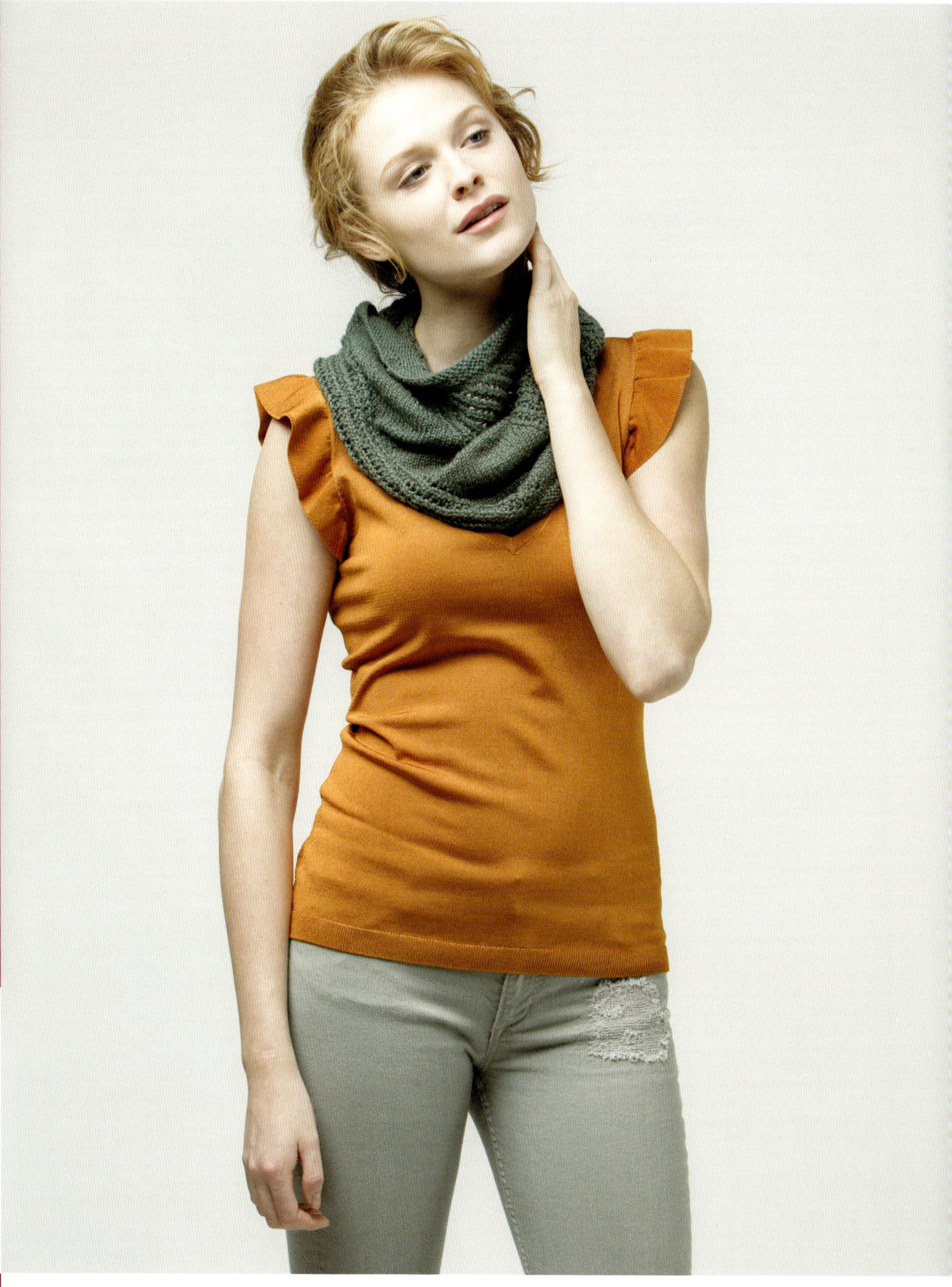

LOOPSCHAL MIT **schrägen Linien**

Durch dezente, mit Doppelmaschen gearbeitete verkürzte Reihen fällt die glatte Partie dieses Loopschals mit Ajourmuster in wunderschönen weichen Wellen. Harmonisch fließend zwischen den diagonalen Lochreihen lassen sie den Schal leicht und lebendig wirken.

FERTIGE GRÖSSE
Höhe ca. 26,5 cm, Umfang ca. 63,5 cm.

GARN
Sehr dünnes Garn (Fingering, Stärke 1, Super Fine).

Abgebildetes Modell: The Fibre Company Road to China Light (65 % Babyalpaka, 10 % Kaschmir, 10 % Kamelhaar, 15 % Seide; LL 159 yd/1¾ oz [145 m/50g]), Farbe Abalone, 2 Stränge.

STRICKNADELN
Rundstricknadeln Nr. 3½, 40 cm lang. *Nadelstärke ggf. anpassen, um die Maschenzahl der Maschenprobe zu erreichen.*

SONSTIGES MATERIAL
2 Maschenmarkierer (MM), Wollnadel.

MASCHENPROBE
20 M und 32 R in glatt rechts = 10 x 10 cm; 18 M und 47 R im Ajourmuster = 10 x 10 cm.

Anmerkungen

In jeder zweiten Runde wandern die Maschenmarkierer und die diagonalen Linien 1 M nach links. Nach dem Maschenanschlag die Nadeln so halten, dass die wie Linksmaschen aussehende Seite des MA [die Rückseite beim Anschlagen] zur Vorderseite wird. Beim Schließen der Runde die Position der ersten und letzten Masche vertauschen: die erste M der re Nadel auf die li Nadel heben und die folgende M der li Nadel über diese M auf die re Nadel heben.

Die doppelten Schlingen der für die deutsche verkürzte Reihe hochgezogene Masche in den folgenden Reihen als 1 M zählen und beide Schlingen als 1 M zusammen abstricken.

Damit die abgeketteten M nicht zu fest werden, zum Abketten eine um zwei Nummern dickere Nadel verwenden.

Muster und Techniken

Doppelmasche [DM]: In Hin-R den Faden zwischen den Nadeln nach vorn legen, 1 M abh, Faden über re Nadel nach hinten legen; in Rück-R 1 M abh, Faden über re Nadel nach hinten und zwischen den Nadeln wieder nach vorn legen.

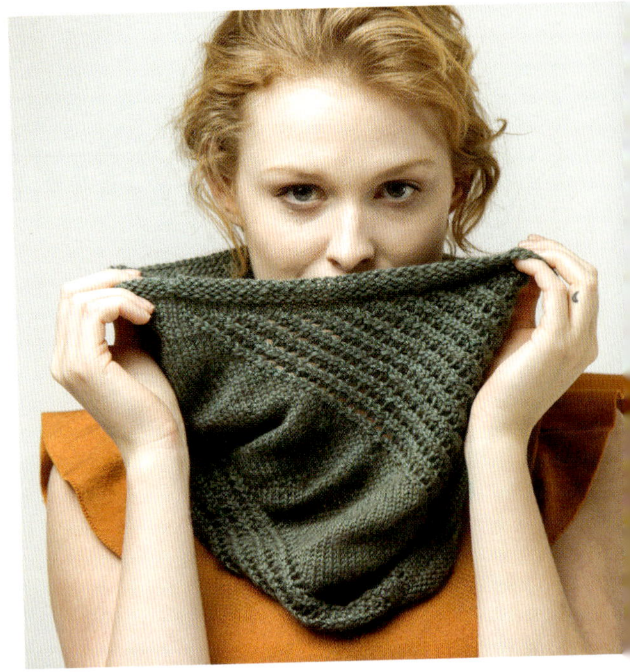

LOOPSCHAL

Maschenanschlag: 120 M im Kreuzanschlag; MMs, M zur Runde schließen (aufpassen, dass die M nicht verdreht werden).

1 Rd li str. 1 Rd re str.

Die letzten beiden Rd noch 2x wh.

3 Rd re str.

1. ANF-RD: 21 M re, MMs, [U, abh abh re verschr zus, 1 M re] bis Ende.

2. ANF-RD: re M.

Ajourmuster:

1. RD: MM entf, 1 M re, MMs, re M bis folg. MM, MM entf, 1 M re, MMs, [U, abh abh re verschr zus, 1 M re] bis Ende.

2., 4., 10., 12. UND 14. RD: re M.

3. RD: 1. Rd wh.

5. VERK. R [HIN-R]: MM entf, 1 M re, MMs, re M bis 2 M vor folg. MM, wenden.

6. VERK. R [RÜCK-R]: DM, li M bis 1 M vor MM, wenden.

7. VERK. R: DM, re M bis 2 M vor voriger DM, wenden.

8. VERK. R: DM, li M bis 2 M vor voriger DM, wenden.

9. VERK. R: DM, re M bis MM, MM entf, 1 M re, MMs [U, abh abh re verschr zus, 1 M re] bis Ende.

11. RD: 1. Rd wh.

13. RD: 1. Rd wh.

1. bis 14. Rd des Ajourmusters 10x wh.

4 Rd re str.

1 Rd li str. 1 Rd re str.

Die letzten beiden Rd noch 2x wh.

Alle M li abketten.

FERTIGSTELLUNG

Fäden vernähen und Ajourmuster mit Dampf spannen. Dabei aufpassen, dass die welligen Partien der verkürzten Reihen nicht geglättet werden.

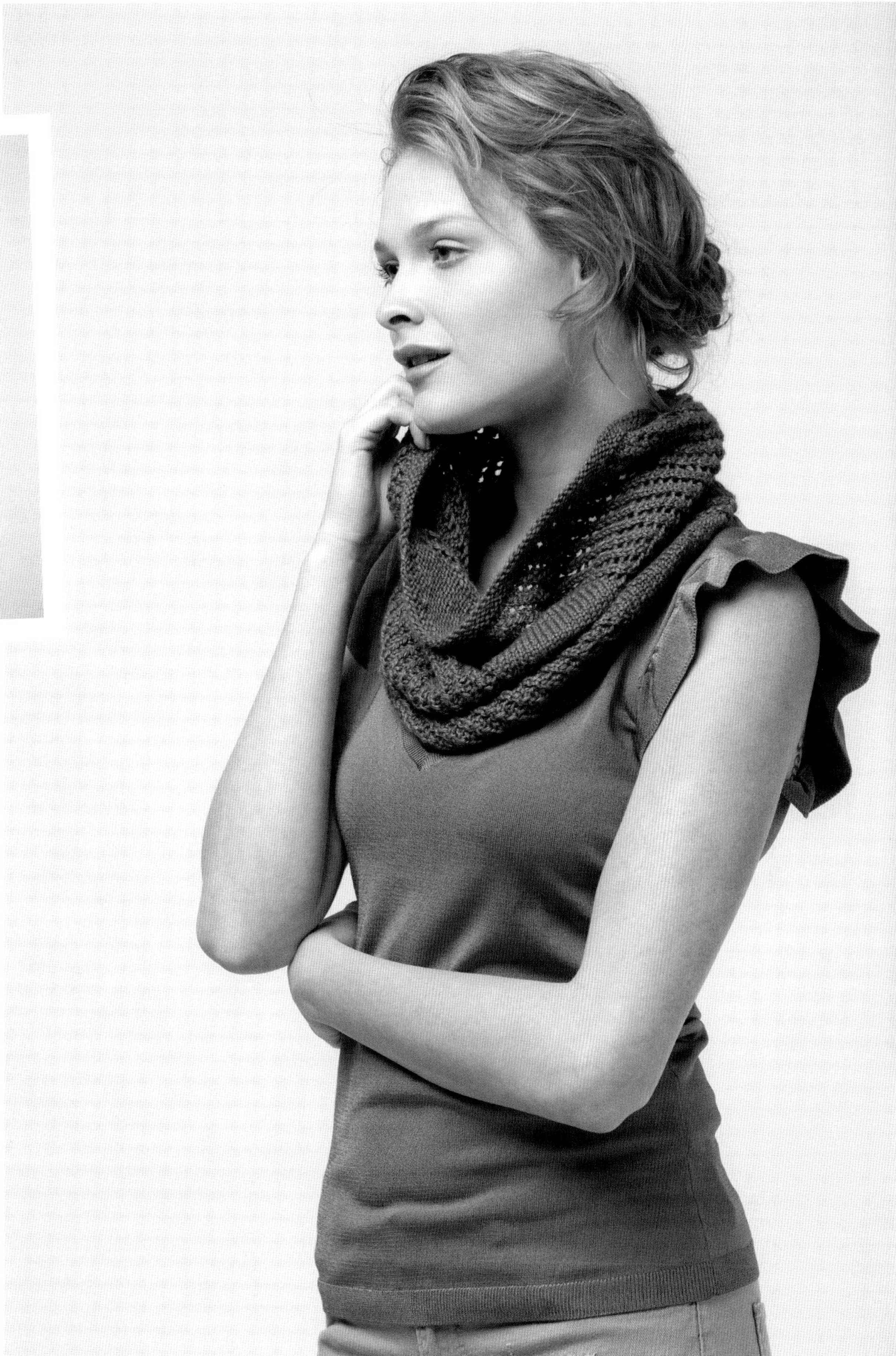

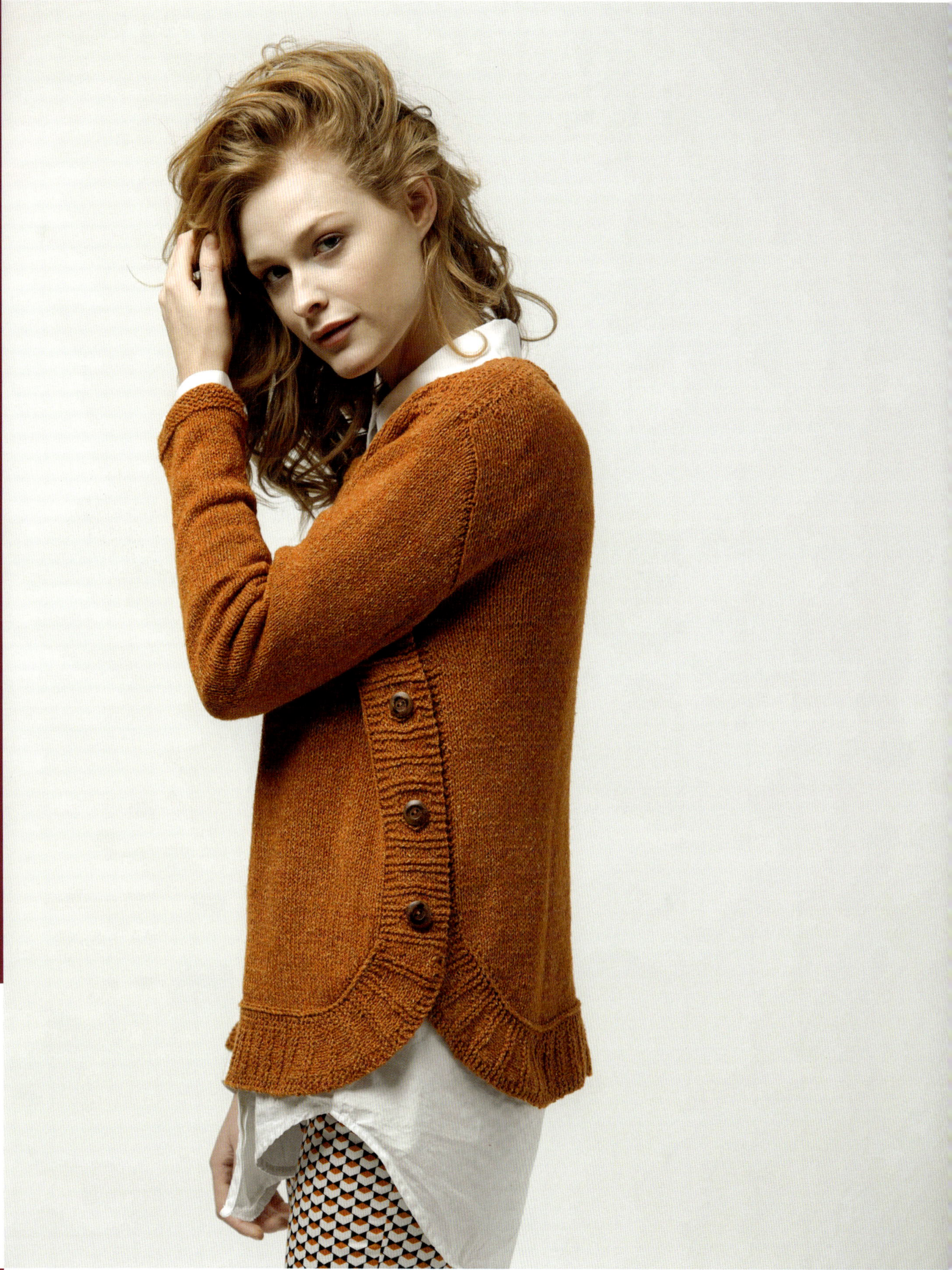

[Seitlich geknöpfter PULLOVER]

An diesem peppigen, kastigen Pullover werden die Schulterpartien unterhalb des Strukturmusters, der geschwungene Saum und die Armkugeln mit deutschen verkürzten Reihen geformt. Die Kanten im Rippenmuster an Seiten und Saum werden bis zur Saumrundung zusammen mit Rücken- und Vorderteil gestrickt, dann mit zusätzlichen verkürzten Reihen nahtlos so angestrickt, dass sie sich glatt um die Rundung legen.

FERTIGE GRÖSSE
Ca. 87 [91,5, 101,5, 112, 122] cm Brustumfang. Abgebildetes Modell: 87 cm.

GARN
Dünnes Garn [DK, Stärke 3, Light].

Abgebildetes Modell: Elsebeth Lavold Silky Die letzten beiden Rd noch 2x wh.

STRICKNADELN
Rundstricknadeln Nr. 3,75; 80 cm und 40 cm lang. *Nadelstärke ggf. anpassen, um die Maschenzahl der Maschenprobe zu erreichen.*

SONSTIGES MATERIAL
2 Maschenmarkierer [MM], Maschenhalter, glatter Garnrest, Wollnadel, sechs Knöpfe [Ø 20 mm], passendes Nähgarn und Nähnadel.

MASCHENPROBE
22 M und 28 R in glatt rechts = 10 x 10 cm.

Anmerkungen

Die Schulterpassen mit dem Strukturmuster werden zuerst gestrickt, dann werden Maschen für das Rückenteil aufgenommen. Die Schultern werden mit verkürzten Reihen geformt und bis zur Achsel gestrickt, wo Maschen für die Rumpfteile und die seitlich angestrickten Knopfleisten angeschlagen werden. Der Saum wird mit verkürzten Reihen geformt (die Knopfleistenmaschen sind dabei stillgelegt). Dann wird der untere Bund nahtlos als Fortsetzung der Knopfleisten angestrickt. Vorder-und Rückenteil werden ähnlich gestrickt, bis auf die Form des Halsausschnitts. Die Maschen für den gerade eingesetzten Ärmel werden rings um den Armausschnitt aufgenommen; die Armkugel erhält durch verkürzte Reihen eine bequeme Passform und die Ärmel werden glatt rechts bis zu den gerippten Bündchen gestrickt. Für den gerippten Halsbund werden Maschen aufgenommen und rundgestrickt.

Muster und Techniken

MUSTER FÜR SCHULTERPASSE (über 16 M gestrickt)

1. R (Rück-R): 3 M re, [2 M li, 2 M re] bis 5 M vor Ende, 2 M li, 3 M re.

2. R (Hin-R): re M.

Für das Muster die 1. und 2. R fortlfd. wh.

Doppelmasche (DM): In Hin-R Faden zw. den Nadeln nach vorn legen, 1 M abh, Faden über die Nadel nach hinten legen; in Rück-R 1 M abh, Faden über die Nadel nach hinten und zw. den Nadeln nach vorn legen.

Knopfloch stricken (Knpfl): 1 M re abh, Faden nach vorn holen und liegen lassen. *1 M re abh, die 1. abgehobene M über die 2. und von der Nadel ziehen; ab * noch 2x wh. Letzte M auf re Nadel zurück auf li Nadel heben. Wenden und Faden nach vorn holen; 4 M links verschränkt aufstricken. Wenden. 1. M auf li Nadel li abh, letzte M des MA darüberziehen, dann die abgehobene M auf die li Nadel heben.

SCHULTER-PASSEN (2 STÜCK STRICKEN)

Maschenanschlag: 16 M im Kreuzanschlag. 28 (32, 34, 36, 40) R im Muster für Schulterpasse str. Alle M abk, Garn abschneiden.

RÜCKENTEIL

Die rechte Seite liegt oben. An MA-Kante anf, an Längsseite einer Schulterpasse 22 (24, 26, 28, 30) M aufn und re str, MMs, 34 (35, 36, 37, 38) M anschl (Daumenanschlag), MMs, dann (re Seite liegt oben) an abgekett. Kante anf, an Längsseite der anderen Schulterpasse 22 (24, 26, 28, 30) M aufn und re str – 78 (83, 88, 93, 98) M.

1 R li str.

Hintere Schultern

1. VERK. R (HIN-R): re M bis 2. MM, 5 (6, 6, 7, 7) M re, wenden.

2. VERK. R (RÜCK-R): DM, li M bis 2. MM, 5 (6, 6, 7, 7,) M li, wenden.

3. VERK. R: DM, re M bis vorige DM, beide Schlingen als 1 M re zus, 5 (6, 6, 7, 7) M re, wenden.

4. VERK. R: DM, li M bis vorige DM, beide Schlingen als 1 M li zus, 5 (6, 6, 7, 7) M li, wenden.

5. VERK. R: DM, re M bis vorige DM, beide Schlingen als 1 M re zus, 6 (6, 7, 7, 8) M re, wenden.

6. VERK. R: DM, li M bis vorige DM, beide Schlingen als 1 M li zus, 6 (6, 7, 7, 8) M li, wenden.

7. R: DM, re M bis vorige DM, beide Schlingen als 1 M re zus, re M bis Ende.

8. R: DM, li M bis vorige DM, beide Schlingen als 1 M li zus, li M bis Ende, dabei alle MM entfernen.

Noch 38 (42, 46, 52, 56) R glatt re str oder bis der Armausschnitt ab den aufgen. M an der Schulterpasse 14,5 (16, 17, 19,5, 21) cm misst. In der 1. R dabei jeweils beide Schlingen der übrigen DM re zusstr.

Armausschnitt und Beginn der Knopfleiste

ANF-R (HIN-R): 12 (15, 18, 21, 24) M anschl (aufstricken, siehe Techniken), 14 M re, MMs, re M bis Ende – 90 (98, 106, 114, 122) M.

ANF-R (RÜCK-R): 12 (15, 18, 21, 24) M anschl (aufstricken), 3 M re, 8 M li, 3 M re, MMs, li M bis folg. MM, 3 M re, 8 M li, 3 M re – 102 (113, 124, 135, 146) M; 74 (85, 96, 107, 118) M zw. den MM.

1. R (HIN-R): re M.

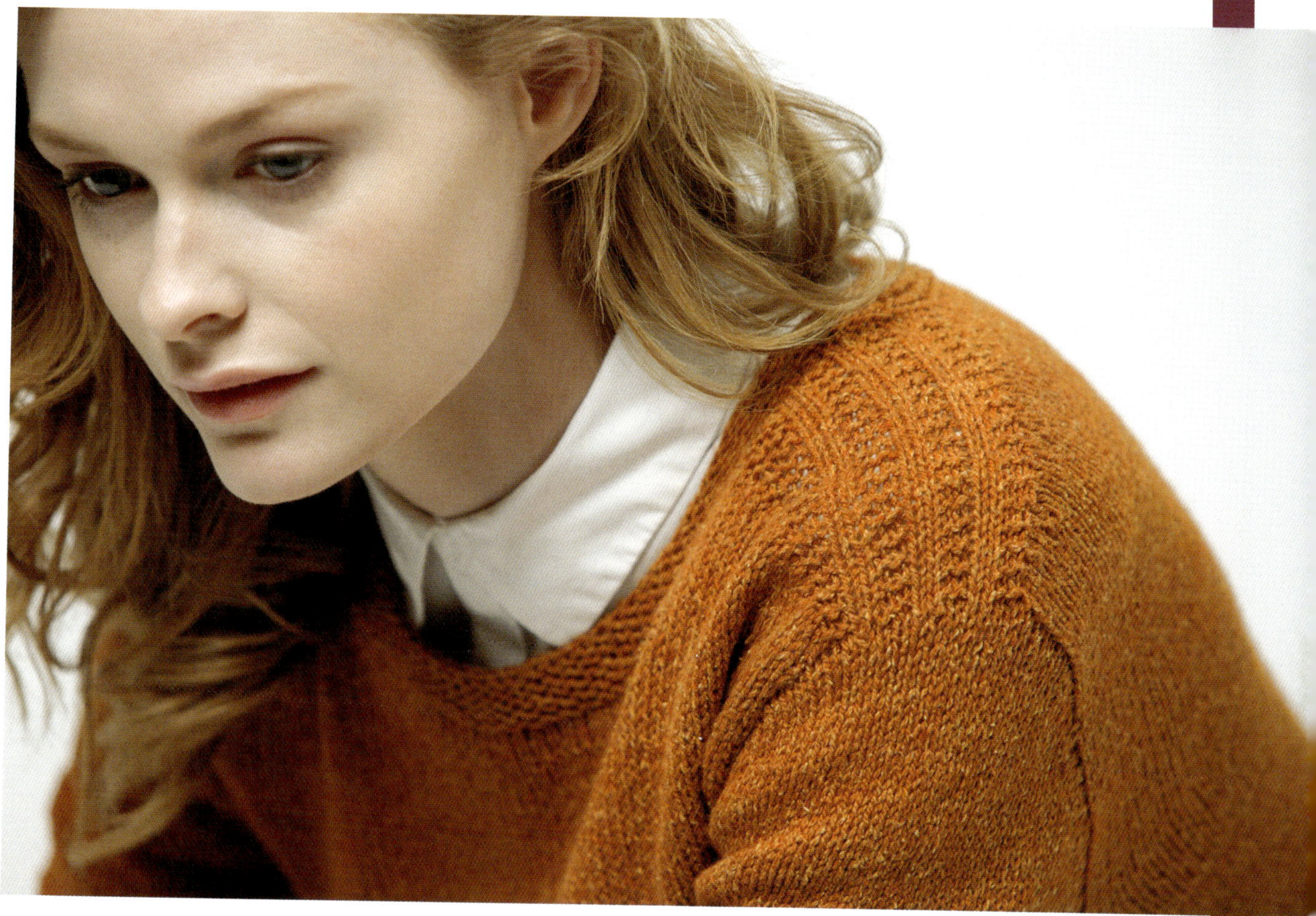

2. R (RÜCK-R): 3 M re, 8 M li, 3 M re, MM abh, li M bis folg. MM, 3 M re, 8 M li, 3 M re.

3. R: re M.

4. R: re M bis MM, li M bis folg. MM, re M bis Ende.

5. R: re M.

6. R: re M bis MM, li M bis folg. MM, re M bis Ende.

1. bis 6. R noch 12x wh, dabei in der letzten R zw. den MM 1 (0, 2, 1, 0) M abn, sodass zw. den MM eine M-Zahl teilb. durch 3 + 1 übrig bleibt – 101 (113, 122, 134, 146) M übrig; 73 (85, 94, 106, 118) M zw. MM.

Saum (Rückenteil)

1. VERK. R (HIN-R): re M bis 1 M vor 2. MM, wenden.

2. VERK. R (RÜCK-R): DM, li M bs 1 M vor MM, wenden.

3. VERK. R: DM, re M bis 1 M vor voriger DM, wenden.

4. VERK. R: DM, li M bis 1 M vor voriger DM, wenden.

3. und 4. verk. R noch 9x wh.

FOLG. R (HIN-R): DM, re M bis Ende, dabei beide Schlingen jeder DM als 1 M re zus.

FOLG. R (RÜCK-R): 3 M re, 8 M li, 3 M re, li M bis folg. MM, 3 M re, 8 M li, 3 M re.

1. VERK. R (HIN-R): 5 M re, wenden.

2. VERK. R (RÜCK-R): DM, 1 M li, 3 M re.

3. VERK. R: 10 M re, dabei DM-Schlingen als 1 M re zus, wenden.

4. VERK. R: DM, 6 M li, 3 M re.

5. R: re M bis MM, DM-Schlingen als 1 M re zus, MM abh, 2 M re verschr zus, wenden – 1 Rücken-M abgen.

6. R: 1 M abh mit Fv, MM abh, re M bis Ende.

7. R: re M bis MM, MM abh, 2 M re verschr zus, wenden – 1 Rücken-M abgen.

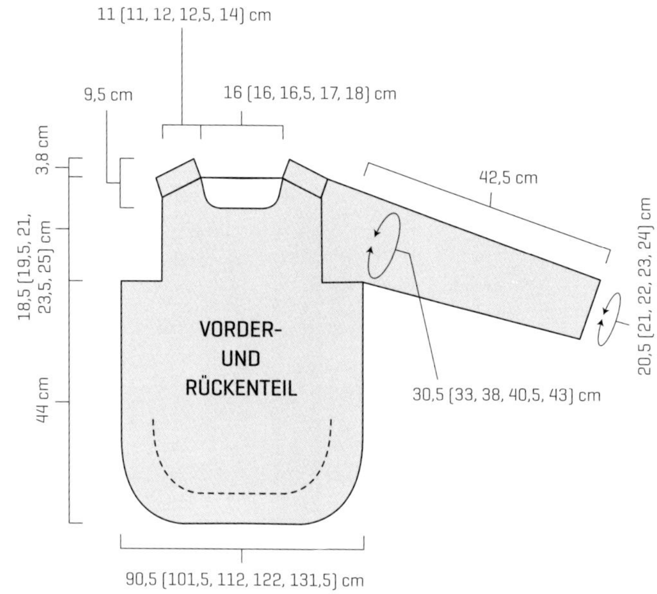

8. R: 1 M abh mit Fv, MM abh, re M bis Ende.

9. R: re M bis MM, MM abh, 2 M re verschr zus, wenden – 1 Rücken-M abgen.

10. R: 1 M abh mit Fv, MM abh, 3 M re, 8 M li, 3 M re.

Die letzten 10 R noch 6x wh – 52 (64, 73, 85, 97) M übrig zw. MM.

Dann 5. bis 10. R 11x (15x, 18x, 22x, 26x) w – 19 M übrig zw. MM.

1. bis 10. R 5x wh, dann 1. bis 8. R 1x wh, dann 1. bis 4. verk. R 1x wh – insges. 30 M übrig.

15 M re, M auf der Nadel lassen. Übrige 15 M auf andere Nadel verschieben, Garn abschneiden, Maschen zusammennähen:

ANFANG: Nähnadel wie für li M erst in 1. M d. vord. Nadel, dann wie für re M in 1. M d. hint. Nadel einstechen.

VORD. NADEL: Faden wie für re M durch 1. M ziehen, die M von der Nadel heben, dann wie für li M durch folg. M ziehen, die M auf der Nadel lassen.

HINT. NADEL: Faden wie für li M durch 1. M ziehen, die M von der Nadel heben, dann wie für re M durch folg. M ziehen, die M auf der Nadel lassen.

Schritte für die vordere und hintere Nadel wh, bis alle M aufgefasst sind.

VORDERTEIL

Die rechte Seite liegt oben, MA des hint. Halsausschnitts an der Oberkante. Am inneren Rand des Halsausschnitts anf, entlang freier Längsseite der li Schulterpasse 22 (24, 26, 28, 30) M aufn und re str.

Linke vordere Schulter

1. R (RÜCK-R): li M bis Ende.

2. VERK. R (HIN-R): 5 (6, 6, 7, 7) M re, wenden.

3. VERK. R: DM, li M bis Ende.

4. VERK. R: re M bis DM, beide DM-Schlingen als 1 M re zus, 5 (6, 6, 7, 7) M re, wenden.

5. VERK. R: DM, li M bis Ende.

6. VERK. R: re M bis DM, beide DM-Schlingen als 1 M re zus, 6 (6, 7, 7, 8) M re, wenden.

FOLG. R (RÜCK-R): DM, li M bis Ende.

Linker vorderer Halsausschnitt

FOLG. R (HIN-R): 1 M re, 1 re M zun (re), re M bis Ende – 1 M zugen.

FOLG. R (RÜCK-R): li M.

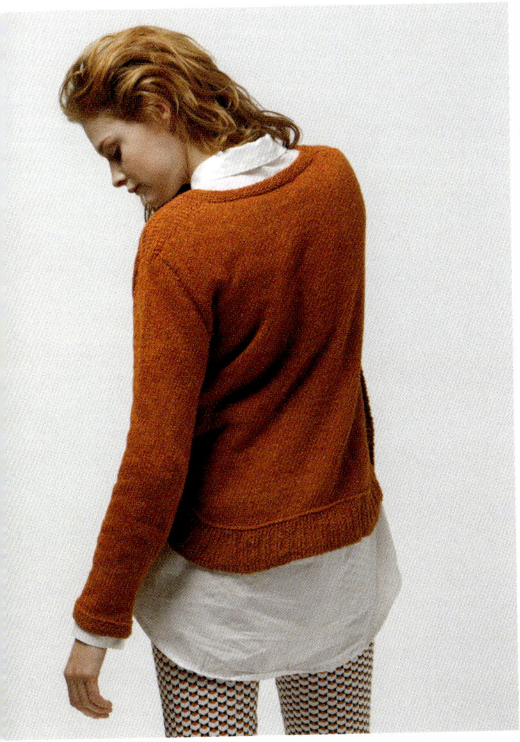

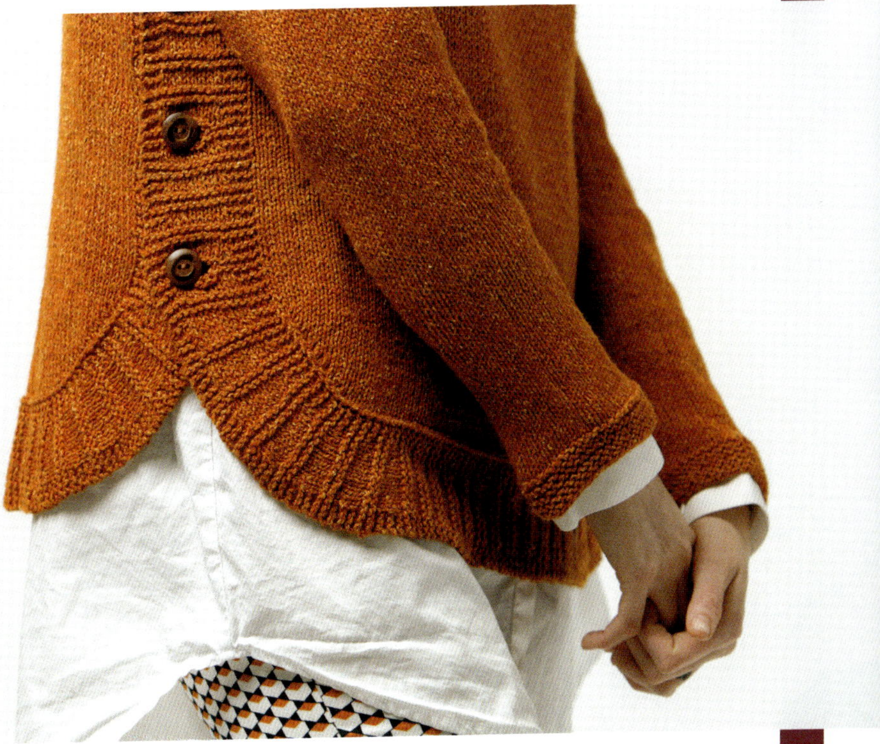

Die letzten 2 R noch 3x wh – 26 (28, 30, 32, 34) M.

Garn abschneiden, M der li Schulter auf Halter legen.

Die rechte Seite liegt oben, MA des hint. Halsausschnitts an der Oberkante. Am äußeren Rand des Halsausschnitts anf, entlang freier Längsseite der re Schulterpasse 22 (24, 26, 28, 30) M aufn und re str.

Rechte vordere Schulter

1. VERK. R (RÜCK-R): 5 (6, 6, 7, 7) M li, wenden.

2. VERK. R (HIN-R): DM, re M bis Ende.

3. VERK. R: li M bis DM, beide DM-Schlingen als 1 M li zus, 5 (6, 6, 7, 7) M li, wenden.

4. VERK. R: DM, re M bis Ende.

5. VERK. R: li M bis DM, beide DM-Schlingen als 1 M li zus, 6 (6, 7, 7, 8) M li, wenden.

6. VERK. R: DM, re M bis Ende.

FOLG. R (RÜCK-R): li M bis DM, beide DM-Schlingen als 1 M li zus, li M bis Ende.

Rechter vorderer Halsausschnitt

FOLG. R (HIN-R): re M bis End-M, 1 re M zun (li), 1 M re – 1 M zugen.

FOLG. R (RÜCK-R): li M.

Die letzten 2 R noch 3x wh – 26 (28, 30, 32, 34) M.

Re und li Vorderteil verbinden

FOLG. R (HIN-R): Mit Arbeitsfaden alle M des re Vorderteils re str, 26 (27, 28, 29, 30) M anschl (Daumenanschlag), dann die M des li Vorderteils vom Halter re str – 78 (83, 88, 93, 98) M.

Noch 29 (33, 37, 43, 47) R glatt re str oder bis der Armausschnitt ab den aufgen. M an der Schulterpasse 14,5 (16, 17, 19,5, 21) cm misst.

Armausschnitt und Beginn der Knopfleiste

ANF-R (HIN-R): 12 (15, 18, 21, 24) M anschl (aufstricken), 14 M re, MMs, re M bis Ende – 90 (98, 106, 114, 122) M.

ANF-R (RÜCK-R): 12 (15, 18, 21, 24) M anschl (aufstricken), 3 M re, 8 M li, 3 M re, MMs, li M bis folg. MM, 3 M re, 8 M li, 3 M re – 102 (113, 124, 135, 146) M.

1. R (HIN-R): re M.

2. R (RÜCK-R): 3 M re, 8 M li, 3 M re, MM abh, li M bis folg. MM, 3 M re, 8 M li, 3 M re.

3. R: re M.

4. R: re M bis MM, li M bis folg. MM, re M bis Ende.

5. R: re M.

6. R: re M bis MM, li M bis folg. MM, re M bis Ende.

1. bis 6. R noch 12x wh, GLEICHZEITIG 3 Knopflöcher arbeiten. Dazu jede vierte 5. R str wie folgt:

5. R mit Knopfloch (Hin-R): 5 M re, Knpfl, re M bis 10 M vor Ende, Knpfl, 5 M re.

Saum (Vorderteil)

Ebenso wie den Saum am Rückenteil str.

ÄRMEL

Vorderteil an den Seiten überlappend auf das Rückenteil legen, sodass 8 (14, 14, 14, 14) M der 14-M-Knopfleiste aufeinanderliegen. Mit dem glatten Garnrest provisorisch zusammenheften..

Die rechte Seite liegt oben. In der unteren Mitte des Armausschnitts anf, entlang des MA unter dem Arm 8 (8, 11, 14, 17) M aufn und re str, davon die ersten 4 (7, 7, 7, 7) M durch beide Lagen; dann 19 (22, 24, 25, 25) M gleichmäßig verteilt um den Armausschnitt bis zur Schulterpasse, 12 (12, 12, 10, 10) M an der Kante der Passe, 19 (22, 24, 25, 25) M gleichmäßig verteilt entlang der anderen Kante des Armausschnitts und 8 (8, 11, 14, 17) M am übrigen MA unter dem Arm, davon die letzten 4 (7, 7, 7, 7) M durch beide Lagen; MMs, M zur Rd schließen – 66 (72, 82, 88, 94) M.

Armkugel

1. VERK. ANF-R (HIN-R): 44 (48, 54, 58, 62) M re, wenden.

2. VERK. ANF-R (RÜCK-R): DM, 21 (23, 25, 27, 29) M li, wenden.

1. VERK. R: DM, re M bis vorige DM, beide DM-Schlingen als 1 M re zus, 1 M re, wenden.

2. VERK. R: DM, li M bis vorige DM, beide DM-Schlingen als 1 M li zus, 1 M li, wenden.

1. und 2. verk. R wh, bis auf jeder Seite des MM noch 1 ungestrickte M übrig ist.

7 (6, 4, 3, 3) Rd re str, dabei die übrigen Doppelschlingen als 1 M re zusstr.

ABNAHME-RD: 1 M re, abh abh re verschr zus, re M bis 3 M vor MM, 2 M re zus, 1 M re – 2 M abgen.

Die Abnahme-Rd noch 6x (11x, 9x, 2x, 12x) in jeder 8. (7., 5., 5., 4.) Rd wh, dann 4x (1x, 7x, 16x, 8x) in jeder 9. (8., 6., 5., 5.) Rd – 44 (46, 48, 50, 52) M übrig.

Noch 14 Rd re str.

Ärmelbündchen

1. RD: re M.

2. RD: li M.

1. und 2. Rd noch 4x wh.

Alle M re abketten.

FERTIGSTELLUNG

Halsausschnitt

Die rechte Seite liegt oben. Am MA rechts am hinteren Halsausschnitt anf, M aus dem Halsausschnitt aufn und re str: 26 (28, 29, 29, 30) M aus dem MA hinten, 10 M aus der li Schulterpasse, 10 M aus dem li vorderen Rand, 19 (20, 21, 21, 22) M aus dem MA vorn, 10 M aus dem re vorderen Rand und 10 M aus der re Schulterpasse; MMs, M zur Rd schließen – 85 (88, 90, 90, 92) M.

FOLG. RD: li M.

FOLG. RD: re M.

Die letzten 2 Rd noch 3x wh, dann 1 Rd li str.

Alle M re abketten.

Fäden vernähen, Pullover spannen. Knöpfe in Höhe der Knopflöcher an der Vorderseite an die rückwärtige Knopfleiste annähen.

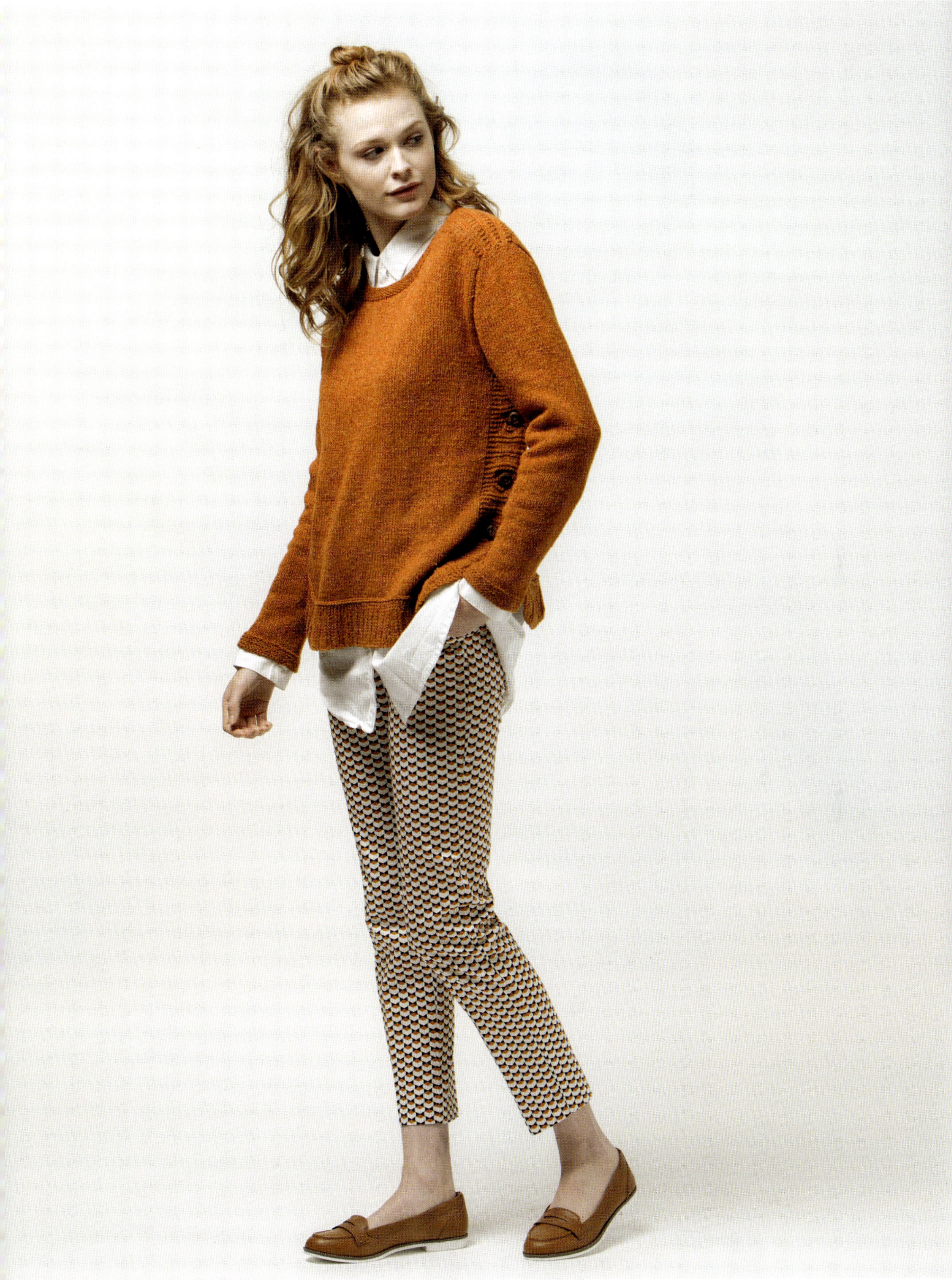

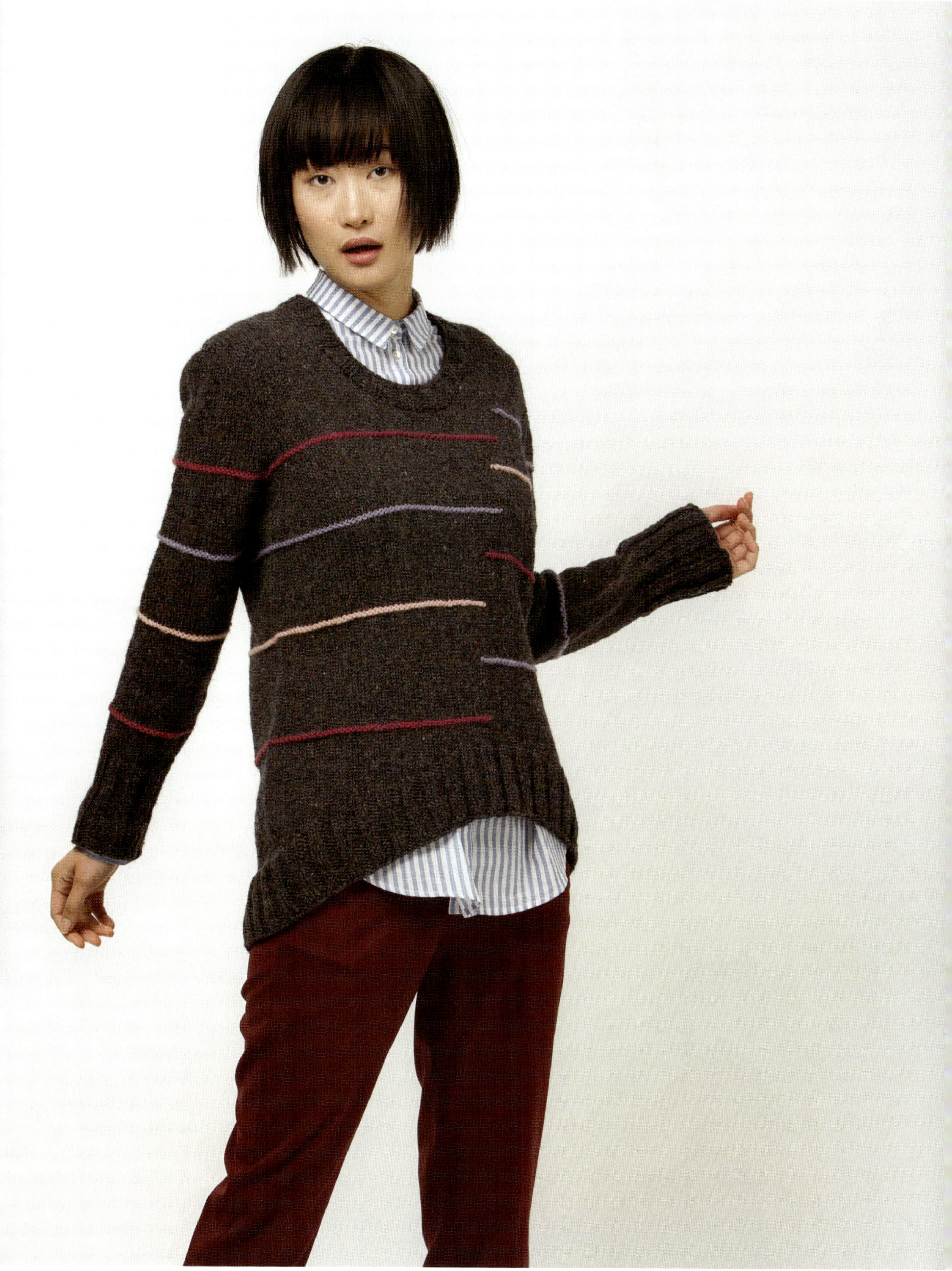

PULLOVER MIT durchbrochenen Linien

Peppiger Blickfang dieses Pullovers sind die plastischen farbigen Linien, die mit verkürzten Reihen gestrickt werden. Weitere verkürzte Reihen formen die Schultern und den abgerundeten Saum. Der Pullover wird nahtlos von oben nach unten mit parallel dazu gearbeiteten Ärmeln gestrickt. Die verkürzten Reihen mit Doppelmaschen dienen teils der Passform, teils als Farbakzente.

FERTIGE GRÖSSE
Ca. 81,5 (91,5, 101,5, 112, 122) cm Brustumfang. Abgebildetes Modell: 91,5 cm.

GARN
Mitteldickes Garn (Aran/Worsted, Stärke 4, Medium).

Abgebildetes Modell: Harrisville Designs WATERshed (100 % Schurwolle; LL 110 yd/1¾ oz [101 m/50 g], Farbe Stonewall (HFb), 8 (9, 10, 11, 12) Stränge. Stonehedge Fiber Mill Shepherd's Wool Worsted (100 % Merinowolle; LL 250 yd/4 oz [229 m/113 g], Farben Lilac (KFb1), Raspberry (KFb2) und Peach (KFb3), je 1 Strang.

STRICKNADELN
Rundstricknadel Nr. 5, 80 cm lang. *Nadelstärke ggf. anpassen, um die Maschenzahl der Maschenprobe zu erreichen.*

SONSTIGES MATERIAL
6 Maschenmarkierer (MM, 4 in Farbe A [MMA], 2 in Farbe B [MMB]), 1 offener Maschenmarkierer, Maschenhalter, Wollnadel.

MASCHENPROBE
18 M und 24 R in glatt rechts = 10 x 10 cm.

Anmerkungen

Dank der Methode, die Ärmel direkt anzustricken, können Rückenteil, Vorderteil und Ärmel in einem von oben nach unten gearbeitet werden und man erhält dennoch die Passform eingesetzter Ärmel. Zunächst werden Maschen für das Rückenteil angeschlagen. Die Neigung der hinteren Schultern wird mit verkürzten Reihen geformt. Dann werden Maschen für die vorderen Schultern aufgenommen, die mit identischen verkürzten Reihen geformt werden. Rücken- und Vorderteil werden verbunden, zugleich werden aus den Schulterkanten Maschen aufgenommen und die Ausformung der Armkugel beginnt. Rückenteil, Vorderteil und Ärmel werden parallel bis auf Höhe des unteren Armausschnitts gestrickt (inkl. Formung von Armkugel, Hals-und Armausschnitt).

Jeder 2-reihige Streifen fügt etwa 6 mm Länge hinzu. An den Ärmeln werden diese Reihen beim Zählen für die Formung des Ärmels mitgezählt, am Rumpf werden sie dagegen im Laufe der Anleitung nicht mitgezählt. Der Rumpf wird „auf Länge" gearbeitet, sodass die Modellzeichnung davon nicht berührt wird. Bei der Ärmellänge ab der Achsel wird die Extralänge durch die Streifen berücksichtigt. An den Armausschnitten haben die Ärmel 2 (2, 3, 3, 4) weitere Streifen (bei 3 Streifen sitzt der 3. am li Armausschnitt). Diese sind in der Modellzeichnung nicht berücksichtigt.

Muster und Techniken

2-re-2-li-Rippen (in Runden, M-Zahl teilbar durch 4)

1. Rd: *2 M re, 2 M li; ab * bis Ende wh.

1. Rd. fortlfd. wh.

Doppelmasche (DM): In Hin-R den Faden zwischen den Nadeln nach vorn legen, 1 M abh, Faden über re Nadel nach hinten legen; in Rück-R 1 M abh, Faden über re Nadel nach hinten und zwischen den Nadeln wieder nach vorn legen.

RÜCKENTEIL

Maschenanschlag: In HFb 62 (65, 68, 71, 72) M aufstricken (siehe Techniken).

1 Hin-R re str.

ANF-R (RÜCK-R): 18 (19, 19, 20, 20) M li, MMs, 26 (27, 30, 31, 32) M li, MMs und zusätzl. 1 offenen MM setzen (Markierung f. li Rand d. Halsausschnitts zum späteren Aufn der M an der li vord. Schulter), li M bis Ende. Den offenen MM bei den folg. Schritten nicht versetzen.

Linke hintere Schulter

1. VERK. R (HIN-R): re M bis 1. MM, MM abh, 1 M re, wenden.

2. VERK. R (RÜCK-R): DM, MM abh, 7 (7, 7, 8, 8) M li, wenden.

3. VERK. R: DM, re M bis vorige DM, beide Schlingen als 1 M re zus, 1 M re, wenden.

4. VERK. R: DM, li M bis vorige DM, beide Schlingen als 1 M li zus, 6 (6, 6, 7, 7) M li, wenden.

5. VERK. R: DM, re M bis vorige DM, beide Schlingen als 1 M re zus, 1 M re, wenden.

6. VERK. R: DM, li M bis vorige DM, beide Schlingen als 1 M li zus, li M bis Ende.

Rechte hintere Schulter

1. VERK. R (HIN-R): re M bis vorige DM, beide Schlingen als 1 M re zus, re M bis 2. MM, MM abh, 7 (7, 7, 8, 8) M re, wenden.

2. VERK. R (RÜCK-R): DM, li M bis 1. MM, MM abh, 1 M li, wenden.

3. VERK. R: DM, re M bis vorige DM, beide Schlingen als 1 M re zus, 6 (6, 6, 7, 7) M re, wenden.

4. VERK. R: DM, li M bis vorige DM, beide Schlingen als 1 M li zus, 1 M li, wenden.

5. VERK. R: DM, re M bis vorige DM, beide Schlingen als 1 M re zus, re M bis Ende.

6. VERK. R: li M bis vorige DM, beide Schlingen als 1 M li zus, 1 M li, wenden.

7. VERK. R: DM, re M bis Ende.

FOLG. R (RÜCK-R): li M bis vorige DM, beide Schlingen als 1 M li zus, li M bis Ende, MM auf der Nadel entf, den offenen MM jedoch in der M am Halsausschnitt lassen.

2 R glatt re str, mit Rück-R enden.

Garn abschneiden, Maschen auf Halter stilllegen.

VORDERTEIL

Rechte vordere Schulter

1. R: Die re Seite liegt oben, MA an der Oberkante. In HFb an re Schulterkante anf, 18 (19, 19, 20, 20) M aus der MA-Kante aufn und re str. Arbeit wenden.

2. VERK. R (RÜCK-R): 7 (7, 7, 8, 8) M li, wenden.

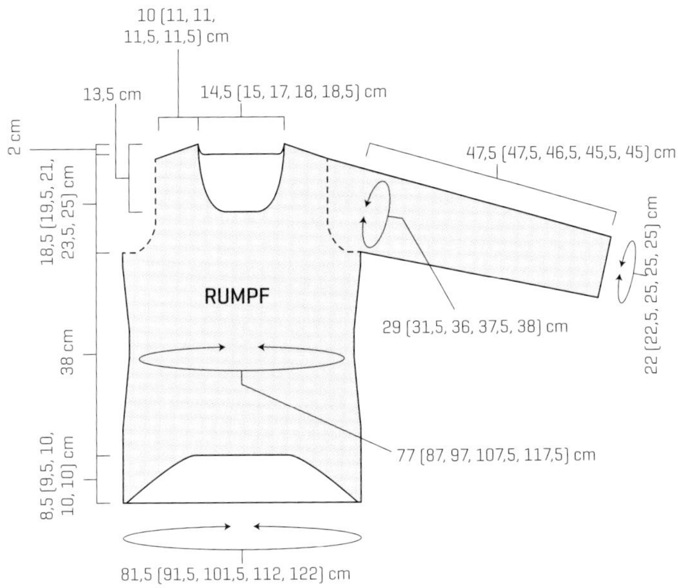

3. VERK. R (HIN-R): DM, re M bis Ende.

4. VERK. R: li M bis vorige DM, beide Schlingen als 1 M li zus, 6 (6, 6, 7, 7) M li, wenden.

5. VERK. R: DM, re M bis Ende.

6. VERK. R: li M bis vorige DM, beide Schlingen als 1 M li zus, li M bis Ende.

Noch 6 R glatt re str, mit Rück-R enden. Garn abschneiden und M der re Schulter auf Halter stilllegen.

Linke vordere Schulter

1. R: Die re Seite liegt oben, MA an der Oberkante. In HFb am offenen MM am Rand des li Halsausschnitts anf, 18 (19, 19, 20, 20) M aus der MA-Kante aufn und re str. Arbeit wenden

2. R (RÜCK-R): li M bis Ende.

3. VERK. R (HIN-R): 7 (7, 7, 8, 8) M re, wenden.

4. VERK. R: DM, li M bis Ende.

5. VERK. R: re M bis vorige DM, beide Schlingen als 1 M re zus, 6 (6, 6, 7, 7) M re, wenden.

6. VERK. R: DM, li M bis Ende.

7. VERK. R: re M bis vorige DM, beide Schlingen als 1 M re zus, re M bis Ende.

Noch 5 R glatt re str, mit Rück-R enden. Garn nicht abschneiden.

Vorder- und Rückenteil verbinden, Beginn der Armkugeln

FOLG. R (HIN-R, ZUNAHME ÄRMEL): re M bis 1 M vor Ende der li vord. Schulter-M, MMs, 1 re M zun (li), 1 M re, 10 (10, 12, 12, 12) M aus li Schulterkante aufn und re str, 1 M der Rücken-M re str, 1 re M zun (re), MMs, re M bis 1 M vor Ende der Rücken-M, MMs, 1 re M zun (li), 1 M re, 10 (10, 12, 12, 12) M aus re Schulterkante aufn und re str, 1 M der re vord. Schulter-M re str, 1 re M zun (re), MMs, re M bis Ende – 122 (127, 134, 139, 140) M: 17 (18, 18, 19, 19) M je Vorderteil, 14 (14, 16, 16, 16) M je Ärmel, 60 (63, 66, 69, 70) Rücken-M.

FOLG. R (RÜCK-R, ZUNAHME ÄRMEL): 2x [li M bis MM, MM abh, 1 li M zun (re), li M bis folg. MM, 1 li M zun (li), MM abh], li M bis Ende – 4 M zugen.

Ärmel, vorderer Halsausschnitt und Armausschnitt werden gleichzeitig geformt, jedoch je nach Größe in verschiedenen Abständen. Die Anleitung ist in Abschnitte unterteilt; die folgenden Schritte jeweils immer dann arbeiten, wenn die entsprechende Partie an der Reihe ist:

ZUNAHME FÜR ÄRMEL IN JEDER R: Die folg. 2 R 2x (1x, 0x, 0x, 0x) stricken.

FOLG. R (HIN-R, ZUNAHME ÄRMEL): 2x [re M bis MM, MM abh, 1 re M zun (li), re M bis MM, 1 re M zun (re), MM abh], re M bis Ende – 4 M zugen.

FOLG. R (RÜCK-R, ZUNAHME ÄRMEL): 2x [li M bis MM, MM abh, 1 li M zun (re), li M bis folg. MM, 1 li M zun (li), MM abh], li M bis Ende – 4 M zugen.

ZUNAHME FÜR ÄRMEL IN JEDER HIN-R: Die folg. 2 R 0x (1x, 2x, 2x, 2x) stricken.

FOLG. R (HIN-R, ZUNAHME ÄRMEL): 2x [re M bis MM, MM abh, 1 re M zun (li), re M bis MM, 1 re M zun (re), MM abh], re M bis Ende – 4 M zugen.

FOLG. R (RÜCK-R): li M.

ZUNAHME FÜR ÄRMEL UND VORD. HALS IN JEDER HIN-R

Die folg. 2 R 5x arbeiten

FOLG. R (HIN-R, ZUNAHME ÄRMEL UND HALS): 1 M re, 1 re M zun (li), 2x [re M bis MM, MM abh, 1 re M zun (li), re M bis MM, 1 re M zun (re), MM abh], re M bis End-M, 1 re M zun (re), 1 M re – 6 M zugen.

FOLG. R (RÜCK-R): li M.

ZUNAHME FÜR ÄRMEL IN JEDER HIN-R UND HALS IN JEDER R

DIE FOLG. 2 R: 2x arbeiten.

FOLG. R (HIN-R, ZUNAHME ÄRMEL UND HALS): 1 M re, 1 re M zun (li), 2x [re M bis MM, MM abh, 1 re M zun (li), re M bis MM, 1 re M zun (re), MM abh], re M bis End-M, 1 re M zun (re), 1 M re – 6 M zugen.

FOLG. R (RÜCK-R, ZUNAHME HALS): 1 M li, 1 li M zun (re), li M bis End-M, 1 li M zun (li), 1 M li – 2 M zugen.

Insgesamt 188 (189, 192, 197, 198) M: 26 (27, 27, 28, 28) M je Vorderteil, 38 (36, 36, 36, 36) M je Ärmel, 60 (63, 66, 69, 70) Rücken-M.

MA Halsausschnitt vorn und Verbindung der Vorderteile

FOLG. RD (HIN-RD, ZUNAHME ÄRMEL UND VERBINDUNG VORDERTEILE): 2x [re M bis MM, MM abh, 1 M re zun (li), re M bis MM, 1 re M zun (re), MM abh], re M bis Ende; 8 (9, 12, 13, 14) M anschl (Daumenanschlag), zum Schließen der Runde 26 (27, 27, 28, 28) M des li Vorderteils bis 1. MM re str (= neues Rd-Ende) – 12 (13, 16, 17, 18) M zugen; 200 (202, 208, 214, 216) M: 40 (38, 38, 38, 38) M je Ärmel, je 60 (63, 66, 69, 70) M an Vorder- und Rückenteil.

FOLG. RD: re M.

Im Muster wie bisher str, dabei Ärmelzunahmen und Armausschnitt arbeiten wie unten beschrieben. GLEICHZEITIG den ersten Kraus-rechts-Streifen in verkürzten Reihen beginnen. Die folg. Kraus-rechts-Streifen 2x nach jeder 8. HFb-Rd str, dann 2x nach jeder 10. HFb-Rd, 2x nach jeder 12. HFb-Rd, 1x nach 14 HFb-Rd. Es entstehen 8 Kraus-rechts-Streifen. KFb-Garn nach jedem Streifen abschneiden.

1. Kraus-rechts-Streifen (KFb1)

ANMERKUNG: Den Kraus-rechts-Streifen in KFb1 zu Beginn der Streifenfolge gleichzeitig mit der nächsten Zunahme-Rd an den Ärmeln arbeiten.

FOLG. RD: In HFb wie beschrieben bis 17 M vor 2. MM rechts am Rücken arbeiten, MMB setzen, wie beschrieben bis 17 M vor Rd-Ende arbeiten, MMB setzen; KFb1 anschließen, re M bis Ende.

1. VERK. R (HIN-R): in KFb1 re M bis 1. MMB, wenden.

2. VERK. R (RÜCK-R): in KFb1 DM, re M bis 1 M vor Streifenende, 1 M abh, wenden.

Rd in HFb beenden und folg. Rd in HFb weiterstr.

ZUNAHME FÜR ÄRMEL IN JEDER 2. RD: folg. 2 R 1x (3x, 3x, 2x, 1x) arbeiten.

FOLG. RD (ZUNAHME ÄRMEL): 2x [1 re M zun (li), re M bis MM, 1 re M zun (re), MM abh, re M bis MM, MM abh] – 4 M zugen.

FOLG. RD: re M.

ZUNAHME FÜR ÄRMEL IN JEDER 2. RD UND ARMAUSSCHN. IN JEDER 4. RD: folg. 4 Rd 0x (0x, 1x, 2x, 3x) arbeiten.

1. RD (ZUNAHME ÄRMEL UND ARMAUSSCHN.): 2x [1 M re zun (li), re M bis MM, 1 re M zun (re), MM abh, 1 M re, 1 re M zun (li), re M bis 1 M vor MM, 1 re M zun (re), 1 M re, MM abh] - 8 M zugen.

2. RD: re M.

3. RD (ZUNAHME ÄRMEL): 2x [1 re M zun (li), re M bis MM, 1 re M zun (re), MM abh, re M bis MM, MM abh] – 4 M zugen.

4. RD: re M.

ZUNAHME FÜR ÄRMEL UND ARMAUSSCHN. IN JEDER 2. RD: folg. 2 Rd 4x (3x, 3x, 4x, 4x) arbeiten.

1. RD (ZUNAHME ÄRMEL UND ARMAUSSCHN.): 2x [1 re M zun (li), re M bis MM, 1 re M zun (re), MM abh, 1 M re, 1 re M zun (li), re M bis 1 M vor MM, 1 re M zun (re), 1 M re, MM abh] – 8 M zugen.

2. RD: re M.

ZUNAHME FÜR ÄRMEL IN JEDER 2. RD UND ARMAUSSCHN. IN JEDER RD: folg. 2 Rd 1x (1x, 1x, 0x, 0x) arbeiten.

1. RD (ZUNAHME ÄRMEL UND ARMAUSSCHN.): 2x [1 re M zun (li), re M bis MM, 1 re M zun (re), MM abh, 1 M re, 1 re M zun (li), re M bis 1 M vor MM, 1 re M zun (re), 1 M re, MM abh] – 8 M zugen.

2. RD (ZUNAHME ARMAUSSCHN.): 2x [re M bis MM, MM abh, 1 M re, 1 re M zun (li), re M bis 1 M vor MM, 1 re M zun (re), 1 M re, MM abh] – 4 M zugen.

ZUNAHME ARMAUSSCHN. IN JEDER RD: Folg. Rd 0x (2x, 2x, 4x, 6x) arbeiten:

1. RD (ZUNAHME ARMAUSSCHN.): 2x [re M bis MM, MM abh, 1 M re, 1 re M zun (li), re M bis 1 M vor MM, 1 re M zun (re), 1 M re, MM abh] – 4 M zugen; 248 (258, 276, 294, 312) M: 52 (52, 56, 58, 60) M je Ärmel, je 72 (77, 82, 89, 96) M an Vorder- und Rückenteil.

Rumpf und Ärmel teilen

FOLG. RD: Ärmel-MM entf, M des li Ärmels auf Halter legen, 0 (4, 8, 10, 12) M anschl (Daumenanschlag), dabei nach ersten 0 (2, 4, 5, 6) M MMs für neues Rd-Ende, re M bis folg. MM; Ärmel-MM entf, M des re Ärmels auf Halter legen, 0 (4, 8, 10, 12) M anschl (Daumenanschlag), dabei nach ersten 0 (2, 4, 5, 6) M MMs für Seitennaht, re M bis Rd-Ende – 144 (162, 180, 198, 216) Rumpf-M übrig. 12,5 cm gerade hochstricken.

2. Kraus-rechts-Streifen (KFb2)

1. VERK. R (HIN-R): in HFb wie beschrieben bis MMB arbeiten; KFb2 anschließen, re M bis folg. MMB, wenden.

2. VERK. R (RÜCK-R): in KFb2 DM, re M bis 1 M vor Streifenende, 1 M abh, wenden.

Rd in HFb beenden und folg. Rd in HFb weiterstr.

3. Kraus-rechts-Streifen (KFb3)

FOLG. RD: in HFb wie beschrieben bis 5 M vor 2. MMB arbeiten; KFb3 anschließen, re M bis Ende.

1. VERK. R (HIN-R): in KFb3 re M bis 5 M vor MMB, wenden.

2. VERK. R (RÜCK-R): in KFb3 DM, re M bis 1 M vor Streifenende, 1 M abh, wenden.

Rd in HFb beenden und folg. Rd in HFb weiterstr.

4. Kraus-rechts-Streifen (KFb1)

1. VERK. R (HIN-R): In HFb wie beschrieben bis 5 M vor MMB arb; KFb1 anschließen, re M bis 5 M vor folg. MMB, wenden.

2. VERK. R (RÜCK-R): In KFb1 DM, re M bis 1 M vor Streifenende, 1 M abh, wenden.

Rd in HFb beenden und folg. Rd in HFb weiterstr.

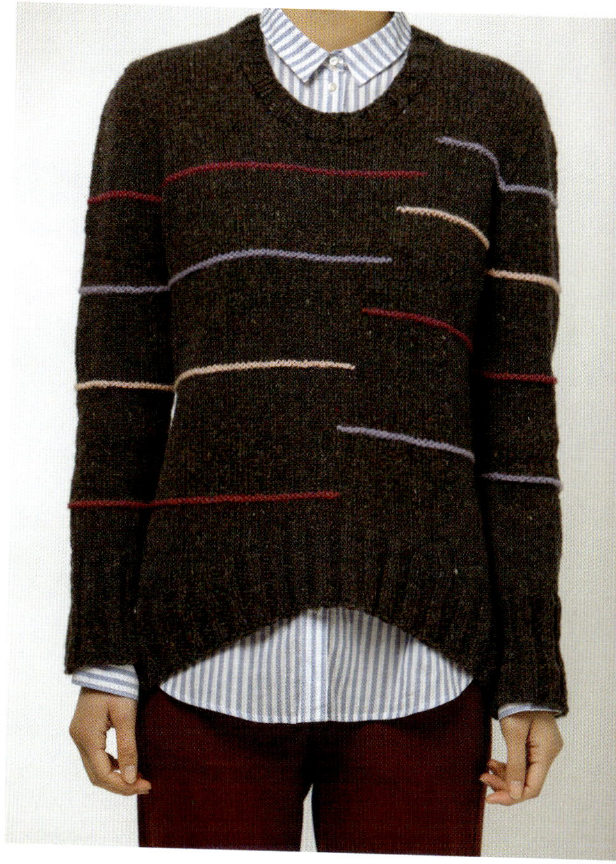

5. Kraus-rechts-Streifen (KFb2)

FOLG. RD: in HFb wie beschrieben bis 10 M vor 2. MMB arbeiten; KFb2 anschließen, re M bis Ende.

1. VERK. R (HIN-R): in KFb2 re M bis 10 M vor MMB, wenden.

2. VERK. R (RÜCK-R): in KFb2 DM, re M bis 1 M vor Streifenende, 1 M abh, wenden.

Rd in HFb beenden und folg. Rd in HFb weiterstr.

6. Kraus-rechts-Streifen (KFb3)

1. VERK. R (HIN-R): in HFb wie beschrieben bis 10 M vor MMB arbeiten; KFb3 anschließen, re M bis 10 M vor folg. MMB, wenden.

2. VERK. R (RÜCK-R): in KFb3 DM, re M bis 1 M vor Streifenende, 1 M abh, wenden.

Rd in HFb beenden und folg. Rd in HFb weiterstr.

7. Kraus-rechts-Streifen (KFb1)

FOLG. RD: in HFb wie beschrieben bis 15 M vor 2. MMB arbeiten; KFb1 anschließen, re M bis Ende.

1. VERK. R (HIN-R): in KFb1 re M bis 15 M vor MMB, wenden.

2. VERK. R (RÜCK-R): in KFb1 DM, re M bis 1 M vor Streifenende, 1 M abh, wenden.

Rd in HFb beenden und folg. Rd in HFb weiterstr.

8. Kraus-rechts-Streifen (KFb2)

1. VERK. R (HIN-R): in HFb wie beschrieben bis 15 M vor MMB arbeiten; KFb2 anschließen, re M bis 15 M vor folg. MMB, wenden.

2. VERK. R (RÜCK-R): in KFb2 DM, re M bis 1 M vor Streifenende, 1 M abh, wenden.

Rd in HFb beenden und folg. Rd in HFb weiterstr.

Rumpf

ABNAHME-RD: 2x [1 M re, 2 M re zus, re M bis 3 M vor MM, abh abh re verschr zus, 1 M re, MM abh] – 4 M abgen.

Abnahme-Rd noch 1x in jeder 10. Rd wh – 136 (154, 172, 190, 208) M übrig.

9 Rd gerade stricken.

ZUNAHME-RD: 2x [1 M re, 1 re M zun (li), re M bis 1 M vor MM, 1 re M zun (re), 1 M re, MM abh] – 4 M zugen.

Zunahme-Rd noch 1x in jeder 10. Rd wh – 144 (162, 180, 198, 216) M.

Gerade hochstricken, bis ab der Teilung für die Ärmel 30,5 cm erreicht sind, oder bis zur gewünschten Länge über dem vorderen Saum.

Saum

1. VERK. ANF-R (HIN-R): re M bis MM an re Seitennaht, 29 (31, 35, 36, 40) M re, wenden.

2. VERK. ANF-R (RÜCK-R): DM, li M bis MM (Markierung des Rd-Endes an li Seitennaht), 29 (31, 35, 36, 40) M li, wenden.

1. VERK. R: DM, re M bis 3 M vor vorigem Wendepunkt, wenden.

2. VERK. R: DM, li M bis 3 M vor vorigem Wendepunkt, wenden.

1. und 2. verk. R noch 8x (9x, 10x, 10x, 10x) wh.

FOLG. RD (HIN-RD): DM, re M bis MM am Rd-Ende, 1 Rd re str, dabei die doppelten Schlingen aller DM re zusstr und GLEICHZEITIG 0 (2, 0, 2, 0) M abn: dazu an jeder Seitennaht 0x (1x, 0x, 1x, 0x) 2 M re zus – 144 (160, 180, 196, 216) M.

7,5 cm im 2-rechts-2-links-Rippenmuster str.

Alle M abketten, wie sie erscheinen.

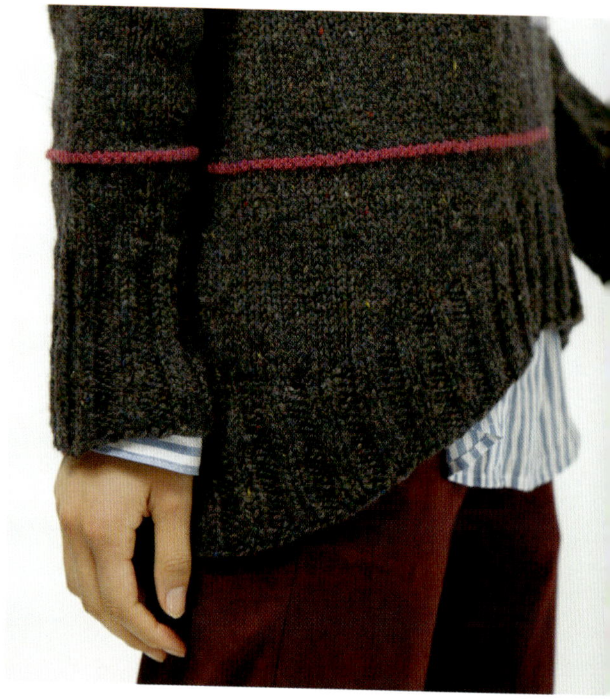

ÄRMEL

52 (52, 56, 58, 60) Ärmelmaschen auf Nadel legen; aus MA im Armausschn. 0 (4, 8, 10, 12) M aufn und re str, dabei nach ersten 0 (2, 4, 5, 6) aufgen. M MMs für Rd-Ende – 52 (56, 64, 68, 72) Ärmel-M.

Zur Rd schließen und 11 (9, 6, 5, 4) Rd gerade stricken. Dabei das Streifenmuster genau wie am Rumpf arbeiten, indem in passender KFb Kraus-rechts-Streifen in derselben Höhe gestrickt werden wie an der entsprechenden Rumpfseite.

Am linken Ärmel zwischen den Streifen erst 16, dann 20, dann 24 Rd glatt re str. Am rechten Ärmel zwischen den Streifen erst 18, dann 22, dann 26 Rd glatt re str.

ABNAHME-RD: 1 M re, 2 M re zus, re M bis 3 M vor MM, abh abh re verschr zus, 1 M re – 2 M abgen.

Die Streifenfolge fortsetzen; gleichzeitig die Abnahme-Rd 0x (0x, 6x, 4x, 7x) in jeder 12. (10., 7., 6., 5.) Rd wh, dann 5x (6x, 3x, 6x, 5x) in jeder 13. (11., 8., 7., 6.) Rd – 40 (42, 44, 46, 46) M übrig.

2,5 cm oder bis zur gewünschten Länge vor dem Bündchen glatt re str. In der letzten Rd 0 (2, 0, 2, 2) M abn (dazu je 2 M re zusstr) – 40 (40, 44, 44, 44) M übrig.

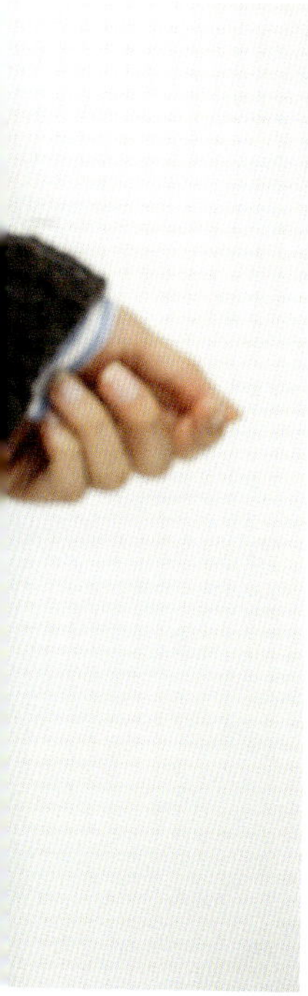

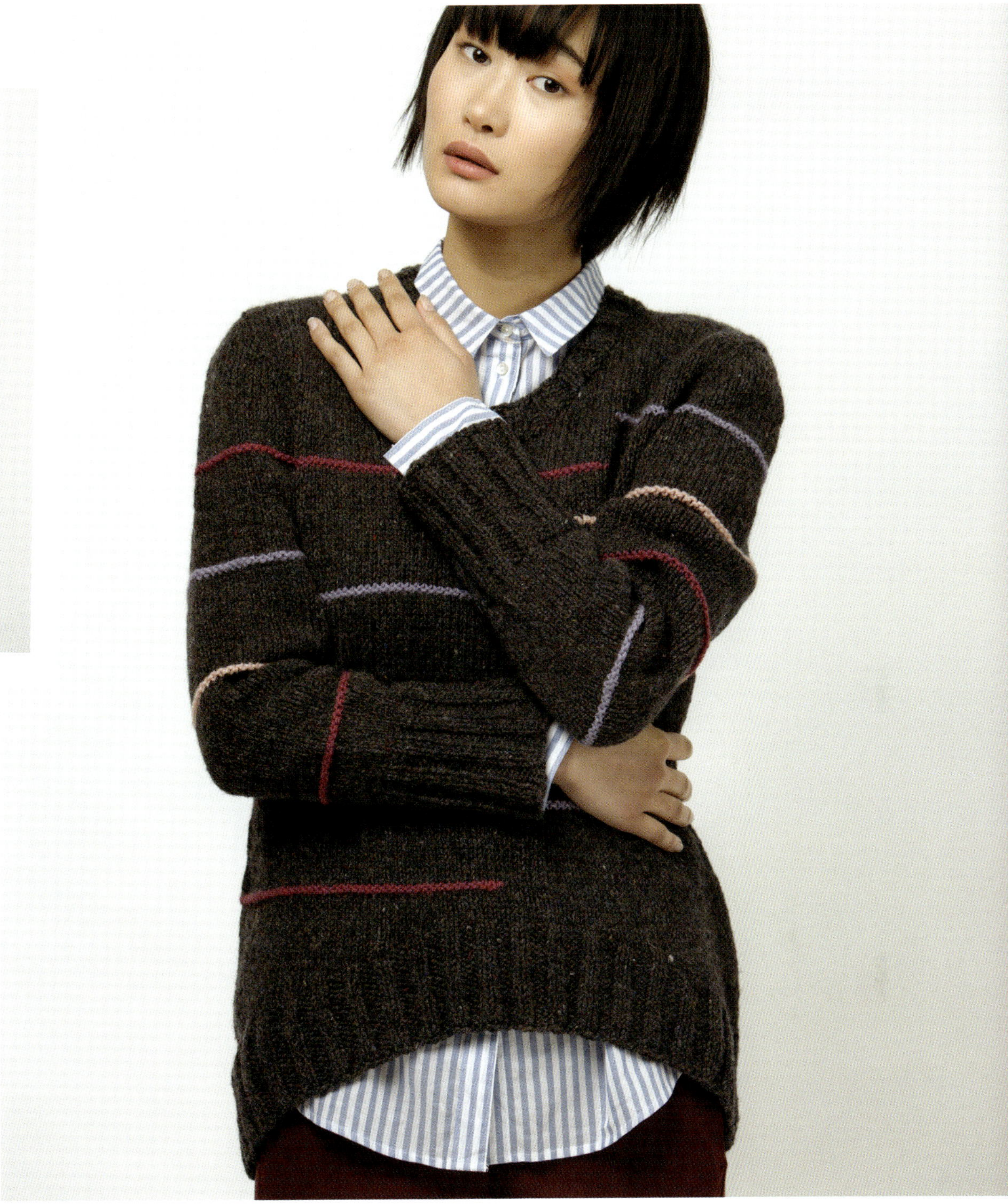

Ärmelbündchen

In HFb im 2-re-2-li-Rippenmuster 12,5 cm stricken.

Alle M abketten, wie sie erscheinen.

FERTIGSTELLUNG

Halsbündchen

Die rechte Seite liegt oben; anf an MA am rechten hinteren Halsausschnitt, 26 (26, 30, 30, 32) M aus dem MA hinten am Hals aufn und re str, 13 M aus dem linken Rand des Halsausschnitts, 10 M aus dem diagonalen linken Rand, 8 (8, 12, 12, 14) M aus MA vorn am Hals, 10 M aus dem diagonalen rechten Rand und 13 M aus dem rechten Rand des Halsausschnitts – 80 (80, 88, 88, 92) M.

2,5 cm im 2-re-2-li-Rippenmuster str.

Alle M abketten, wie sie erscheinen.

Fäden vernähen, Pullover spannen.

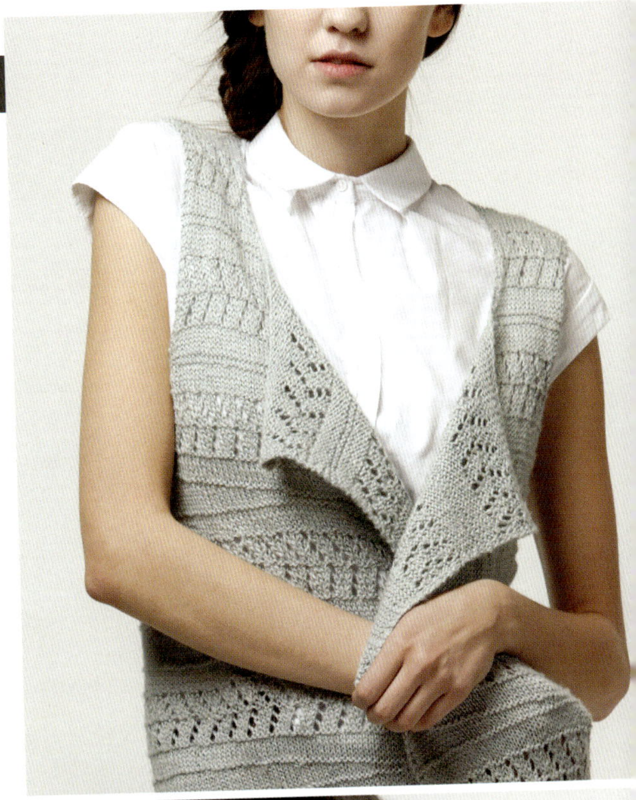

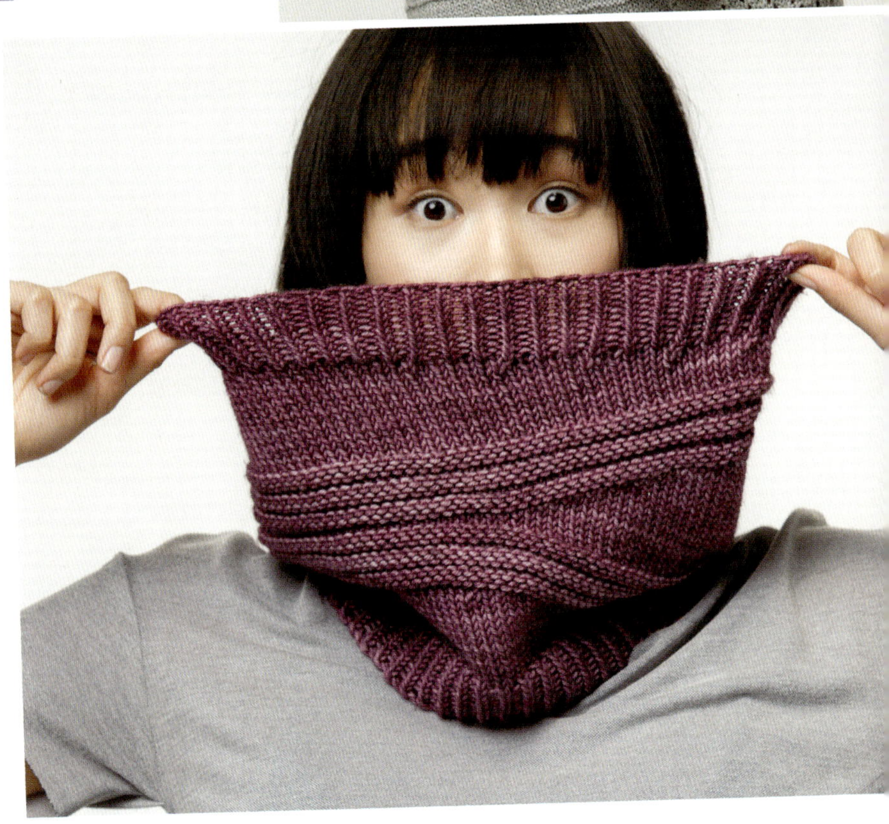

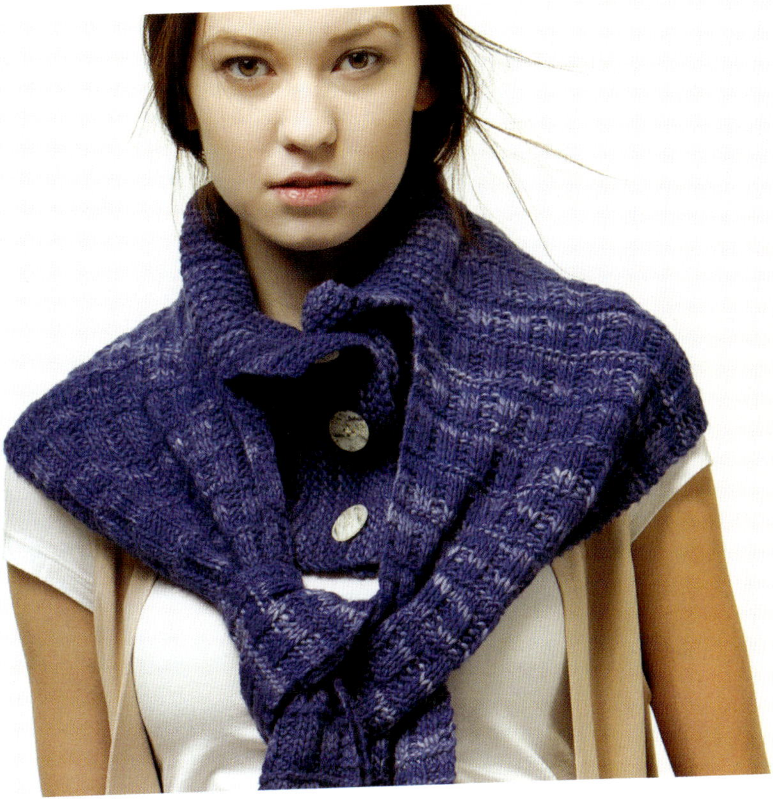

Kapitel 4

JAPANISCHE METHODE

Die japanische Methode ergibt sowohl glatt als auch kraus gestrickt ein besonders sauberes Maschenbild. Man arbeitet bis zum gewünschten Wendepunkt und markiert nach dem Wenden den Arbeitsfaden. In einer folgenden Reihe wird das markierte Garn zu einer Extraschlinge heraufgezogen, die dann zum Kaschieren des Wendepunkts mit der Folgemasche zusammen abgestrickt wird. Für die Methode benötigt man einen entfernbaren Maschenmarkierer, eine Sicherheitsnadel ohne Wicklung oder einen Fadenrest zur Markierung der hochzuziehenden Schlinge. In diesem Buch bedeutet die Abkürzung „wenden ... 1 M abh & Schl mark“, dass der Faden für die spätere Extraschlinge markiert werden soll.

JAPANISCHE METHODE AN RECHTEN REIHEN

1 Bis zum Wendepunkt rechts stricken und die Arbeit wenden (**Abb. 1**).

2 Die folgende Masche links abheben (**Abb. 2**).

3 Einen entfernbaren Maschenmarkierer auf den Arbeitsfaden vor der Arbeit setzen (**Abb. 3**). Wenn Sie kraus rechts stricken und den Faden zwischen den Nadeln nach hinten legen müssen, den Maschenmarkierer vorn lassen.

4 Die folgende Reihe links stricken (**Abb. 4**). Wenn Sie kraus rechts stricken, die folgende Reihe rechts stricken.

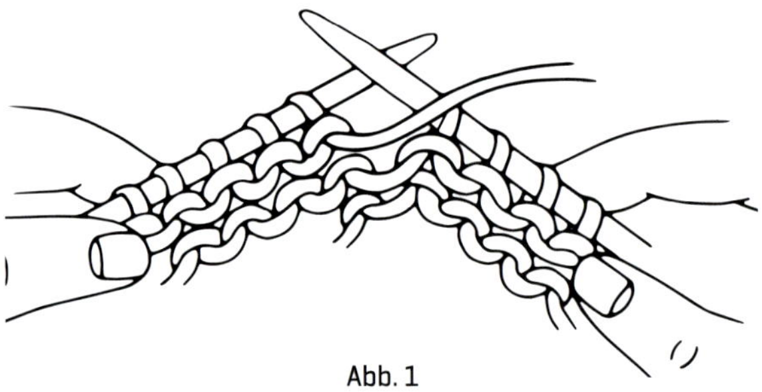

Abb. 1

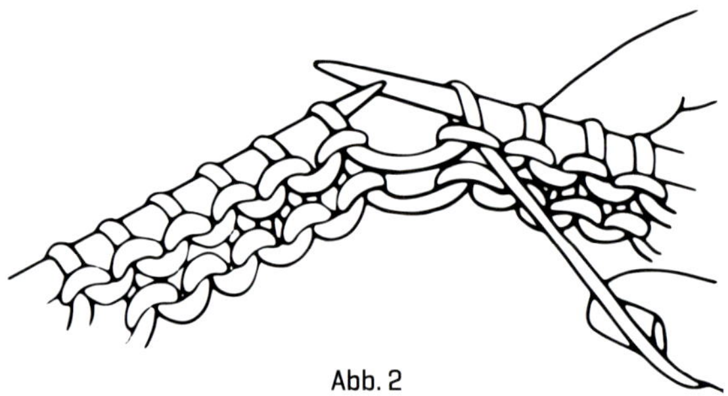

Abb. 2

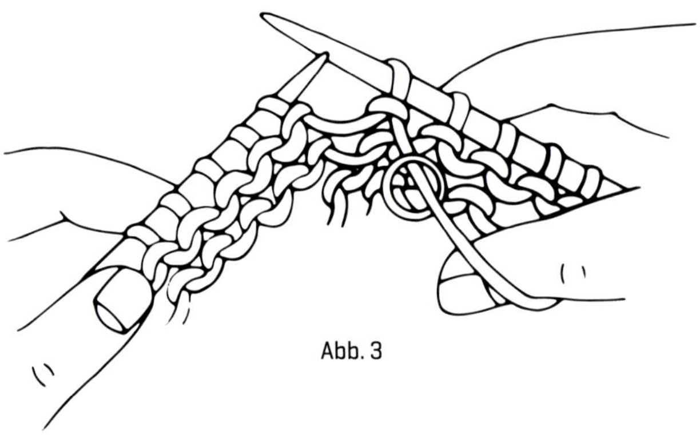

Abb. 3

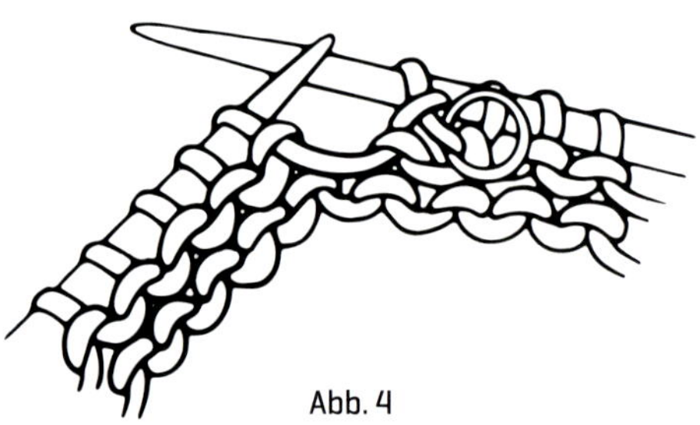

Abb. 4

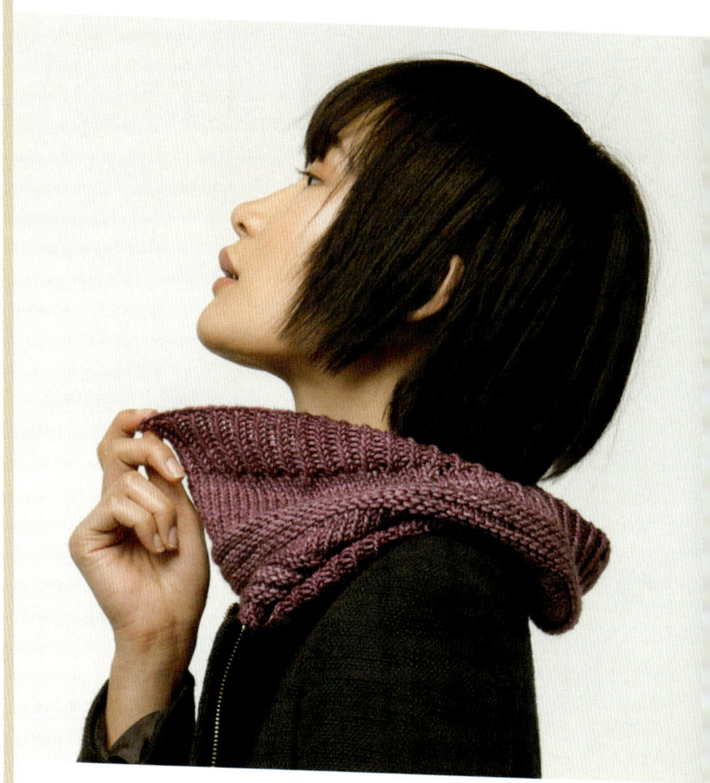

JAPANISCHE METHODE AN LINKEN REIHEN

1 Bis zum Wendepunkt links stricken und die Arbeit wenden **(Abb. 1)**.

2 Die folgende Masche links abheben **(Abb. 2)**.

3 Einen entfernbaren Maschenmarkierer auf den Arbeitsfaden hinter der Arbeit setzen **(Abb. 3)**.

4 Die folgende Reihe links stricken **(Abb. 4)**.

Am Wendepunkt entsteht links der abgehobenen Masche eine Lücke. Wenn man mithilfe des MM eine Schlinge heraufzieht und zusammen mit der folgenden Masche abstrickt, wird die Lücke geschlossen. Welche der beschriebenen Schritte dabei befolgt werden, richtet sich nach der Position des MM. Für die rechts gestrickte Seite glatt gestrickter Arbeiten und die Hin-R von kraus rechts gilt: Der MM sitzt hinter der Arbeit, daher die Anleitung zum Schließen der Lücke an rechten Reihen befolgen. Für die links gestrickte Seite glatt gestrickter Arbeiten gilt die Anleitung zum Schließen der Lücke an linken Reihen.

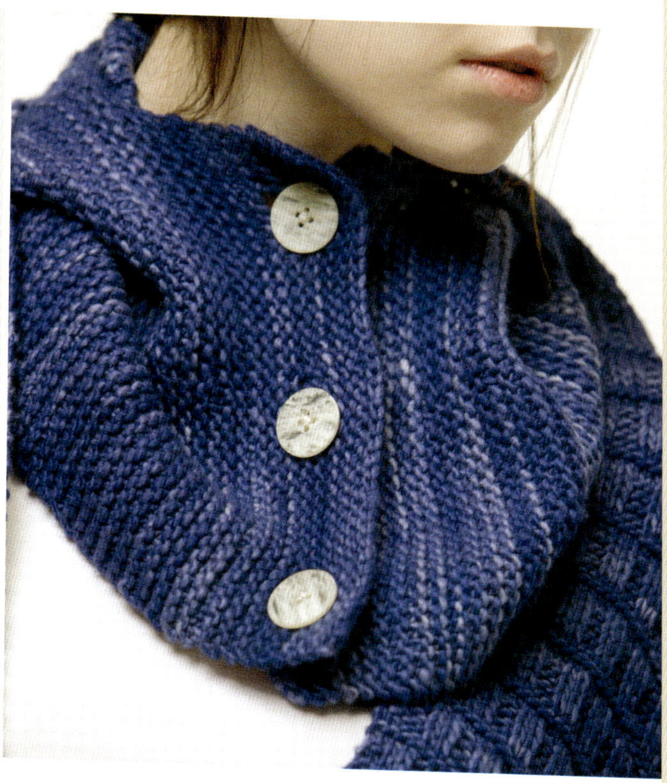

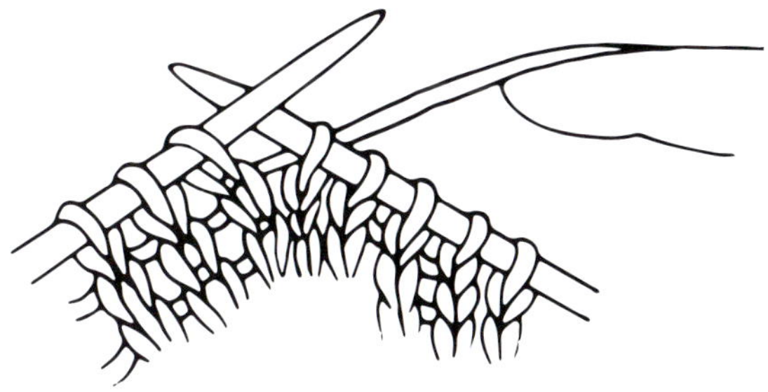

Abb. 1

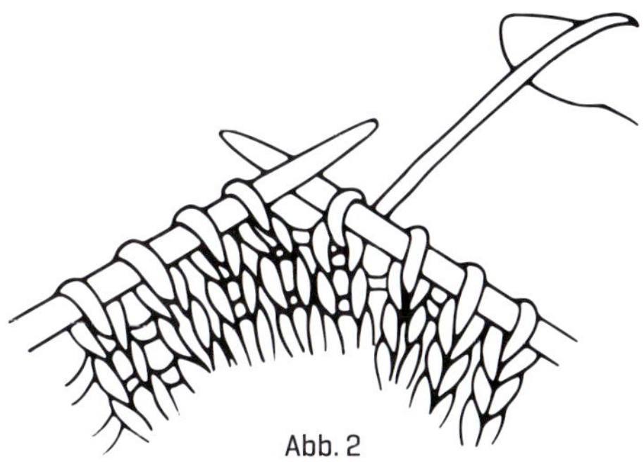

Abb. 2

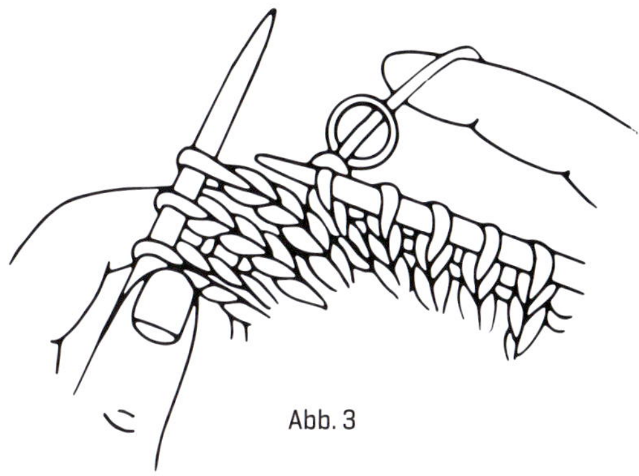

Abb. 3

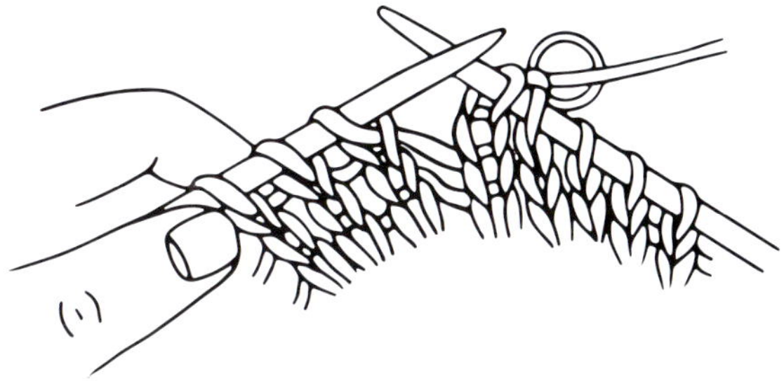

Abb. 4

SCHLIESSEN DER LÜCKE IN EINER REIHE, WENN MM HINTER DER ARBEIT

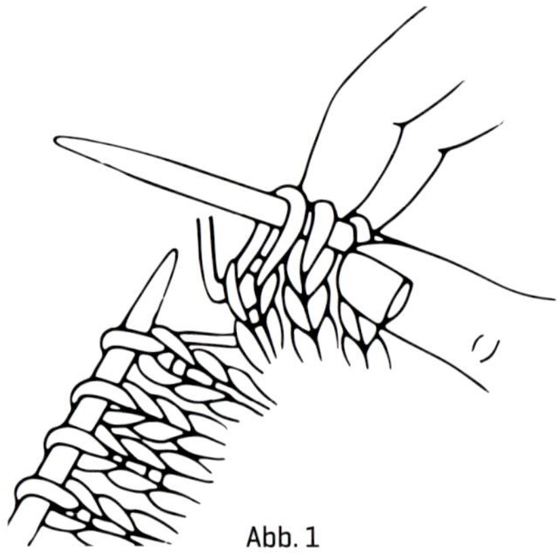

Abb. 1

1 Bis zur Lücke rechts stricken; der Maschenmarkierer sitzt hinter der Arbeit **(Abb. 1)**.

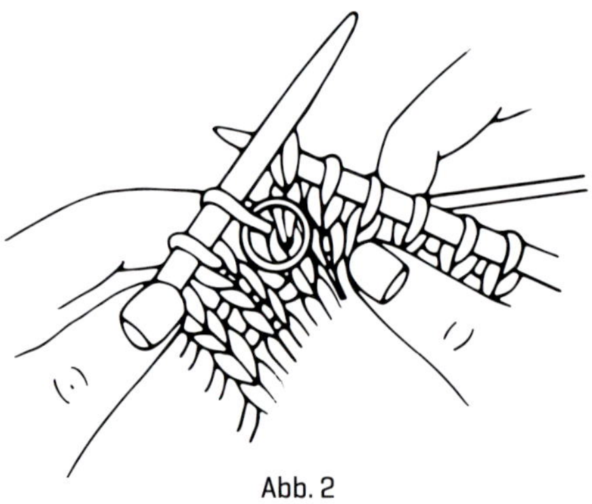

Abb. 2

2 Am Maschenmarkierer ziehen und so eine Schlinge hochziehen. Diese nicht verdrehen, sondern glatt auf die linke Nadel heben **(Abb. 2)**.

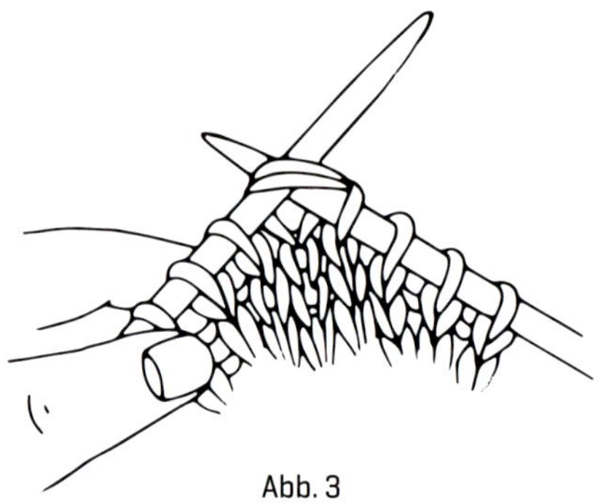

Abb. 3

3 Den Maschenmarkierer entfernen und wie zum Rechtsstricken in die folgende Masche und die Schlinge einstechen **(Abb. 3)**.

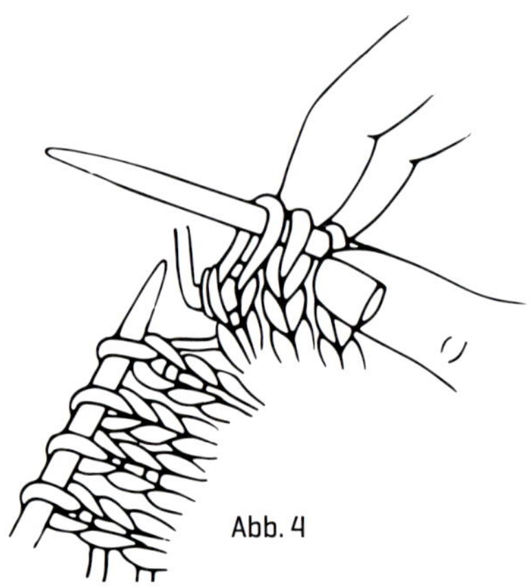

Abb. 4

4 Schlinge und Masche zusammen rechts abstricken **(Abb. 4)**.

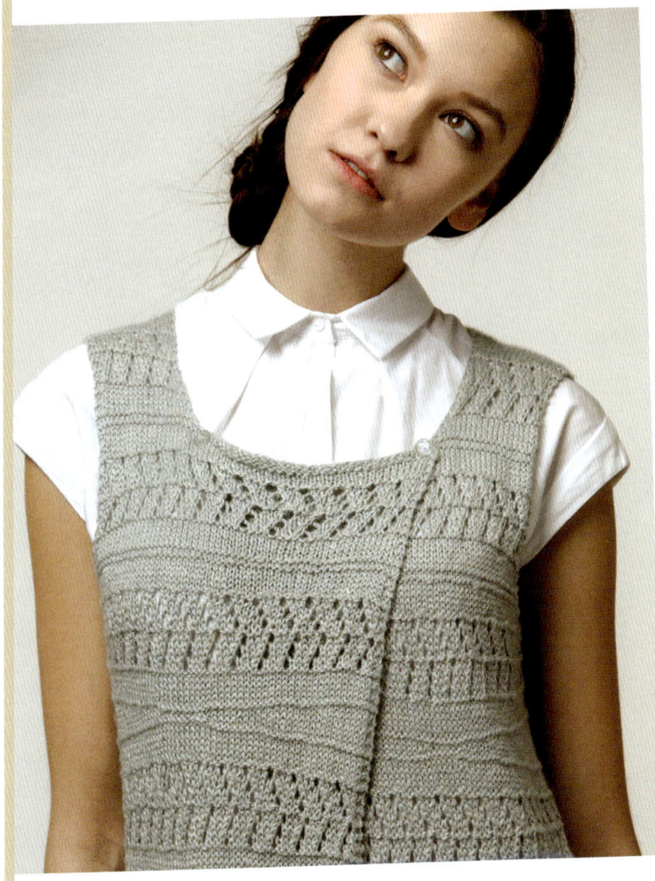

SCHLIESSEN DER LÜCKE IN EINER REIHE, WENN MM VOR DER ARBEIT

1 Bis zur Lücke links stricken; der Maschenmarkierer sitzt vor der Arbeit (**Abb. 1**).

2 Die folgende Masche links abheben (**Abb. 2**).

3 Am Maschenmarkierer ziehen und so eine Schlinge hochziehen. Diese nicht verdrehen, sondern glatt auf die linke Nadel heben (**Abb. 3**).

4 Die abgehobene Masche zurück auf die linke Nadel heben, ohne sie zu verdrehen, und den Maschenmarkierer entfernen (**Abb. 4**).

5 Wie zum Linksstricken in die Masche und die Schlinge einstechen (**Abb. 5**).

6 Masche und Schlinge zusammen links abstricken (**Abb. 6**).

Zum Schließen der Lücke an einer rechten Reihe auf der Rückseite einer kraus rechts gestrickten Arbeit die Anleitung zum Schließen der Lücke mit dem MM vor der Arbeit befolgen; dabei linke durch rechte Maschen ersetzen: Bis zur Lücke rechts stricken und die folgende Masche links abheben. Mit dem vor der Arbeit sitzenden MM eine Schlinge hochziehen und auf die linke Nadel heben. Die abgehobene Masche zurück auf die linke Nadel heben, dann 2 M re zus. So entsteht eine sichtbare Schlinge auf der Rückseite; bei einem kraus rechts gestrickten Wendemodell, bei dem beide Seiten zu sehen sind, besser die Anleitung zum Schließen einer Lücke an rechten Reihen befolgen und den MM auf der Vorderseite lassen, da die so entstehende Doppelmasche sich unauffälliger in die Kraus-rechts-Rippen einfügt.

Für japanische verkürzte Reihen an glatt links gestrickten Arbeiten im Prinzip genauso vorgehen, jedoch den MM stets auf der Rückseite setzen, da dort die Extraschlinge sichtbar wird. An rechten Reihen wenden und vor dem Abheben der Masche den Faden nach hinten legen. Dann den MM an der Rückseite anbringen, den Faden wieder vorholen und links stricken. An linken

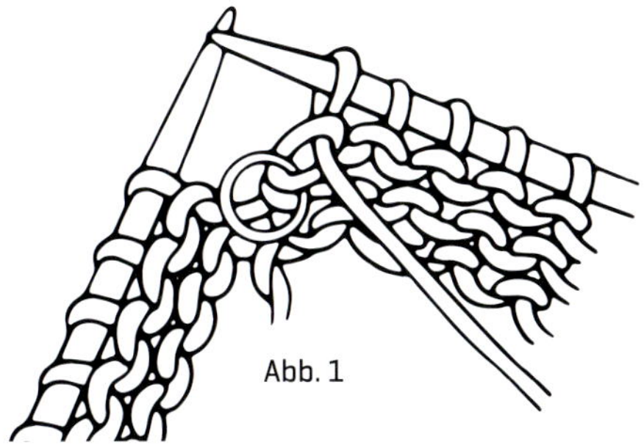

Abb. 1

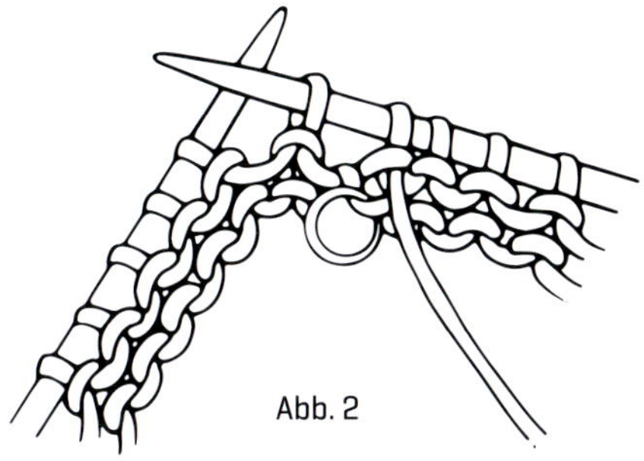

Abb. 2

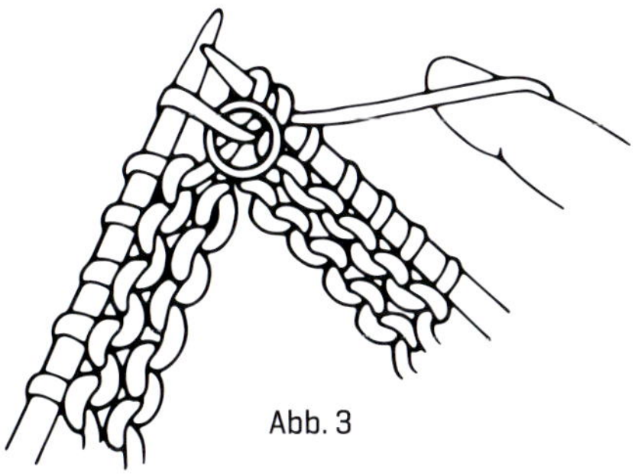

Abb. 3

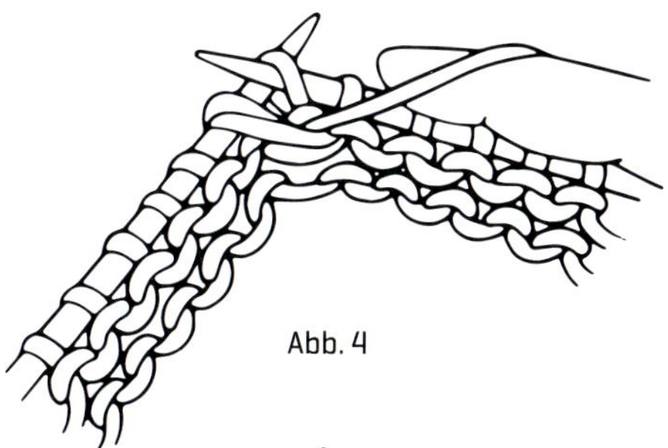

Abb. 4

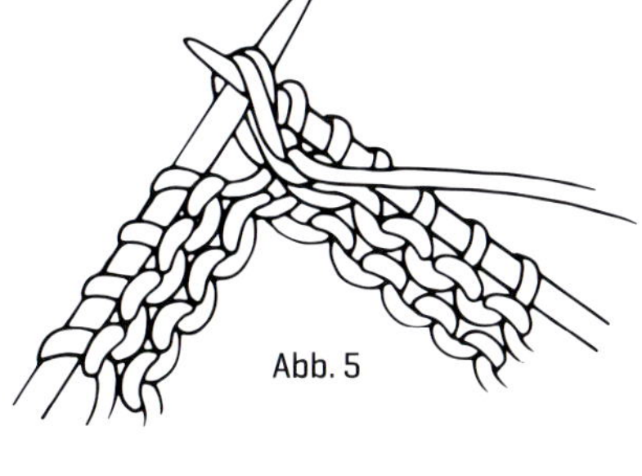

Abb. 5

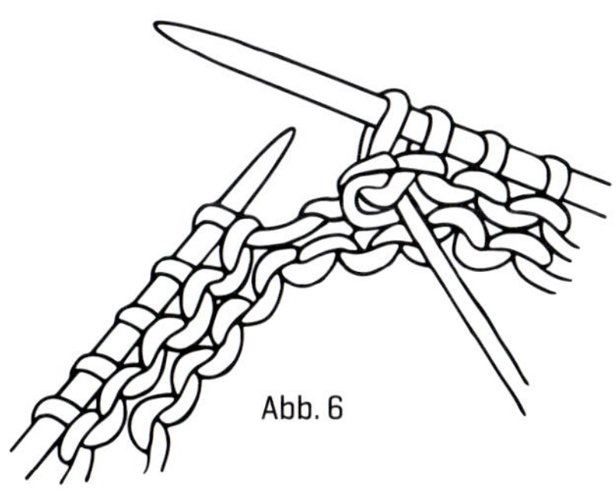

Abb. 6

Reihen wenden und die Masche abheben, dann den Faden auf die vorn liegende, rechts gestrickte Rückseite der Arbeit legen, den MM setzen, den Faden wieder nach hinten legen und rechts stricken. Der zusätzliche Schritt wirkt vielleicht merkwürdig, doch es geht darum, den MM auf der Rückseite zu platzieren. Beim Stricken der folgenden Masche den MM notfalls mit dem Finger festhalten, damit er nicht auf die andere Seite rutscht.

Zum Schließen der Lücke an glatt links gestrickten Arbeiten die Anleitung je nach Position des MM befolgen; dabei nach Bedarf rechte durch linke Maschen ersetzen. Auf der links gestrickten Vorderseite bis zur Lücke links stricken, mit dem MM hinter der Arbeit eine Schlinge hochziehen und auf die linke Nadel heben, dann 2 M li zus. Auf der rechts gestrickten Rückseite bis zur Lücke rechts stricken und die folgende Masche abheben, mit dem MM vor der Arbeit eine Schlinge hochziehen und auf die linke Nadel heben, die abgehobene Masche zurück auf die linke Nadel heben, dann 2 M re zus.

Für die japanische Methode benötigt man zwar ein paar Hilfsmittel, doch sie ist ganz simpel und effektiv. Da für die Schlinge kein zusätzliches Garn verbraucht wird, verschwindet sie nahezu unsichtbar im Strickbild. Wenn keine entfernbaren Maschenmarkierer zur Hand sind oder diese an kleinen Modellen stören, tut es auch ein Fadenrest. Diesen entweder in passende kurze Stücke (einige Zentimeter) schneiden oder einen langen Faden für alle Schlingen auf einer Seite verwenden. Das Kontrastgarn vor dem Stricken der nächsten Reihe über den Arbeitsfaden legen; zum Schließen der Lücke die Schlinge damit hochziehen.

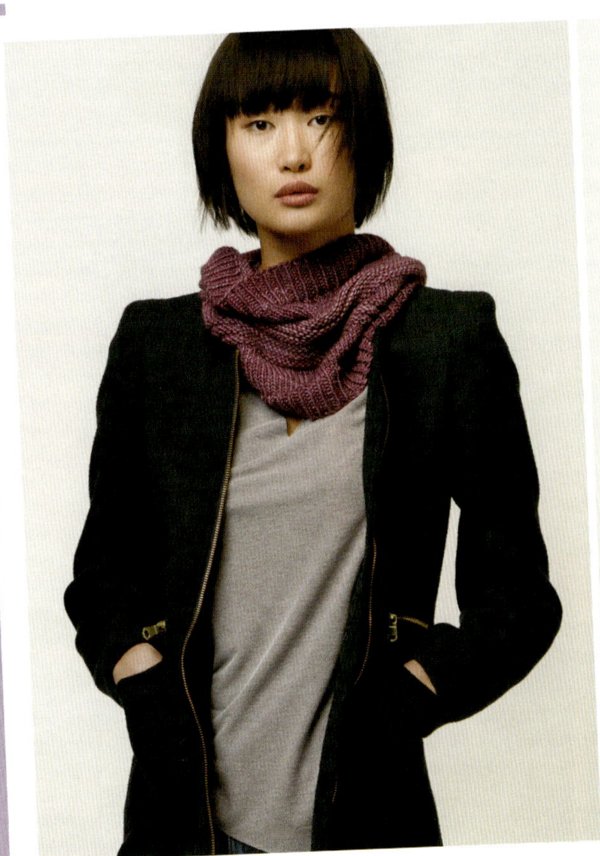

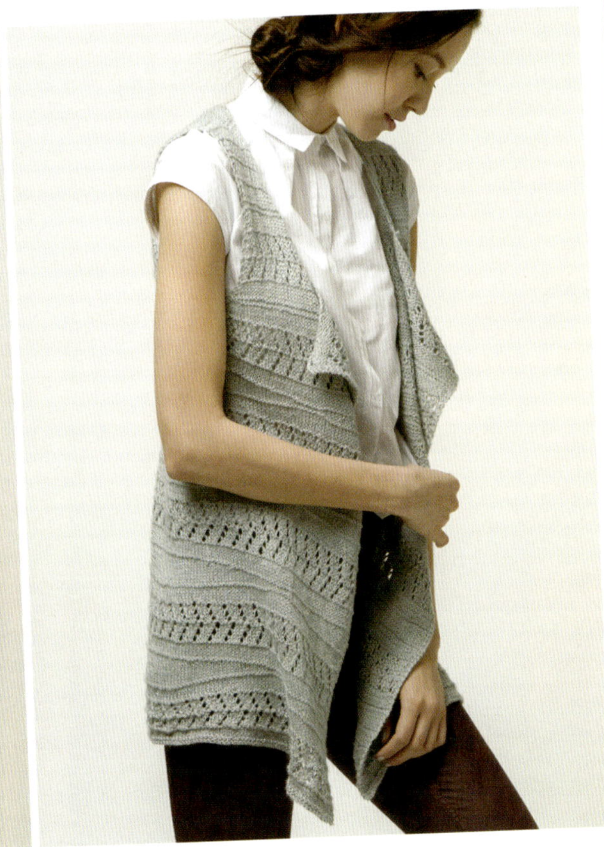

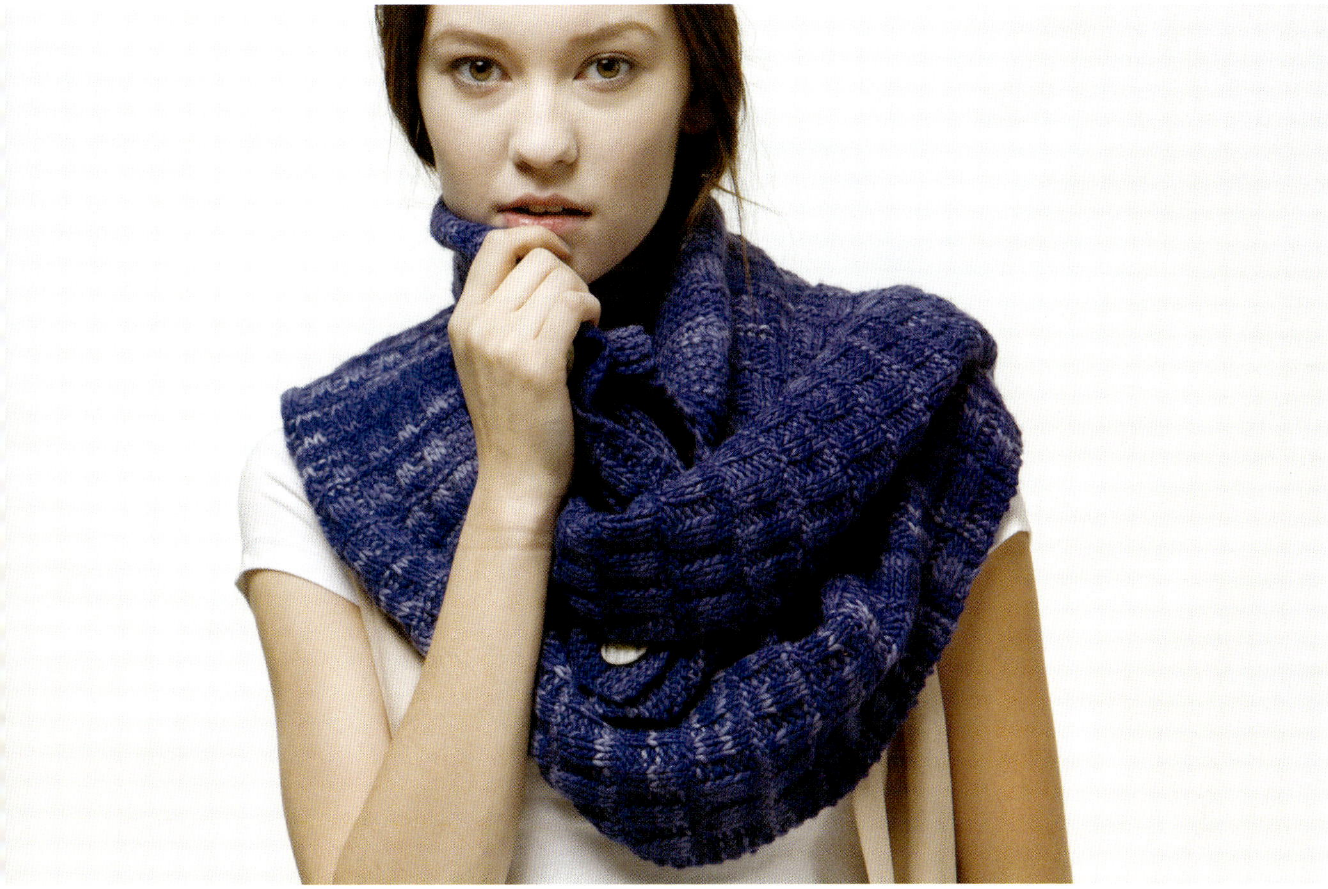

BESONDERHEITEN

Auch wenn bei dieser Methode eine Schlinge aus der nächsttieferen Reihe hochgezogen wird, verzieht sich die Arbeit nur minimal, da für die Schlinge nur wenig Garn benötigt wird. Glatt oder kraus gestrickt entsteht ein sauberes Maschenbild.

Wird kraus rechts gestrickt, den MM immer auf der Rückseite setzen, die in Rückreihen vorn, in Hinreihen hinten liegt. Zum leichteren Erkennen der Rückseite diese mit einem MM kennzeichnen. Wenn dieser vor dem Stricken der nächsten Masche auf die Vorderseite rutscht, sieht man dies, wenn in einer folgenden Reihe das Kaschieren des Wendepunkts gearbeitet wird: Die hochgezogene Schlinge bildet auf der Vorderseite eine sichtbare Schlaufe.

Die japanische Methode kann man auch an rundgestrickten Arbeiten anwenden. Stößt man in einer folgenden Runde auf einen MM, der beim Stricken in der Gegenrichtung gesetzt wurde, sitzt die Lücke nicht links, sondern rechts des MM. Zum Kaschieren des Wendepunkts muss die Schlinge daher mit der Masche rechts der Lücke zusammengestrickt werden. Glatt rechts: bis zur Masche vor der Lücke rechts stricken, die folgende Masche rechts abheben, mit dem MM eine Schlinge hochziehen und auf die linke Nadel heben, die abgehobene Masche zurück auf die linke Nadel heben, dann Masche und Schlinge rechts verschränkt zusammenstricken. Kraus rechts: an rechts gestrickten Runden ebenso vorgehen.

Glatt links in Runden: Wenn nach dem Wenden an einer verkürzten Reihe die linksgestrickte Seite vorn liegt, den Faden vor dem Abheben der Masche nach hinten legen, dann auf der Rückseite markieren und wieder nach vorn holen, um die links gestrickte Runde zu arbeiten; so wird verhindert, dass die abgehobene Masche sich verzieht, da die Schlinge nicht an der Vorderseite hochgezogen wird. Zum Kaschieren des Wendepunkts bis zur Masche vor der Lücke stricken, die folgende Masche rechts abheben. Mit dem MM eine Schlinge hochziehen und auf die linke Nadel heben, die abgehobene Masche zurück auf die linke Nadel heben, Masche und Schlinge links verschränkt zusammenstricken. Es kann sein, dass die hochgezogene Schlinge sehr fest ist – dies ergibt später ein sauberes Strickbild, ist jedoch beim Stricken eventuell etwas knifflig. Durch die Verwendung eines dicken MM kann die Schlinge ein wenig lockerer werden.

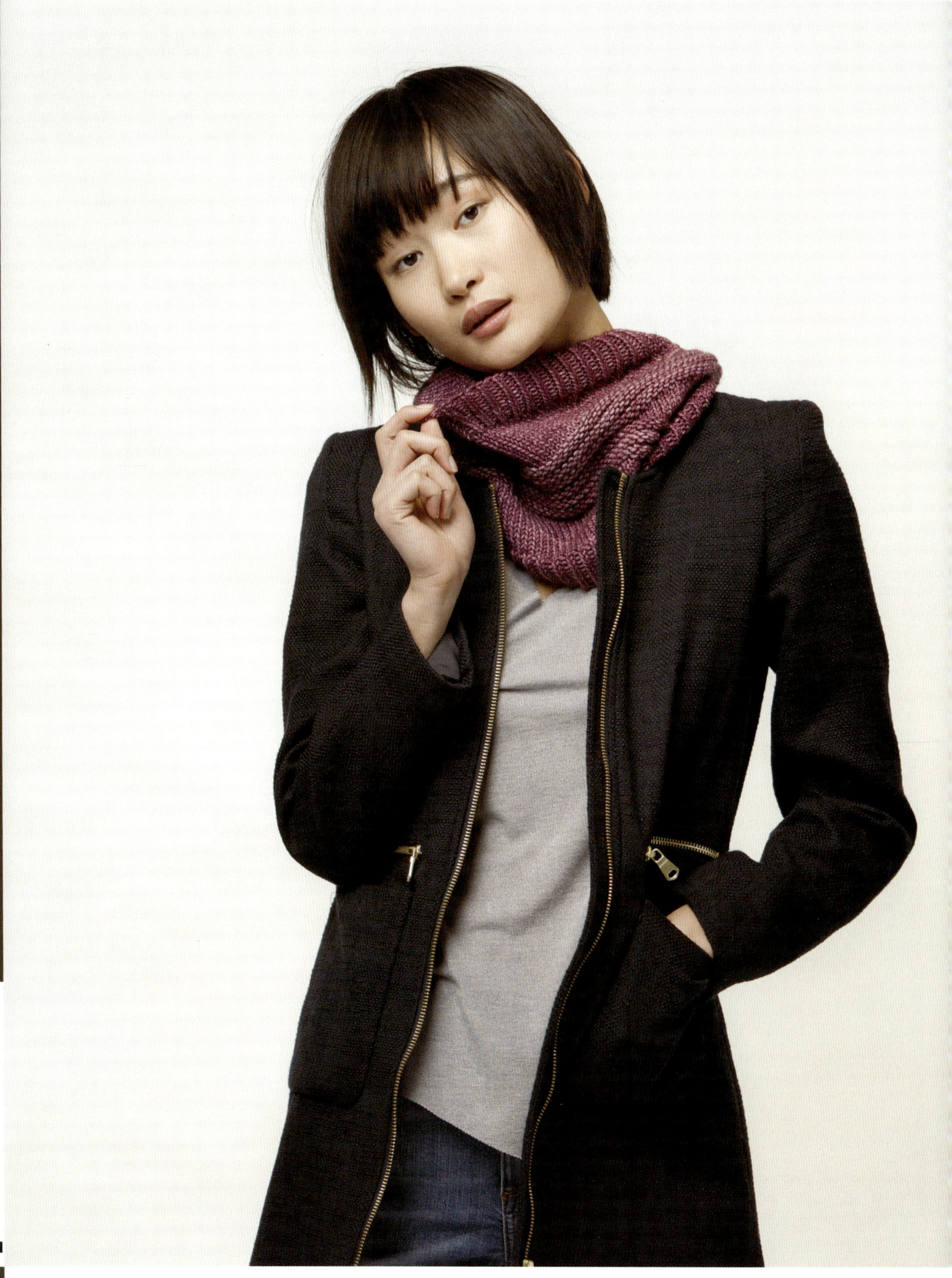

LOOPSCHAL MIT **schrägen Rippen**

Zwischen den auseinanderlaufenden Kraus-rechts-Querrippen fügen sich glatt rechts gestrickte Keile ein. Durch die japanische Methode in Runden zeigen die Keile mal in die eine, mal in die andere Richtung. Das plastische verschränkte Rippenmuster setzt zusätzliche Akzente.

FERTIGE GRÖSSE
Ca. 66 cm Umfang und 25,5 cm Höhe.

GARN
Mitteldickes Garn [Aran/Worsted, Stärke 4, Medium].

Abgebildetes Modell: Anzula For Better or Worsted [80 % Superwash Merinowolle, 10 % Kaschmir, 10 % Nylon; LL 200 yd/4 oz [182 m/115 g], Farbe Prudence, 2 Stränge.

STRICKNADELN
Rundstricknadel Nr. 5, 60 cm lang. *Nadelstärke ggf. anpassen, um die Maschenzahl der Maschenprobe zu erreichen.*

SONSTIGES MATERIAL
1 Maschenmarkierer [MM], 28 entfernbare MM, Wollnadel.

MASCHENPROBE
17 M und 24 Rd in glatt rechts = 10 x 10 cm.

Muster und Techniken

1 M abh & Schl mark: 1 M li abh, MMs auf Arbeitsfaden, folgende Reihe stricken.

Verschränktes Rippenmuster: (rundgestrickt, Maschenzahl teilbar durch 2).

1. Rd: *1 M re verschr, 1 M li; ab * bis Ende wh.

Für das Muster die 1. Rd fortlfd. wh.

LOOPSCHAL

Maschenanschlag: 108 M aufstricken (siehe Techniken); MMs, M zur Runde schließen (aufpassen, dass die M nicht verdreht werden).

10 Rd im verschränkten Rippenmuster str.

2 Rd re str.

1. Keil mit verkürzten Reihen

1. VERK. ANF-R (HIN-R): re M bis 12 M vor MM, wenden.

2. VERK. ANF-R (RÜCK-R): 1 M abh & Schl mark, li M bis 12 M vor MM, wenden.

1. VERK. R (HIN-R): 1 M abh & Schl mark, re M bis 6 M vor vorigem Wendepunkt, wenden.

2. VERK. R (RÜCK-R): 1 M abh & Schl mark, li M bis 6 M vor vorigem Wendepunkt, wenden.

1. und 2. verk. R noch 4x wh.

FOLG. R (HIN-R): 1 M abh & Schl mark, re M bis Ende; dabei alle mark. Schl mit M zusstr.

FOLG. RD (HIN-RD): re M, dabei übrige Schlingen mit M zusstr.

Linksrippe

2 Rd li str, dann 2 Rd re str.

Linksrippe noch 2x wh.

2. Keil mit verkürzten Reihen

1. VERK. ANF-R (HIN-R): 40 M re, wenden.

2. VERK. ANF-R (RÜCK-R): 1 M abh & Schl mark, li M bis MM, 40 M li, wenden.

1. VERK. R: 1 M abh & Schl mark, re M bis 2 M vor vorigem Wendepunkt, wenden.

2. VERK. R: 1 M abh & Schl mark, li M bis 2 M vor vorigem Wendepunkt, wenden.

1. und 2. verk. R noch 12x wh.

FOLG. R: 1 M abh & Schl mark, re M bis Ende.

FOLG. RD (HIN-RD): re M, dabei alle Schl mit M zusstr.

Linksrippe noch 3x wh.

1. Keil mit verk. R noch 1x wh.

2 Rd re str.

10 Rd im verschränkten Rippenmuster str.

FERTIGSTELLUNG

Alle M locker abketten, wie sie erscheinen.

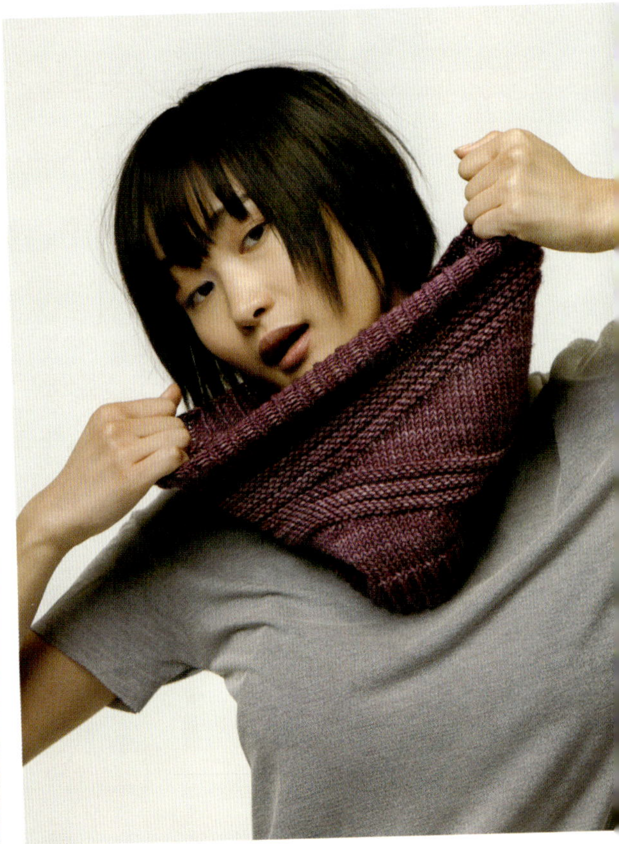

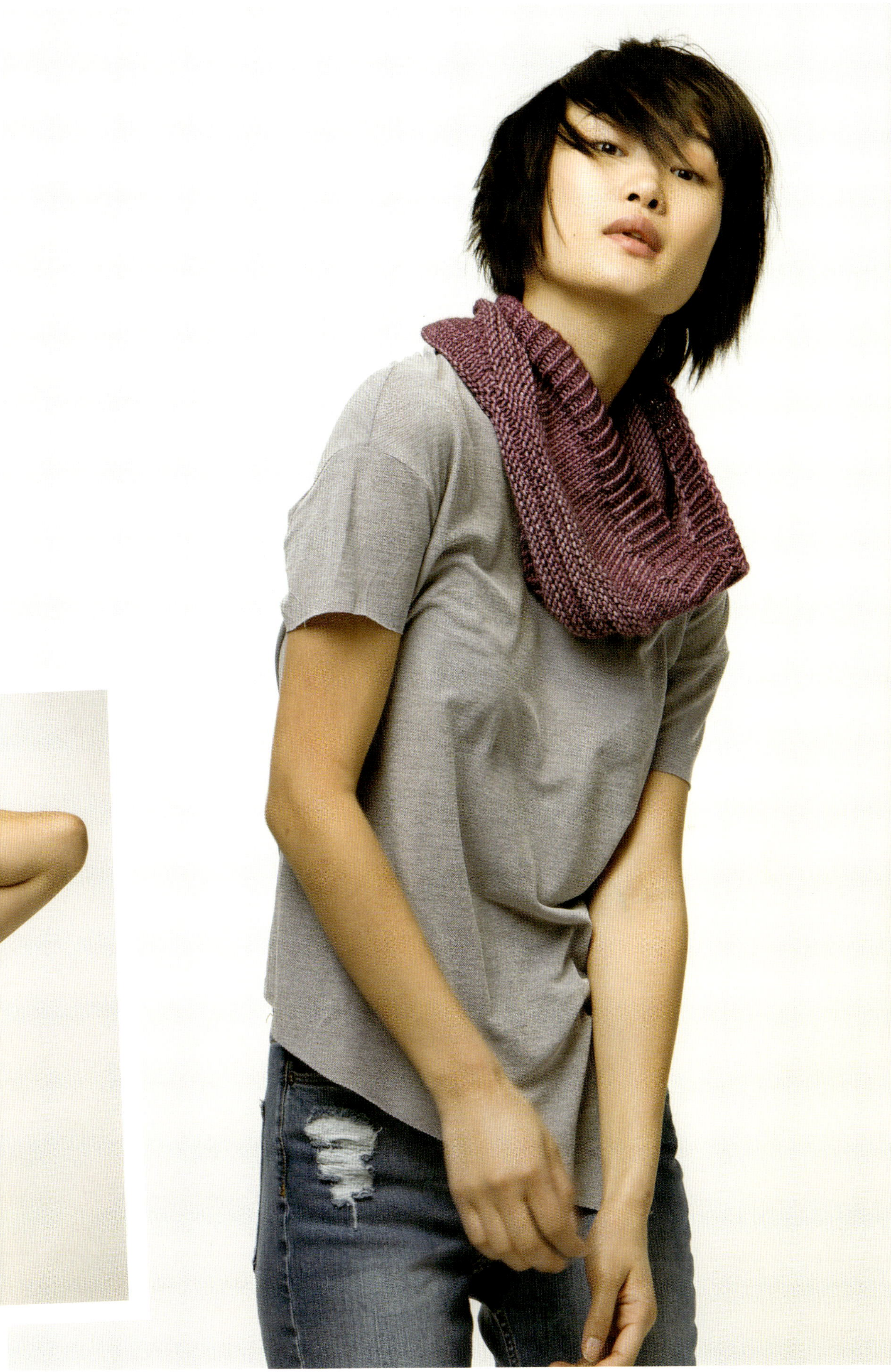
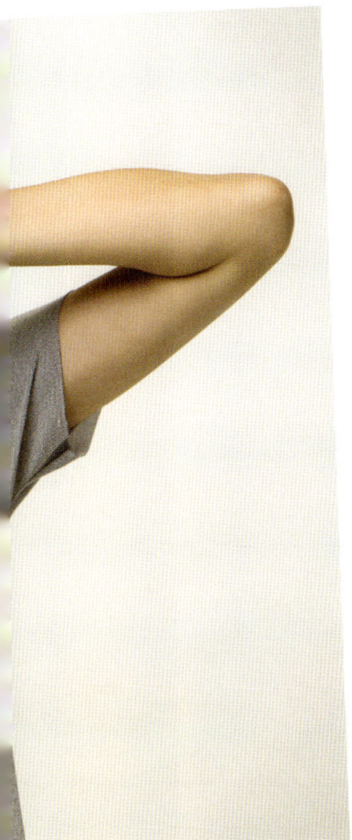

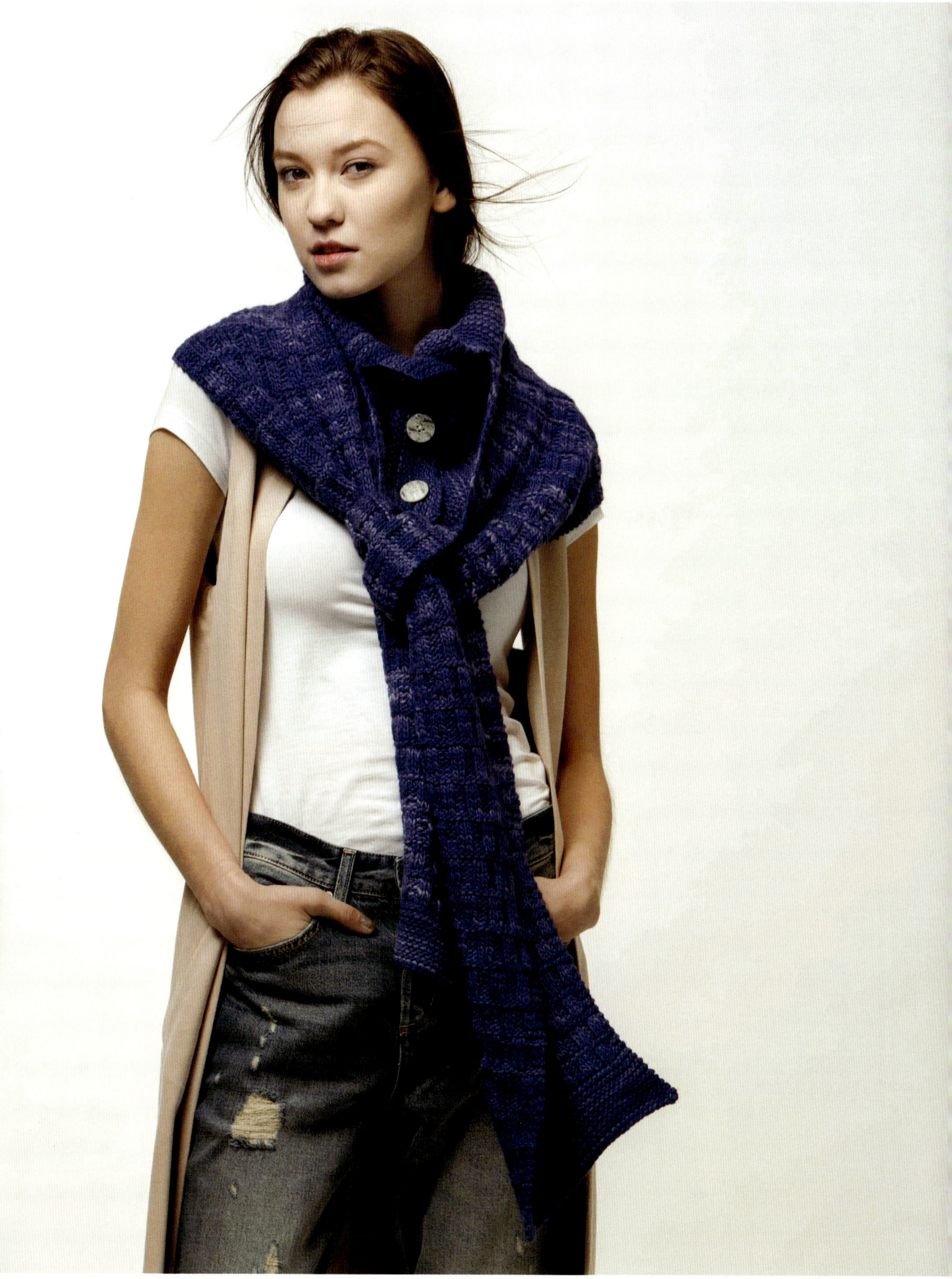

Zum Loop geknöpfter SCHAL

Eine Kombination aus Loop und langem Schal ist dieses Modell, bei dem sowohl der kraus rechts gestrickte Loop als auch der Schal mit Strukturmuster durch japanische verkürzte Reihen geformt werden. Der am Hals zugeknöpfte Loop hält schön warm und der lässig um die Schultern geschlungene Schal verleiht ihm das gewisse Etwas.

FERTIGE GRÖSSE
Loop: Oberkante ca. 81,5 cm, Höhe ca. 25,5 cm, nicht zugeknöpft; Schal: ca. 213 cm lang und 20,5 cm hoch.

GARN
Mitteldickes Garn [Aran/Worsted, Stärke 4, Medium].

Abgebildetes Modell: Manos del Uruguay Maxima [100 % extrafeine Merinowolle; LL 219 yd/3½ oz [200 m/100 g], Farbe M2414 Larkspur, 3 Stränge.

STRICKNADELN
Rundstricknadel Nr. 5½, 60 cm lang. *Nadelstärke ggf. anpassen, um die Maschenzahl der Maschenprobe zu erreichen.*

SONSTIGES MATERIAL
1 Maschenmarkierer [MM], 1 entfernbarer MM, Maschenhalter, Wollnadel, 3 Knöpfe [25 mm Ø], passendes Nähgarn und Nähnadel.

MASCHENPROBE
16 M und 32 R in kraus rechts = 10 x 10 cm; 16 M und 24 R in Muster [gemessen an Partie ohne verk. R] = 10 x 10 cm.

Anmerkungen

Für diesen Halswärmer werden sowohl in den 2-re-2-li-Rippen als auch in den Kraus-rechts-Partien Wendereihen gearbeitet: Im Muster bis zum Wendepunkt stricken, wenden, 1 M abh und den Arbeitsfaden vor der Arbeit mit dem entfernbaren MM markieren. Die markierte Masche wird stets in einer rechten Reihe abgestrickt: Bis zum Wendepunkt stricken, die markierte Schlinge hochziehen, unverschränkt auf die linke Nadel heben und mit der folgenden Masche zusammenstricken.

Muster und Techniken

1 M abh & Schl mark: 1 M li abh, MMs auf Arbeitsfaden, folgende Reihe stricken.

Knopfloch stricken (Knpfl): 1 M re abh, Faden nach vorn holen und liegen lassen. *1 M re abh, die 1. abgehobene M über die 2. und von der Nadel ziehen; ab * noch 2x wh. Letzte M auf re Nadel zurück auf li Nadel heben. Wenden und Faden nach vorn holen; 4 M links verschränkt aufstricken. Wenden. 1. M auf li Nadel li abh, letzte M des MA darüberziehen, dann die abgehobene M auf die li Nadel heben.

Links verschränkt aufstricken: Wie für eine links verschränkte Masche in die 1. M auf der li Nadel einstechen, den Faden durch die Masche ziehen und auf die li Nadel heben.

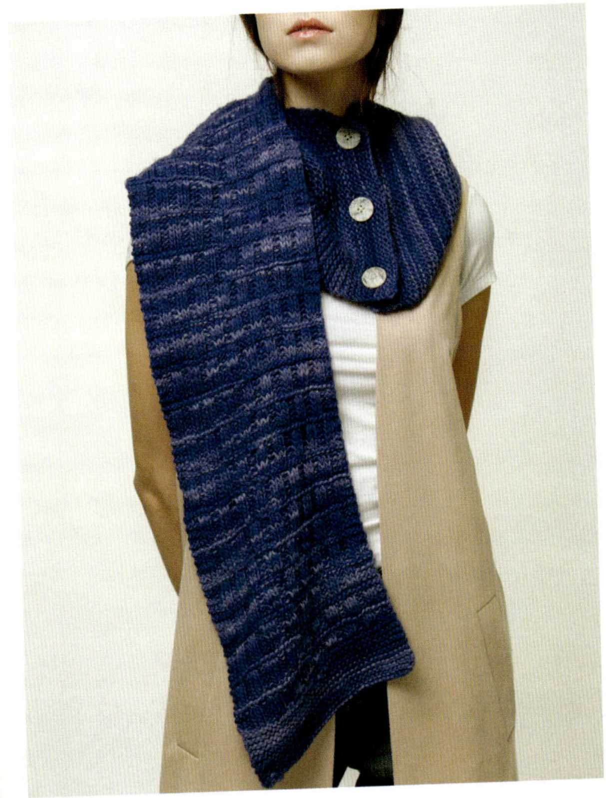

LINKE KNOPFLEISTE

Maschenanschlag: 38 M aufstricken (siehe Techniken).

Mit einer Rück-R anf, 18 R re str.

Garn abschneiden, M auf Halter stilllegen.

LINKER SCHAL

Maschenanschlag: mit neuem Faden 38 M aufstricken.

Mit einer Hin-R anf, 18 R re str.

1. R (HIN-R): 2 M re, *2 M re, 2 M li; ab * bis 4 M vor Ende wh, 4 M re.

2. R: 2 M re, *2 M li, 2 M re; ab * bis Ende wh.

3. R: wie 1. R.

4. R: wie 2. R.

5. VERK. R: 2 M re, 4x [2 M re, 2 M li], wenden.

6. VERK. R: 1 M abh & Schl mark, 1 M re, *2 M li, 2 M re; ab * bis Ende wh.

7. R: re M, mark Schl dabei mit M zusstr.

8. R: re M.

9. R: 2 M re, *2 M li, 2 M re; ab * bis Ende wh.

10. R: 2 M re, *2 M re, 2 M li; ab * bis 4 M vor Ende wh, 4 M re.

11. R: wie 9. R.

12. R: wie 10. R.

13. VERK. R: 2 M re, 4x [2 M li, 2 M re], wenden.

14. VERK. R: 1 M abh & Schl mark, 1 M li, *2 M re, 2 M li; ab * bis 4 M vor Ende wh, 4 M re.

15. R: re M, mark Schl dabei mit M zusstr.

16. R: re M.

1. bis 16. R noch 10x wh.

LOOP

FOLG. R (HIN-R): 2 M re, *2 M re, 2 M li; ab * bis 4 M vor Ende wh, 4 M re, MMs; mit der Rückseite nach vorn 38 M vom M-Halter re str – 76 M.

Folgende 1. bis 24. R arbeiten, mit 2. R anf:

1. R (HIN-R): 2 M re, *2 M re, 2 M li; ab * bis 4 M vor MM wh, 4 M re, MM abh, re M bis Ende.

2. R: re M bis MM, MM abh, 2 M re, *2 M li, 2 M re; ab * bis Ende wh.

3. R: wie 1. R.

4. VERK. R: 20 M re, wenden.

5. VERK. R: 1 M abh & Schl mark, re M bis Ende.

6. VERK. R: re M bis 6 M vor M, mark Schl dabei mit M zusstr, wenden.

7. VERK. R: 1 M abh & Schl mark, re M bis Ende.

8. VERK. R: re M bis MM, mark Schl dabei mit M zusstr, MM abh, 2 M re, *2 M li, 2 M re; ab * bis Ende wh.

9. VERK. R: 2 M re, 4x [2 M re, 2 M li], wenden.

10. VERK. R: 1 M abh & Schl mark, 1 M re, *2 M li, 2 M re; ab * bis Ende wh.

11. R: re M, mark Schl dabei mit M zusstr.

12. R: re M.

13. R: 2 M re, *2 M li, 2 M re; ab * bis MM wh, MM abh, re M bis Ende.

14. R: re M bis MM, MM abh, 2 M re, *2 M re, 2 M li; ab * bis 4 M vor Ende wh, 4 M re.

15. R: Wie 13. R.

16. VERK. R: 20 M re, wenden.

17. VERK. R: 1 M abh & Schl mark, re M bis Ende.

18. VERK. R: re M bis 6 M vor MM, mark Schl dabei mit M zusstr, wenden.

19. VERK. R: 1 M abh & Schl mark, re M bis Ende.

20. R: re M bis MM, mark Schl dabei mit M zusstr., MM abh, 2 M re, *2 M re, 2 M li; ab * bis 4 M vor Ende wh, 4 M re.

21. VERK. R: 2 M re, 4x [2 M li, 2 M re], wenden.

22. VERK. R: 1 M abh & Schl mark, 1 M li, *2 M re, 2 M li; ab * bis 4 M vor Ende wh, 4 M re.

23. R: re M, mark Schl dabei mit M zusstr.

24. R: re M.

1. bis 24. R noch 7x wh, dann 1. bis 23. R noch 1x wh.

FOLG. R: 38 M re und diese M auf Halter stilllegen; re M bis Ende – 38 M übrig.

RECHTER SCHAL

1. bis 16. R des linken Schals 11x wh.

18 R re str. Alle M abketten.

RECHTE KNOPFLEISTE

Die 38 stillgelegten M des Loops auf eine Stricknadel heben; mit einer Rück-R anf, 8 R re str.

FOLG. R (MIT KNOPFLOCH): 4 M re, Knpfl, 10 M re, Knpfl, 10 M re, Knpfl, 5 M re bis Ende.

8 R re str.

Alle M abketten.

Die letzte M des Knopflochs wird 2x gestrickt.

FERTIGSTELLUNG

Fäden vernähen, Schal spannen. Mit passendem Nähgarn die Knöpfe an die linke Knopfleiste nähen (gegenüber den Knopflöchern).

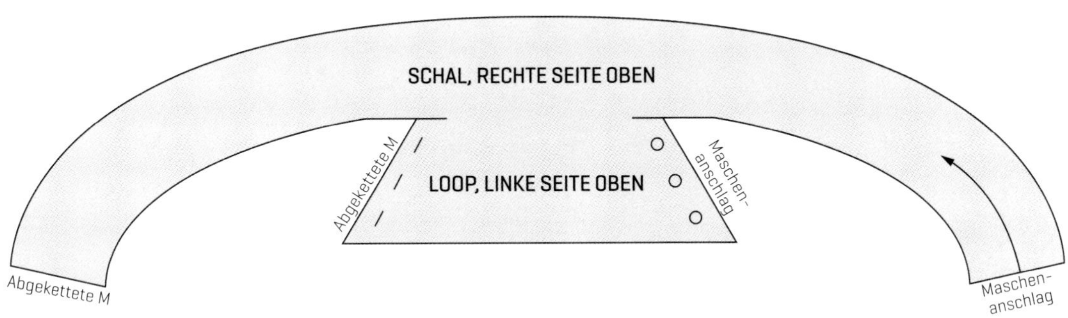

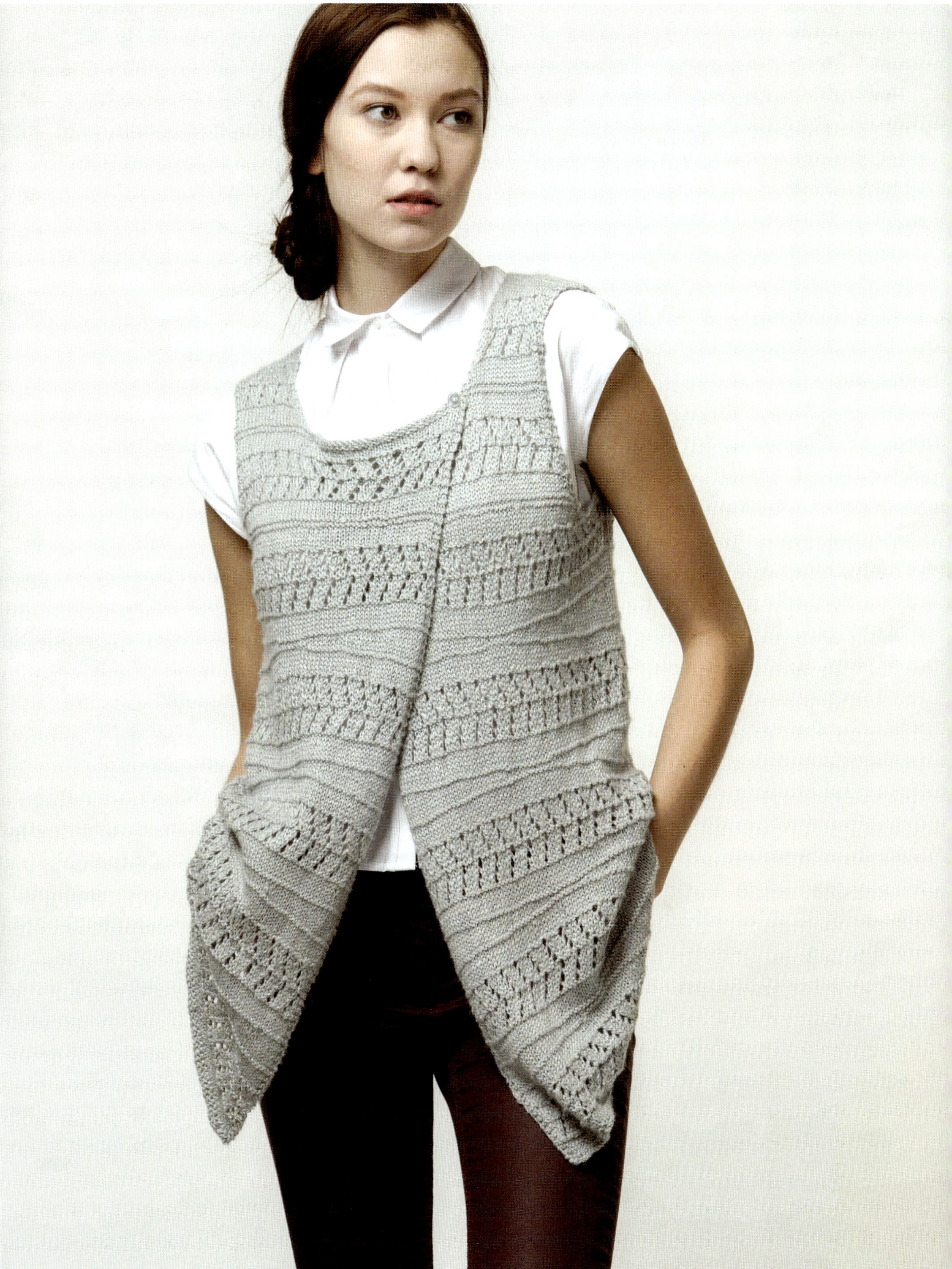

Asymmetrische WICKELWESTE

Diese lange, vorn übereinandergeschlagene Weste wird in einem Stück von oben nach unten gestrickt. In dem horizontalen Muster entstehen durch japanische verkürzte Reihen interessante Linien und ein zipfeliger Saum und auch die Schultern werden durch diese Technik geformt. Hals- und Armausschnitt werden gleichzeitig mit den Rumpfteilen fertig gestrickt, sodass zum Schluss oben nur noch zwei Knöpfe angenäht werden müssen.

FERTIGE GRÖSSE
Ca. 81,5 [92, 99, 110,5, 122] cm Brustumfang, berechnet aus doppelter Rückenbreite. Abgebildetes Modell: 92 cm.

GARN
Dünnes Garn [Sportweight, Stärke 2, Fine].

Abgebildetes Modell: HiKoo Rylie [50 % Babyalpaka, 25 % Maulbeerseide, 25 % Leinen; LL 274 yd/3½ oz [251 m/100 g], Farbe #89 Sea Glass, 4 [4, 5, 6, 6] Stränge.

STRICKNADELN
Rundstricknadel Nr. 3½, 80 cm lang. *Nadelstärke ggf. anpassen, um die Maschenzahl der Maschenprobe zu erreichen.*

SONSTIGES MATERIAL
2 Maschenmarkierer [MM], 2 entfernbare MM, Maschenhalter, Wollnadel, 2 Knöpfe [13 mm Ø], passendes Nähgarn und Nähnadel.

MASCHENPROBE
22 M und 28 R im Muster der Streifenfolge = 10 x 10 cm.

Anmerkungen

Die Rückenmaschen werden angeschlagen; verkürzte Reihen formen die Schultern. Im Ajourmuster wird bis zum unteren Armausschnitt gestrickt. Aus dem MA an den Schultern werden die Maschen für die Vorderteile aufgenommen, die dann mit verkürzten Reihen geformt und bis zum unteren Armausschnitt gestrickt werden, gleichzeitig mit Halsausschnitt und überlappenden Vorderkanten. Rücken- und Vorderteile werden verbunden und im Ajourmuster gestrickt; durch verkürzte Reihen werden sie an Seitennähten und vorderem Saum verlängert und zipfelig geformt.

Werden Hals- und Armausschnitt in Ajourmuster-Partien geformt, glatt re str, wo nicht genug M für eine Zunahme und parallele [musterbedingte] Abnahme vorhanden sind.

Muster und Techniken

1 M abh & Schl mark: 1 M li abh, MMs auf Arbeitsfaden, folgende Reihe stricken.

Streifenfolge

AJOURSTREIFEN [M-ZAHL TEILBAR DURCH 4 + 4]

1. R [Hin-R]: 2 M re, *U, 2 M re überz zusstr, 2 M re; ab * bis 2 M vor Ende wh, 2 M re.

2., 4., 8. u. 10. R [Rück-R]: 2 M re, li M bis 2 M vor Ende, 2 M re.

3. R: 2 M re, *1 M re, U, 2 M re überz zusstr, 1 M re; ab * bis 2 M vor Ende wh, 2 M re.

5. R: 2 M re, *2 M re, U, 2 M re überz zusstr; ab * bis 2 vor Ende wh, 2 M re.

6. R: re M.

7. R: 2 M re, *2 M re, 2 M re zus, U; ab * bis 2 M vor Ende wh, 2 M re.

9. R: 2 M re, *1 M re, 2 M re zus, U, 1 M re; ab * bis 2 M vor Ende wh, 2 M re.

11. R: 2 M re, *2 M re zus, U, 2 M re; ab * bis 2 M vor Ende wh, 2 M re.

12. R: re M.

GLATTER STREIFEN

1. R [Hin-R]: re M.

2. R [Rück-R]: 2 M re, li M bis 2 M vor Ende, 2 M re.

3. R: Wie 1. R.

4. R: Wie 2. R.

5. u. 6. R: re M.

KRAUS-RECHTS-STREIFEN

2 R re str.

Glatten Streifen 1x wh.

RÜCKENTEIL

Maschenanschlag: 72 (76, 80, 84, 88) M aufstricken (siehe Techniken).

ANF-R [RÜCK-R]: 20 (20, 24, 24, 24) M re, MMs, 32 (36, 32, 36, 40) M re, MMs und zusätzl. 1 offenen MM setzen (Markierung f. li Rand d. Halsausschnitts zum späteren Aufn der M an der li vord. Schulter), re M bis Ende.

Linke hintere Schulter

1. VERK. R [HIN-R]: re M bis 1. MM, wenden.

2. VERK. R [RÜCK-R]: 1 M abh & Schl mark, 6 (6, 7, 7, 7) M li, wenden.

3. VERK. R: 1 M abh & Schl mark, re M bis vorig. Wendepunkt, Schl und M re zusstr, wenden.

4. VERK. R: 1 M abh & Schl mark, li M bis vorig. Wendepunkt, Schl und M li zusstr, 6 (6, 7, 7, 7) M li, wenden.

5. VERK. R: 1 M abh & Schl mark, re M bis vorig. Wendepunkt, Schl und M re zusstr, wenden.

6. VERK. R: 1 M abh & Schl mark, li M bis vorig. Wendepunkt, Schl und M li zusstr, li M bis 2 M vor Ende, 2 M re.

Rechte hintere Schulter

1. VERK. R [HIN-R]: re M bis vorig. Wendepunkt, Schl und M re zusstr, re M bis MM, MM abh, 7 (7, 8, 8, 8) M re, wenden.

2. VERK. R [RÜCK-R]: 1 M abh & Schl mark, li M bis MM, wenden.

3. VERK. R: 1 M abh & Schl mark, re M bis vorig. Wendepunkt, Schl und M re zusstr, 6 (6, 7, 7, 7) M re, wenden.

4. VERK. R: 1 M abh & Schl mark, li M bis vorig. Wendepunkt, Schl und M li zusstr, wenden.

5. VERK. R: re M bis vorig. Wendepunkt, Schl und M re zusstr, re M bis Ende.

6. VERK. R: 2 M re, li M bis vorig. Wendepunkt, Schl und M li zusstr, wenden.

7. VERK. R: 1 M abh & Schl mark, re M bis Ende.

FOLG. R [RÜCK-R]: re M bis vorig. Wendepunkt, Schl und M re zusstr, re M bis Ende.

34 (38, 42, 42, 42) R in der Streifenfolge str (Ajour-, glatter, Kraus-rechts- und glatter Streifen), bis das Teil ab MA 14,5 (16, 17, 17,

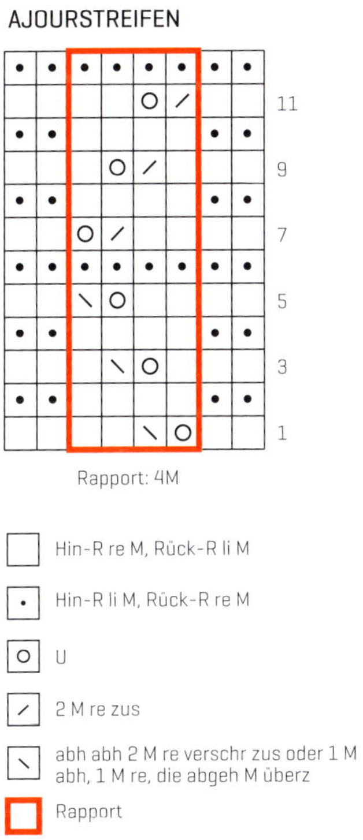

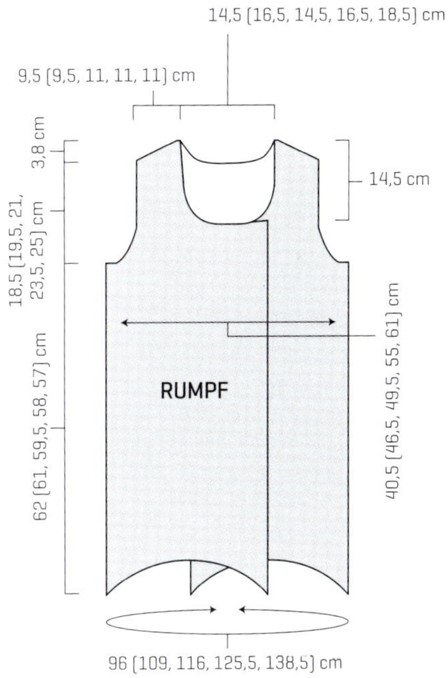

17) cm misst (an der Kante des Armausschnitts gemessen).

Armausschnitt

ZUNAHME-R (HIN-R): 2 M re, 1 re M zun (re), im Muster bis 2 M vor Ende str, 1 re M zun (li), 2 M re – 2 M zugen.

Zunahme-R noch 2x (2x, 2x, 3x, 3x) in jeder 2. R wh, mit Rück-R enden, dann noch 4x (4x, 4x, 6x, 8x) in jeder R wh; dabei, wenn die Zunahme-R eine li Rück-R ist, 1 re M zun (re) und 1 re M zun (li) durch 1 li M zun (re) und 1 li M zun (li) ersetzen – 86 (90, 94, 104, 112) M.

Garn abschneiden, Rücken-M auf Halter stilllegen.

VORDERTEIL

Rechte vordere Schulter

1. R: Die rechte Seite liegt oben, MA an der Oberkante. An re Schulterkante anf, 20 (20, 24, 24, 24) M aus dem MA aufn und re str. wenden.

2. VERK. R (RÜCK-R): 2 M re, 5 (5, 6, 6, 6) M li, wenden.

3. VERK. R (HIN-R): 1 M abh & Schl mark, re M bis Ende.

4. VERK. R: 2 M re, li M bis vorig. Wendepunkt, Schl und M li zusstr, 6 (6, 7, 7, 7) M li, wenden.

5. VERK. R: 1 M abh & Schl mark, re M bis Ende.

6. R: 2 M re, li M bis vorig. Wendepunkt, Schl und M li zusstr, li M bis 2 M vor Ende, 2 M re.

7. R: re M bis Ende.

FOLG. R (RÜCK-R): re M bis Ende.

Über die 12 folg. R den Ajourstreifen str.

Rechter Halsausschnitt (glatter Streifen)

1. R (HIN-R): re M bis 2 M vor Ende, 1 re M zun (li), 2 M re – 1 M zugen.

2. R (RÜCK-R): 2 M re, li M bis 2 M vor Ende, 2 M re.

3. R: wie 1. R – 1 M zugen.

4. R: wie 2. R.

5. R: wie 1. R – 1 M zugen.

6. R: MMs und 29 (33, 33, 33, 37) M aufstricken; re M bis Ende – 52 (56, 60, 60, 64) M.

FOLG. R (HIN-R, MIT KNOPFLÖCHERN): re M bis MM, U, 2 M re zus, re M bis 4 M vor Ende, U, 2 M re zus, 2 M re.

FOLG. R (RÜCK-R): re M.

Über die folg. 6 R den glatten Streifen str (ohne verk. R).

Noch 8 (12, 16, 16, 16) R in der Streifenfolge arb (Ajour-, glatter, Kraus-rechts- und glatter Streifen), bis das Teil ab MA 14,5 (16, 17, 17, 17) cm misst (an der Kante des Armausschnitts gemessen).

Rechter Armausschnitt

ZUNAHME-R (HIN-R): 2 M re, 1 re M zun (re), im Muster bis Ende str – 1 M zugen.

Zunahme-R noch 2x (2x, 2x, 3x, 3x) in jeder 2. R wh, mit Rück-R enden.

ZUNAHME-R (HIN-R): 2 M re, 1 re M zun (re), im Muster bis Ende str – 1 M zugen.

ZUNAHME-R (RÜCK-R): Im Muster bis 2 M vor Ende str, 1 re M zun (li), 2 M re – 1 M zugen.

Zunahme-R (Hin- und Rück-R) noch 1x (1x, 1x, 2x 3x) wh; dabei, wenn die Zunahme-R eine li Rück-R ist, 1 re M zun (re) und 1 re M zun (li) durch 1 li M zun (re) und 1 li M zun (li) ersetzen – 59 (63, 67, 70, 76) M.

Garn abschneiden, M der rechten vorderen Schulter auf Halter stilllegen.

Linke vordere Schulter

1. R: Die rechte Seite liegt oben, MA an der Oberkante. Am off. MM an li Halsausschnitt anf, 20 (20, 24, 24, 24) M aus dem MA aufn und re str, wenden.

2. R (RÜCK-R): 2 M re, li M bis 2 M vor Ende, 2 M re.

3. VERK. R (HIN-R): 7 (7, 8, 8, 8) M re, wenden.

4. VERK. R: 1 M abh & Schl mark, li M bis 2 M vor Ende, 2 M re.

5. VERK. R: re M bis vorig. Wendepunkt, Schl und M re zusstr, 6 (6, 7, 7, 7) M re, wenden.

6. VERK. R: 1 M abh & Schl mark, li M bis 2 M vor Ende, 2 M re.

7. R: re M bis vorig. Wendepunkt, Schl und M re zusstr, re M bis Ende.

FOLG. R (RÜCK-R): re M bis Ende.

Über die folg. 12 R den Ajourstreifen str.

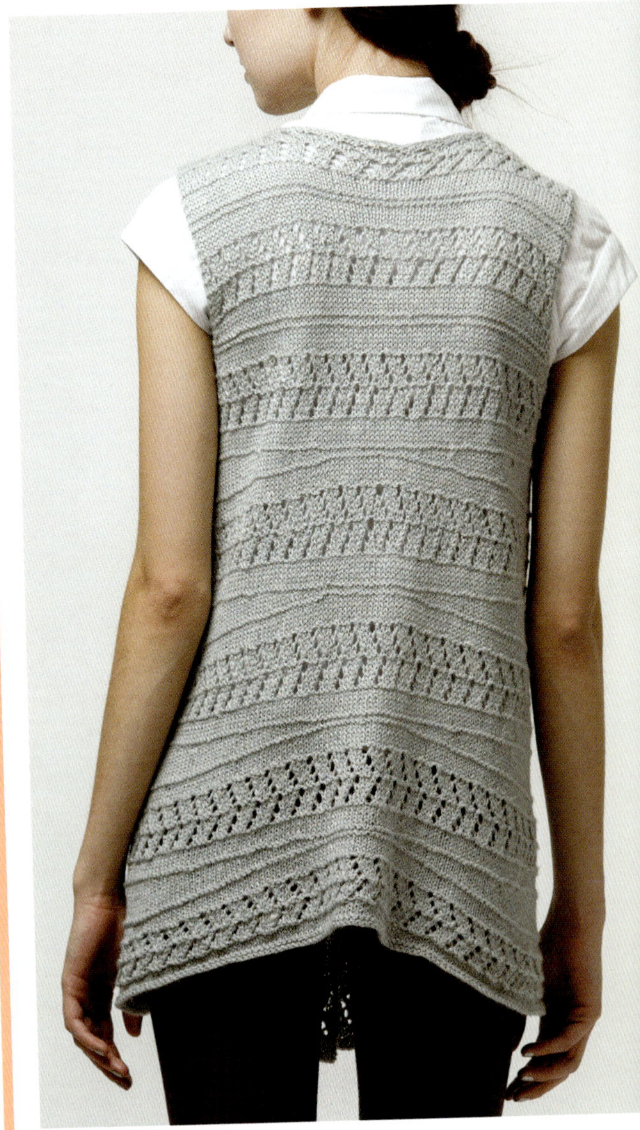

Linker Halsausschnitt (glatter Streifen)

1. R (HIN-R): 2 M re, 1 re M zun (re), re M bis Ende – 1 M zugen.

2. R (RÜCK-R): 2 M re, li M bis 2 M vor Ende, 2 M re.

3. R: wie 1. R – 1 M zugen.

4. R: wie 2. R.

5. R: MMs und 29 (33, 33, 33, 37) M aufstricken; re M bis MM, 2 M re, 1 re M zun (re), re M bis Ende.

6. R: re M, dabei MM entf – 52 (56, 60, 60, 64) M.

Über die folg. 2 R Kraus-rechts-Streifen str.

Über die folg. 6 R den glatten Streifen str (ohne verk. R).

Noch 8 (12, 16, 16, 16) R in der Streifenfolge str (Ajour-, glatter, Kraus-rechts- und glatter Streifen), bis das Teil ab MA 14,5 (16, 17, 17, 17) cm misst (an der Kante des Armausschnitts gemessen).

Linker Armausschnitt

ZUNAHME-R: Im Muster bis 2 M vor Ende str, 1 re M zun (li), 2 M re – 1 M zugen.

Zunahme-R noch 2x (2x, 2x, 3x, 3x) in jeder 2. R wh, mit Rück-R enden.

ZUNAHME-R (HIN-R): Im Muster bis 2 M vor Ende str, 1 re M zun (li), 2 M re – 1 M zugen.

ZUNAHME-R (RÜCK-R): 2 M re, 1 re M zun (re), im Muster bis Ende str – 1 M zugen.

Zunahme-R (Hin- und Rück-R) noch 1x (1x, 1x, 2x, 3x) wh; dabei, wenn die Zunahme-R eine li Rück-R ist, 1 re M zun (re) und 1 re M zun (li) durch 1 li M zun (re) und 1 li M zun (li) ersetzen – 59 (63, 67, 70, 76) M.

Garn nicht abschneiden.

VORDER- UND RÜCKENTEIL VERBINDEN

FOLG. R (HIN-R): M des li Vorderteils im Muster str, 1 (5, 5, 6, 8) M anschl (Daumenanschlag); MMs für Seitennaht, 1 (5, 7, 8, 10) M anschl (Daumenanschlag), Rücken-M im Muster str, 1 (5, 7, 8, 10) M anschl (Daumenanschlag), MMs für Seitennaht, 1 (5, 5, 6, 8) M anschl (Daumenanschlag), im Muster bis Ende str – 208 (236, 252, 272, 300) M.

Den übrigen Rumpf bis zum Saum in der Streifenfolge wie bisher arbeiten (Ajour-, glatter, Kraus-rechts- und glatter Streifen), dabei jedoch den Kraus-rechts-Streifen mit verkürzten Reihen stricken wie folgt:

Kraus-rechts-Streifen mit verkürzten Reihen

1. VERK. R (HIN-R): 10 M re, wenden.

2. VERK. R (RÜCK-R): 1 M abh & Schl mark, li M bis 2 M vor Ende, 2 M re.

3. VERK. R: re M bis vorig. Wendepunkt, Schl und M re zusstr, 9 M re, wenden.

4. VERK. R: 1 M abh & Schl mark, li M bis 2 M vor Ende, 2 M re.

5. VERK. R: re M bis vorig. Wendepunkt, Schl und M re zusstr, 9 M re, wenden.

6. VERK. R: 1 M abh & Schl mark, li M bis 2 M vor Ende, 2 M re.

7. VERK. R: re M bis 8 M nach 1. MM, wenden.

8. VERK. R: 1 M abh & Schl mark, li M bis 6 M nach MM, wenden.

9. VERK. R: 1 M abh & Schl mark, re M bis vorig. Wendepunkt, Schl und M re zusstr, 7 M re, wenden.

10. VERK. R: 1 M abh & Schl mark, li M bis vorig. Wendepunkt, Schl und M li zusstr, 5 M li, wenden.

9. und 10. verk. R noch 3x wh.

11. VERK. R: re M bis vorig. Wendepunkt, Schl und M re zusstr, re M bis 6 M nach 2. MM, wenden.

12. VERK. R: 1 M abh & Schl mark, li M bis 8 M nach MM, wenden.

13. VERK. R: 1 M abh & Schl mark, re M bis vorig. Wendepunkt, Schl und M re zusstr, 5 M re, wenden.

14. VERK. R: 1 M abh & Schl mark, li M bis vorig. Wendepunkt, Schl und M li zusstr, 7 M li, wenden.

13. und 14. verk. R noch 3x wh.

15. VERK. R: re M bis vorig. Wendepunkt, Schl und M re zusstr, re M bis Ende.

16. VERK. R: 2 M re, 8 M li, wenden.

17. VERK. R: 1 M abh & Schl mark, re M bis Ende.

18. VERK. R: 2 M re, li M bis vorig. Wendepunkt, Schl und M li zusstr, 9 M li, wenden.

19. VERK. R: 1 M abh & Schl mark, re M bis Ende.

20. VERK. R: 2 M re, li M bis vorig. Wendepunkt, Schl und M li zusstr, 9 M li, wenden.

21. VERK. R: 1 M abh & Schl mark, re M bis Ende.

1 R re str, dabei übrige Schl mit M re zusstr.

Streifenfolge mit verkürzten Reihen 4x stricken, dann Ajourstreifen und glatten Streifen noch 1x wh.

1 R re str.

In Rück-R alle M re abketten.

FERTIGSTELLUNG

Fäden vernähen, Weste spannen. Knöpfe passend zu den Knopflöchern am Halsausschnitt des linken Vorderteils annähen (je 1 Knopf an beiden Enden des MA am Hals des li Vorderteils).

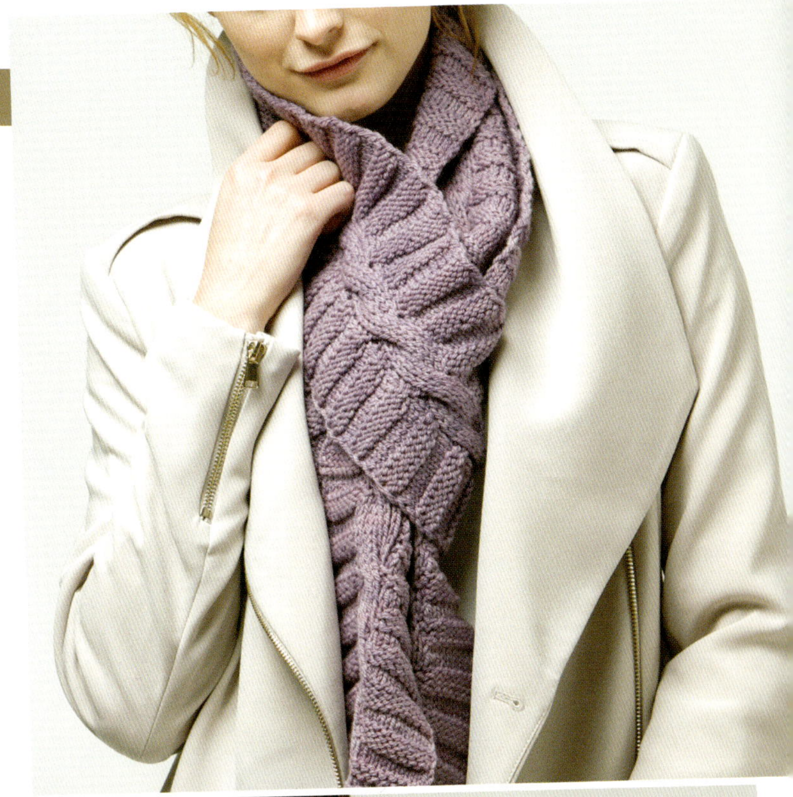

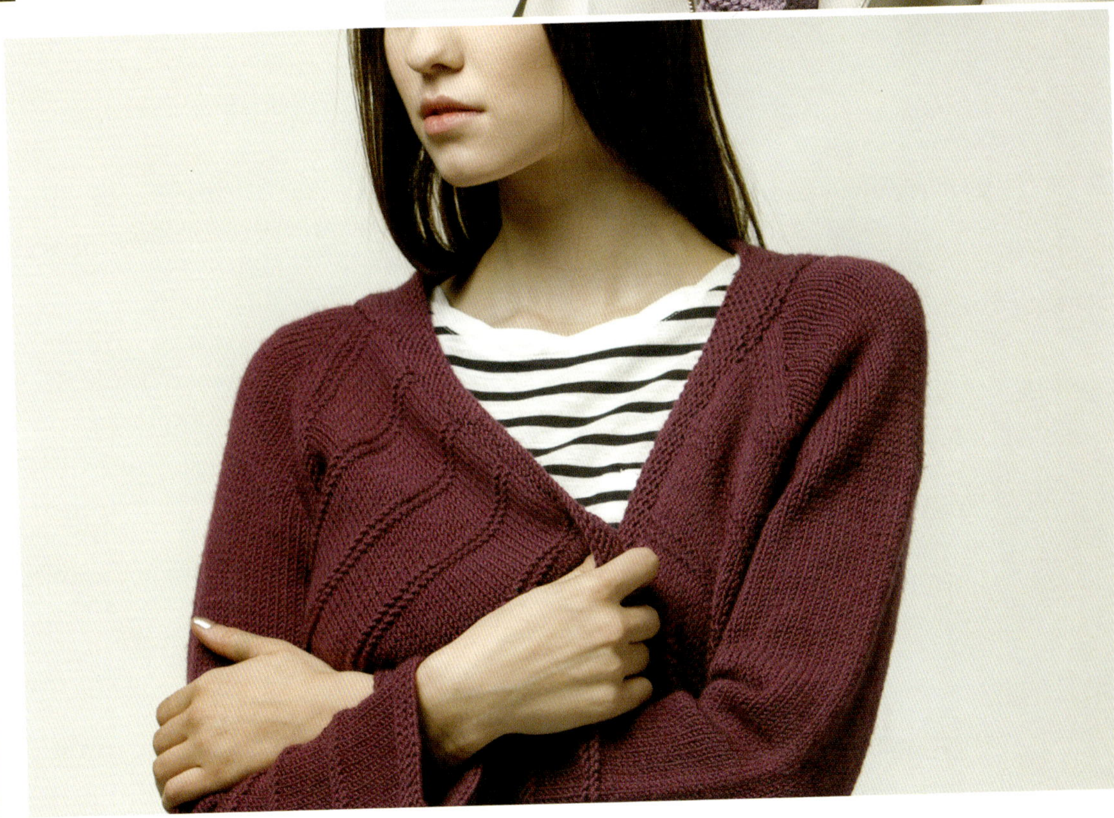

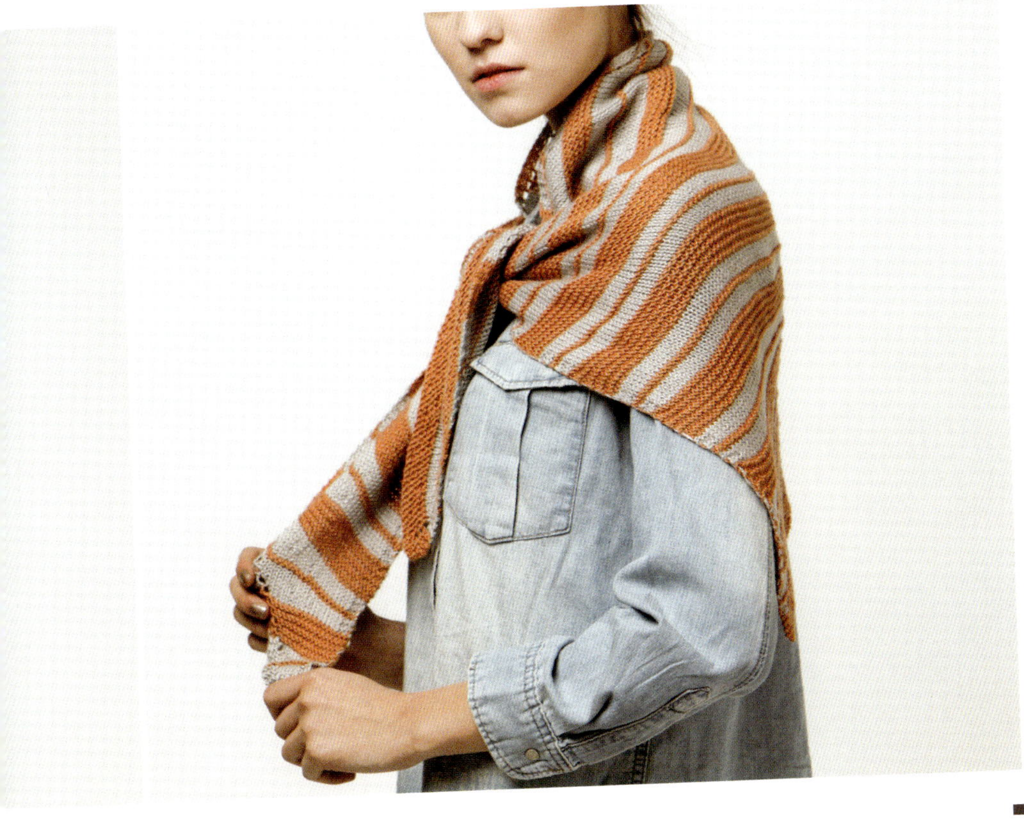

Kapitel 5

METHODE MIT SHADOW WRAPS

Mit der ganz einfachen Shadow-Wrap-Methode („Schatten-Wickelmaschen") können verkürzte Reihen glatt rechts sowohl in Reihen als auch in Runden gestrickt werden. Sie eignet sich auch für Rippenmuster (Bündchen) oder Muster mit ähnlichen übereinanderfolgenden Maschen. Es wird bis zum gewünschten Wendepunkt gestrickt, dann wird vor dem Wenden aus der Masche unterhalb der folgenden Masche eine Art Doppelmasche herausgestrickt. In diesem Buch wird für Shadow-Wrap-Maschen und anschließendes Wenden die Abkürzung „ShW&w" verwendet. In einer folgenden Reihe werden die Shadow Wraps zusammengestrickt, um den Wendepunkt zu kaschieren.

SHADOW WRAPS AN RECHTEN REIHEN

1 Bis zum Wendepunkt rechts stricken. Wie zum Rechtsstricken unter das vordere Glied der Masche unterhalb der nächsten Masche einstechen und rechts stricken; so entsteht eine Art Doppelmasche aus der Masche auf der linken Nadel (**Abb. 1**). Bei Schwierigkeiten beim Einstechen können Sie das vordere Maschenglied auch mit der rechten Nadel unverschränkt auf die linke Nadel heben und dann rechts abstricken.

2 Die neue Schlinge unverschränkt auf die linke Nadel heben (**Abb. 2**).

3 Die Arbeit wenden und die nächste Reihe stricken. Glatt rechts: Faden vorn lassen und die nächste Reihe links stricken (**Abb. 3**). Kraus rechts: Faden nach hinten legen und die nächste Reihe rechts stricken.

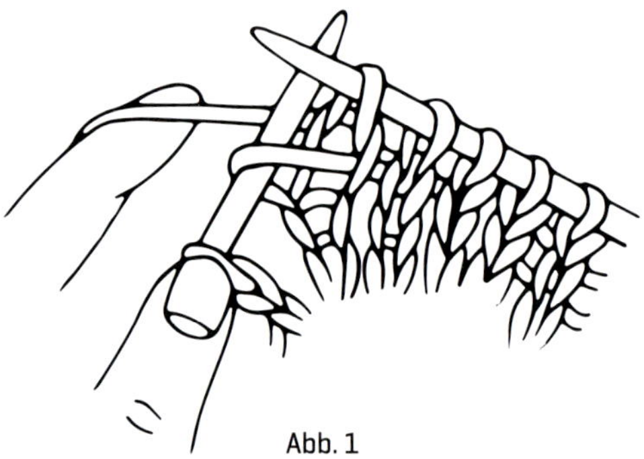

Abb. 1

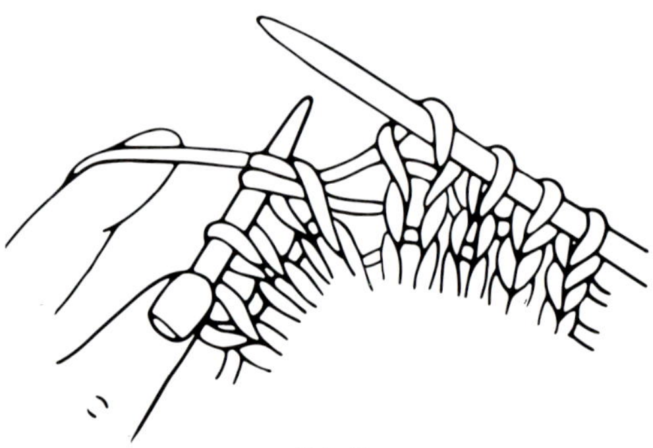

Abb. 2

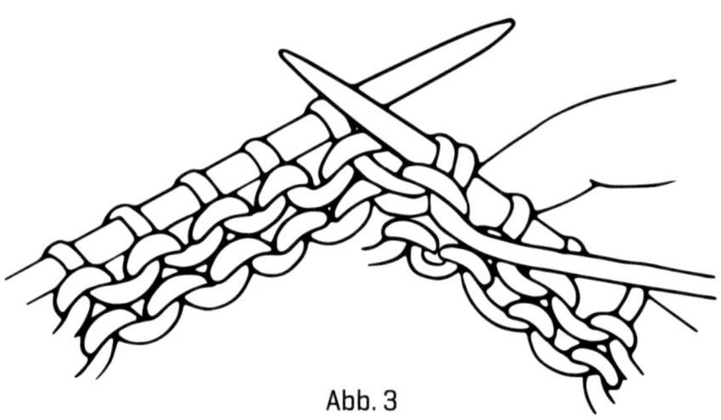

Abb. 3

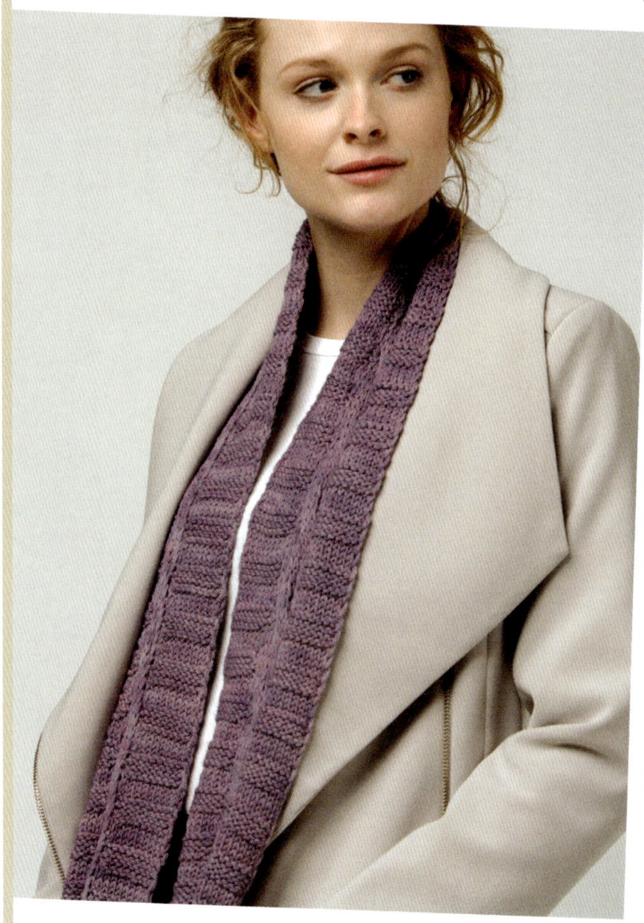

SHADOW WRAPS AN LINKEN REIHEN

1 Bis zum Wendepunkt links stricken. Die nächste Masche links abheben, mit der linken Nadel in die Masche unter der abgehobenen Masche einstechen und sie auf die linke Nadel heben **(Abb. 1)**.

2 Aus dieser Masche eine linke Masche herausstricken; es entsteht eine Doppelmasche aus der Masche auf der rechten Nadel **(Abb. 2)**.

3 Beide Schlingen der Doppelmasche auf die linke Nadel heben **(Abb. 3)**.

4 Die Arbeit wenden und die nächste Reihe stricken. Glatt rechts: Faden hinten lassen und die nächste Reihe rechts stricken **(Abb. 4)**. Kraus rechts: Jede Reihe wird rechts gestrickt, daher die Anleitung für Shadow Wraps an rechten Reihen befolgen.

Durch jede Doppelmasche entsteht eine Extraschlinge auf der Nadel, die für die korrekte Maschenzahl wieder entfernt werden muss. In der nächsten Reihe die zweite Schlinge einfach mit der dazugehörigen Masche zusammenstricken.

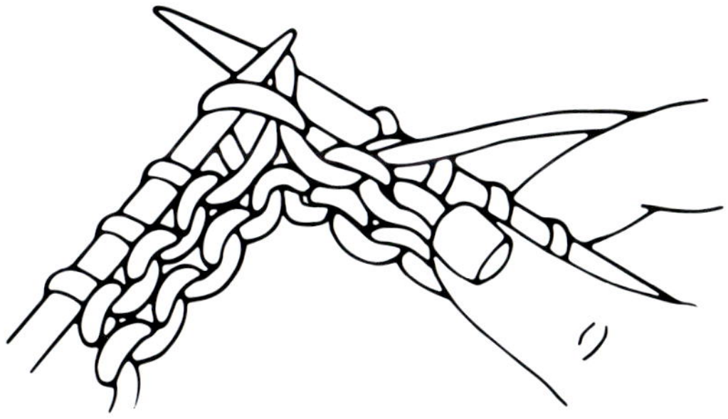

Abb. 1

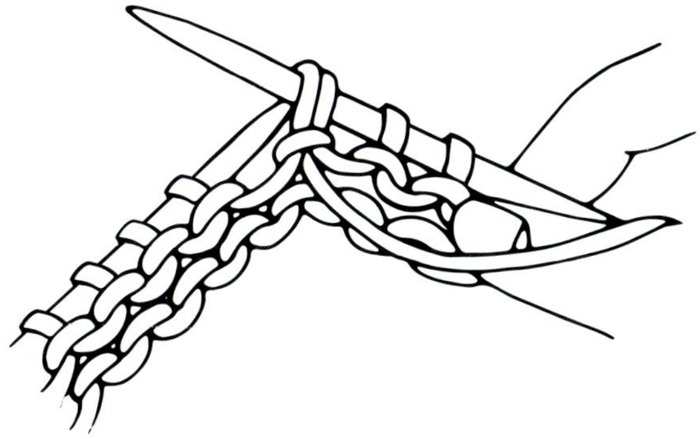

Abb. 2

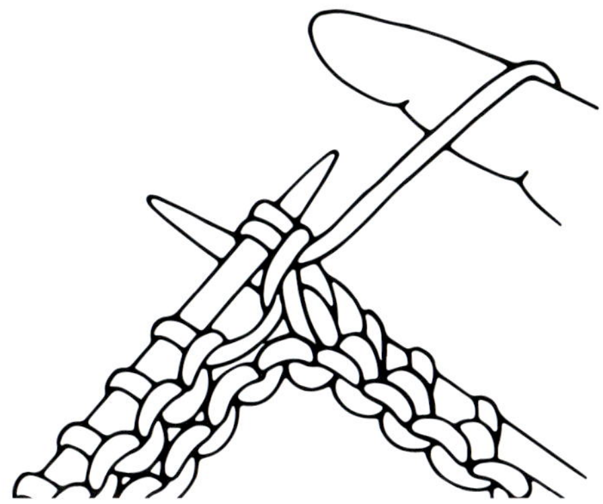

Abb. 3

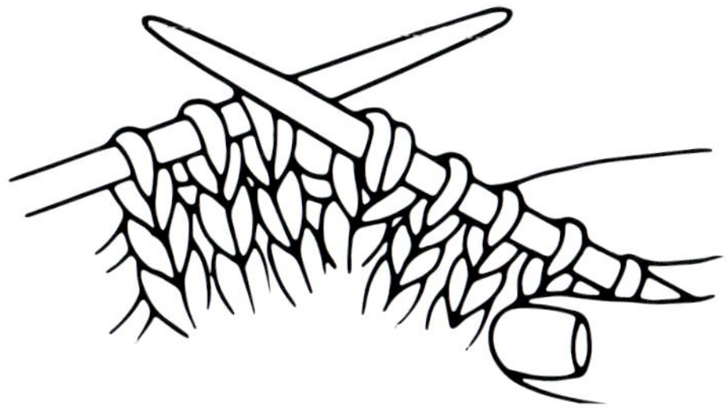

Abb. 4

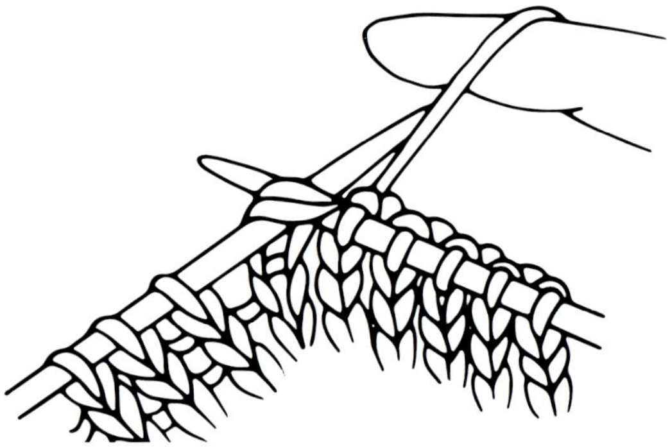

Abb. 1

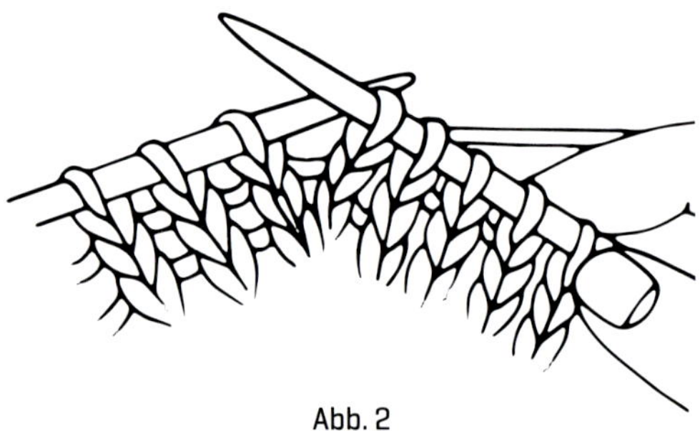

Abb. 2

SHADOW WRAPS ABSTRICKEN AN RECHTEN REIHEN

1 Bis zur Doppelmasche rechts stricken und wie zum Rechtsstricken in beide Schlingen einstechen (Abb. 1).

2 Beide Schlingen rechts zusammenstricken (Abb. 2).

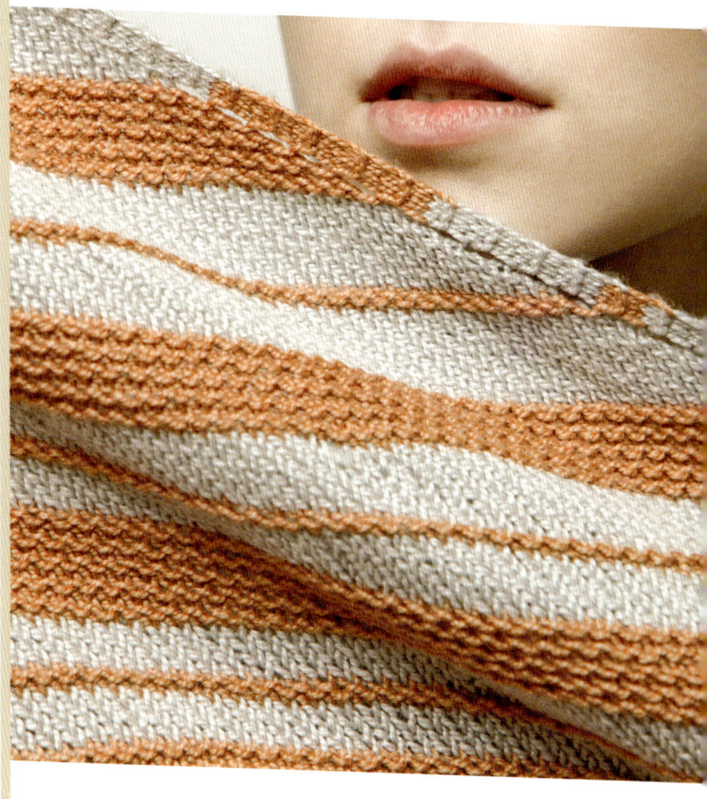

SHADOW WRAPS ABSTRICKEN AN LINKEN REIHEN

1 Bis zur Doppelmasche links stricken und wie zum Linksstricken in beide Schlingen einstechen (Abb. 1).

2 Beide Schlingen links zusammenstricken (Abb. 2).

Die Shadow-Wrap-Methode ist ganz einfach; sowohl das Herausstricken der Extraschlinge als auch das Zusammenstricken mit der zugehörigen Masche ist leicht. Vor allem auf der links gestrickten Seite ist die Extraschlinge beim Zusammenstricken gut zu sehen; auf der rechts gestrickten Seite können die Schlingen etwas weiter auseinander erscheinen – einfach in der nächsttieferen Reihe schauen, aus welcher Masche zwei Schlingen kommen.

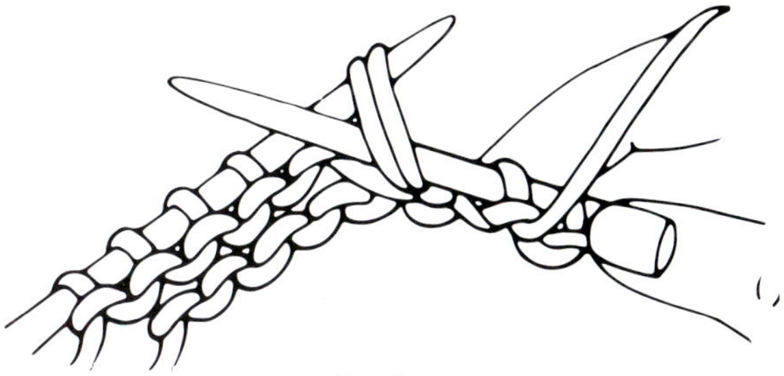

Abb. 1

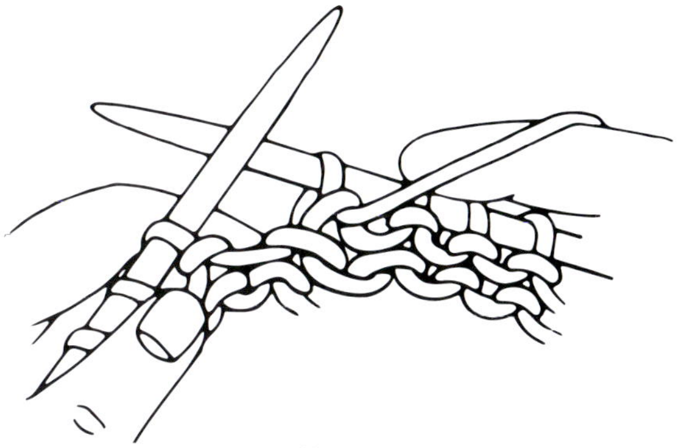

Abb. 2

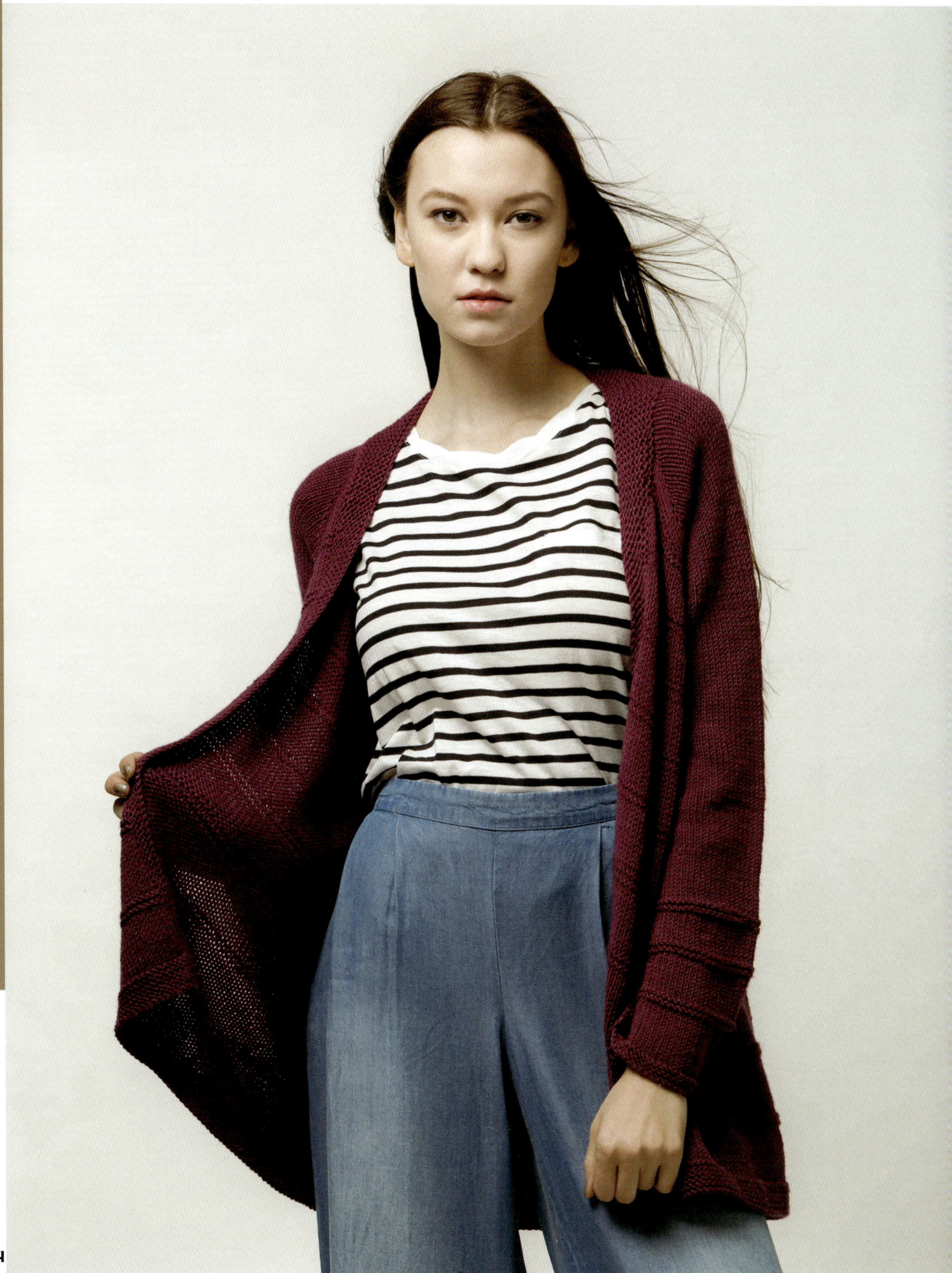

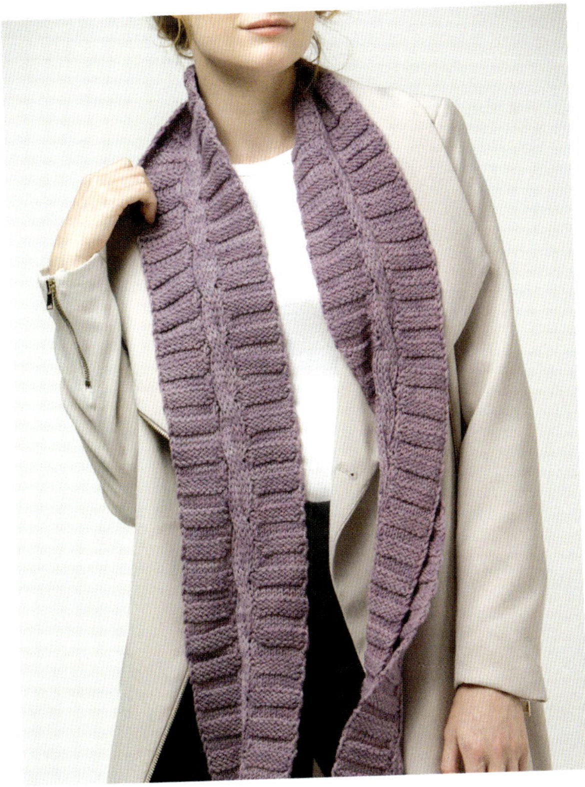

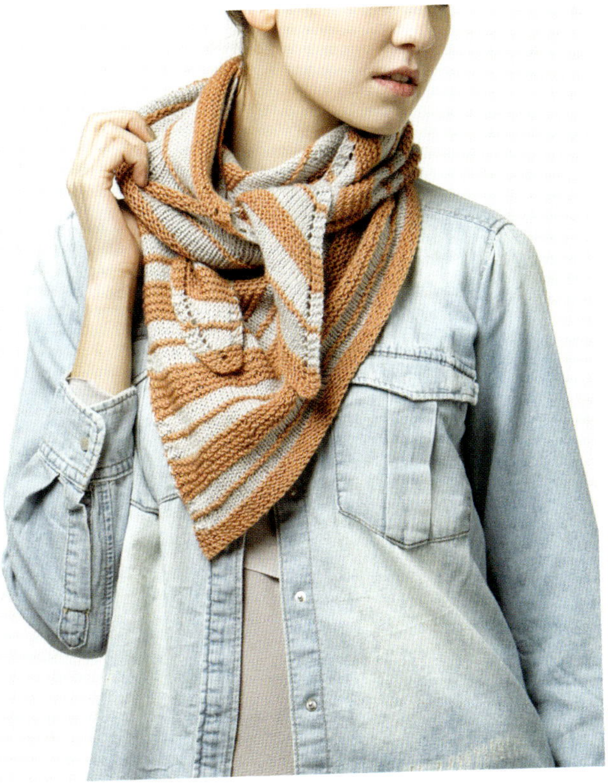

BESONDERHEITEN

Shadow Wraps sehen auf der rechten Seite glatt rechts gestrickter Arbeiten tadellos aus und eignen sich auch für die links gestrickte Seite (oft abhängig von Garnart und verwendeter Nadelstärke). Sie sind leicht zu stricken und können ohne Abwandlungen auch an glatt rechts in Runden gestrickten Arbeiten eingesetzt werden.

Da bei dieser Methode am Wendepunkt eine Masche aus einer Masche der nächsttieferen Reihe herausgestrickt wird, verzieht sich diese Masche durch das untypische Einstechen zwangsläufig ein wenig. Glatt rechts fällt dies kaum auf außer bei extradickem oder sehr festem Garn. Kraus rechts fallen die Shadow Wraps zwischen den abwechselnd rechts und links erscheinenden Reihen mehr auf.

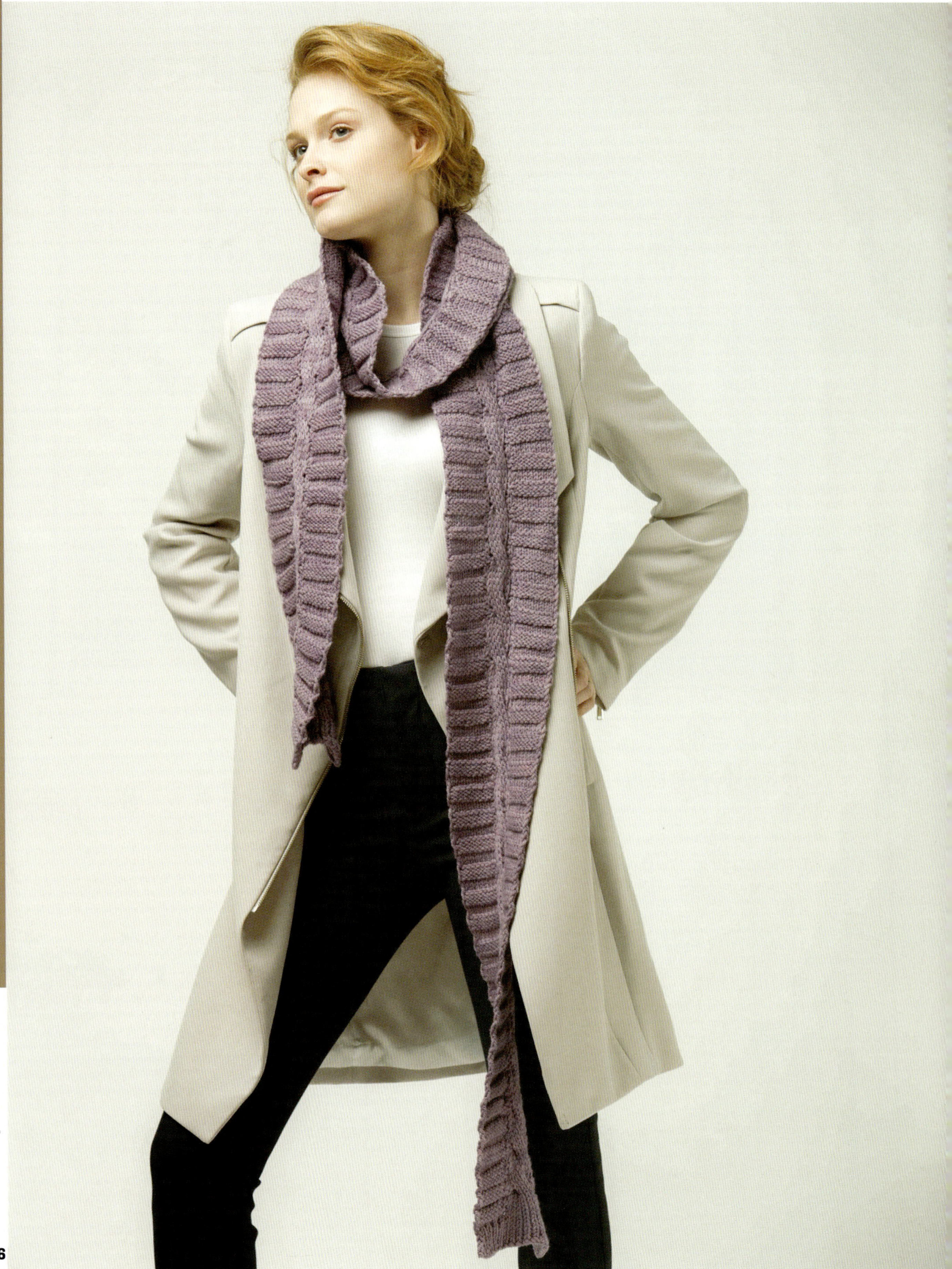

SCHAL MIT Rippen und Zopf

Durch schlichte rechte und linke Maschen und verkürzte Reihen mit Shadow Wraps entstehen die plastischen Rippen dieses Schals, die rechts und links entlang eines Rippenzopfs verlaufen. Der Schal ist beidseitig tragbar.

FERTIGE GRÖSSE
Ca. 218 cm lang und 15 cm breit.

GARN
Mitteldickes Garn (Aran/Worsted, Stärke 4, Medium).

Abgebildetes Modell: Swans Island Natural Colors Merino Worsted (100 % Merinowolle; LL 250 yd/3½ oz (229 m/100 g), Farbe Vintage Lilac, 2 Stränge.

STRICKNADELN
1 Paar Stricknadeln Nr. 5.
Nadelstärke ggf. anpassen, um die Maschenzahl der Maschenprobe zu erreichen.

SONSTIGES MATERIAL
2 Maschenmarkierer (MM, fakultativ), Zopfnadel (Zn), Wollnadel.

MASCHENPROBE
18 M und 24 R in glatt rechts = 10 x 10 cm.

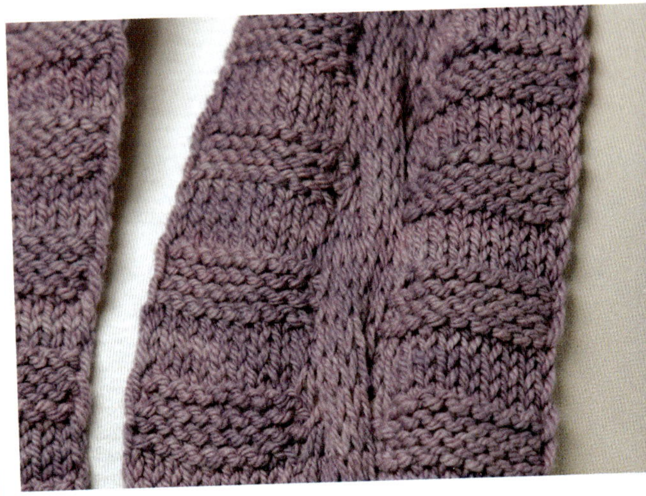

Anmerkungen

Für eine saubere Kante habe ich die erste Masche jeder Reihe abgehoben. Dazu die Maschen abheben, wie sie erscheinen: Rechte Maschen rechts abheben (Faden hinten), linke Maschen links (Faden vorn). Faden dann in die benötigte Position bringen.

Muster und Techniken

ShW&w (an rechten Reihen): Shadow Wrap arbeiten und wenden – in das vordere Glied der M unterhalb der nächsten M einstechen, re str und die Schlinge auf die li Nadel heben, wenden.

ShW&w (an linken Reihen): Shadow Wrap arbeiten und wenden – 1 M li abh, mit der li Nadel in die M unter der abgehobenen M stechen und li str, beide M zurück auf li Nadel heben, wenden.

12 M nach li verkr: 6 M auf Zn vor die Arbeit legen, 3x [1 M re, 1 M li], dann die 6 M der Zn 3x [1 M re, 1 M li].

1-RE-1-LI-RIPPENMUSTER (in Reihen, M-Zahl teilbar durch 2)

1. R: 1 M re abh (Fh), [1 M li, 1 M re] bis End-M, 1 M li.

Für das Muster die 1. R fortlfd. wh.

ZOPF (über 12 M)

1.-4. R: 3x [1 M re, 1 M li]

5. R (Hin-R): 12 M nach li verkr.

6.-8. R: 3x [1 M re, 1 M li].

SCHAL

Maschenanschlag: 32 M umgekehrt aufstricken (siehe Techniken).

6 R im 1-re-1-li-Rippenmuster str, nach Wunsch nach den ersten 10 M und vor den letzten 10 M der letzten Rippen-R MMs.

1. VERK. R: 1 M re abh (Fh), 8 M li, ShW&w.

2. VERK. R: re M bis Ende.

3. R: 1 M li abh (Fv), li M bis ShW, ShW und M li zusstr, 6x [1 M re, 1 M li], li M bis Ende.

4. VERK. R: 1 M re abh (Fh), 8 M re, ShW&w.

5. VERK. R: li M bis Ende.

6. R: 1 M re abh (Fh), re M bis ShW, ShW und M re zusstr, 6x [1 M re, 1 M li], re M bis Ende.

7. VERK. R: 1 M li abh (Fv), 8 M re, ShW&w.

8. VERK. R: li M bis Ende.

9. R: 1 M re abh (Fh), re M bis ShW, ShW und M re zusstr, 6x [1 M re, 1M li], re M bis Ende.

10. VERK. R: 1 M li abh (Fv), 8 M li, ShW&w.

11. VERK. R: re M bis Ende.

12. R: 1 M li abh (Fv), li M bis ShW, ShW und M li zusstr, 6x [1 M re, 1 M li], li M bis Ende.

13. VERK. R: 1 M re abh (Fh), 8 M li, ShW&w.

14. R: re M bis Ende.

15. R: 1 M li abh (Fv), li M bis ShW, ShW und M li zusstr, 12 M nach li verkr, li M bis Ende.

16. VERK. R: 1 M re abh (Fh), 8 M re, ShW&w.

17. VERK. R: li M bis Ende.

18. R: 1 M re abh (Fh), re M bis ShW, ShW und M re zusstr, 6x [1 M re, 1 M li], re M bis Ende.

19. VERK. R: 1 M li abh (Fv), 8 M re, ShW&w.

20. VERK. R: li M bis Ende.

21. R: 1 M re abh (Fh), re M bis ShW, ShW und M re zusstr, 6x [1 M re, 1 M li], re M bis Ende.

22. VERK. R: 1 M li abh (Fv), 8 M li, ShW&w.

23. VERK. R: re M bis Ende.

24. R: 1 M li abh (Fv), li M bis ShW, ShW und M li zusstr, 6x [1 M re, 1 M li], li M bis Ende.

DIESE 24 R NOCH 45x ODER BIS ZUR GEWÜNSCHTEN LÄNGE WH, DANN 1.–6. R NOCH 1x WH.

FOLG. R: 1 M li abh (Fv), [1 M li, 1 M re] bis End-M, 1 M li.

Noch 5 R im 1-re-1-li-Rippenmuster str.

Alle M im Rippenmuster abketten.

FERTIGSTELLUNG

Fäden vernähen.

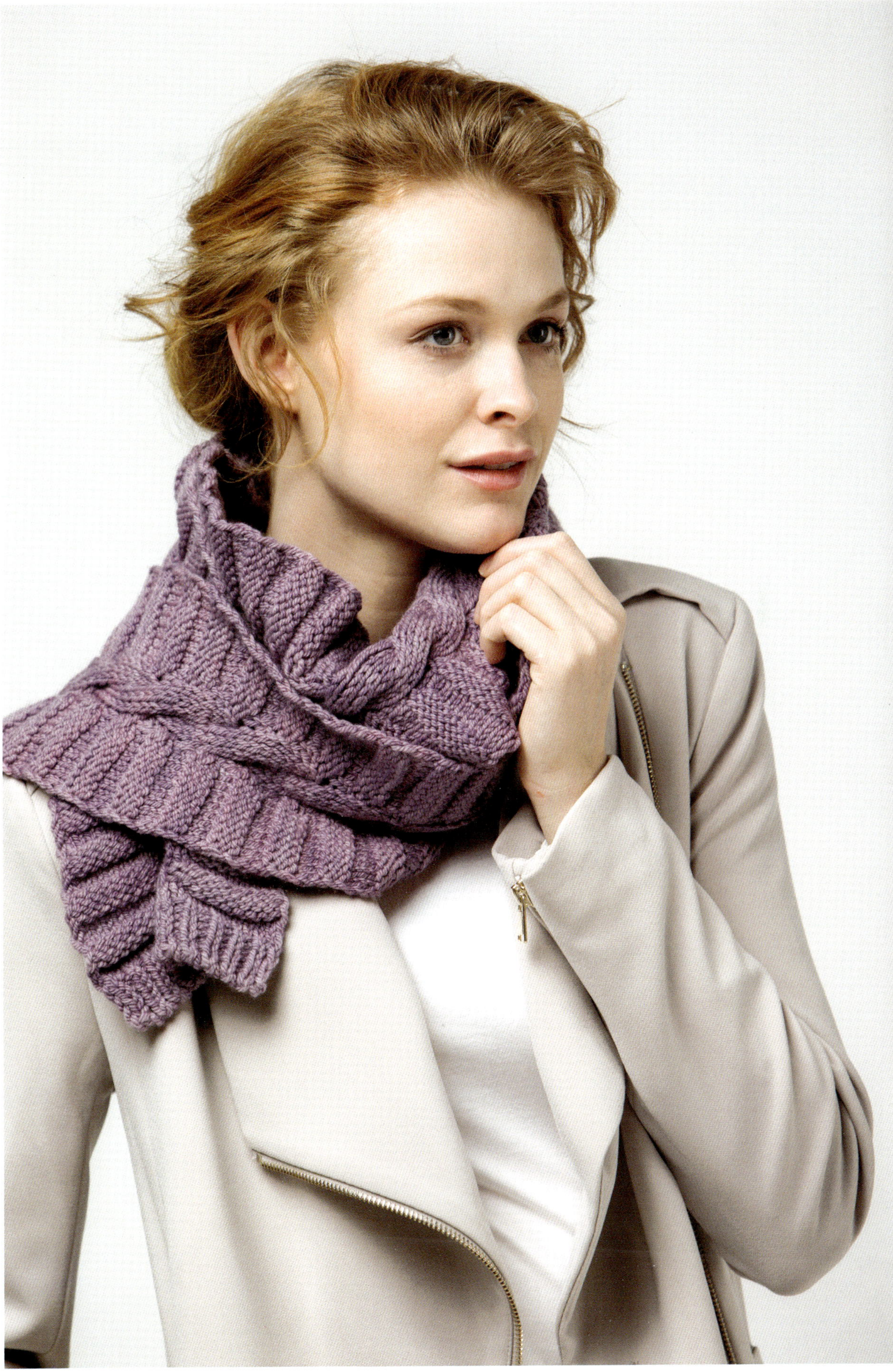

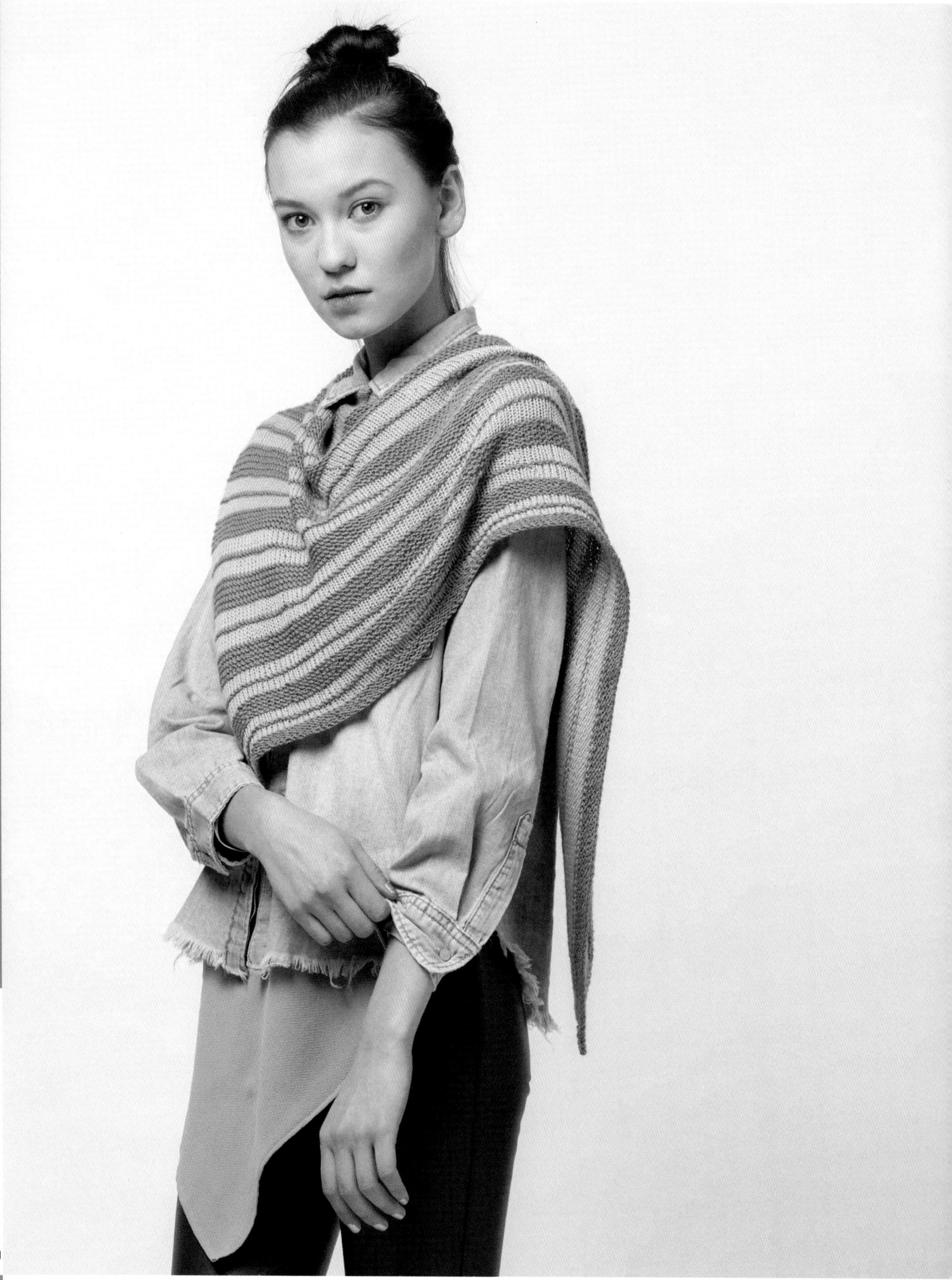

SCHULTERTUCH MIT **Streifenmuster**

Dieses asymmetrische, seitlich gestrickte Schultertuch hat Kraus-rechts-Rippen in zwei Breiten, dazwischen dezente Glatt-rechts-Rippen, die in den Linksreihen mit Shadow Wraps gearbeitet werden.

FERTIGE GRÖSSE
Ca. 178 cm breit und 56 cm hoch.

GARN
Sehr dünnes Garn (Fingering, Stärke 1, Super Fine).

Abgebildetes Modell: Shibui Staccato (70 % Superwash Merinowolle, 30 % Seide; LL 191 yd/1¾ oz [175 m/50 g]), Farbe Clay (HF) und Ash (KF), je 2 Stränge.

STRICKNADELN
Rundstricknadeln Nr. 4, 80 cm lang. *Nadelstärke ggf. anpassen, um die Maschenzahl der Maschenprobe zu erreichen.*

SONSTIGES MATERIAL
Wollnadel.

MASCHENPROBE
16 M und 32 R in kraus rechts = 10 x 10 cm.

Anmerkungen

Die Tabelle gibt unter x und y für jede weitere Wh die Anzahl der Maschen an, die bis zum Wendepunkt der verkürzten Reihen gestrickt werden.

Rippe	x	y	M-Zahl am Rippenende
1	2	4	16
2	6	10	29
3	10	16	42
4	14	22	55
5	18	28	68
6	22	34	81
7	26	40	94
8	30	46	107
9	34	52	120
10	38	58	133
11	42	64	146
12	46	70	159
13	50	76	172

Das Garn braucht nicht abgeschnitten zu werden; die jeweils nicht verwendete Farbe seitlich mitführen und zu Beginn jeder Hin-R mit der verwendeten Farbe verkreuzen.

Wegen der großen Maschenzahl eine Rundstricknadel verwenden, jedoch nicht in Runden, sondern in Reihen stricken.

Muster und Techniken

ShW&w (an linken Reihen): Shadow Wrap arbeiten und wenden – 1 M li abh, mit der li Nadel in die M unter der abgehobenen M stechen und li str, beide M zurück auf li Nadel heben, wenden.

SCHULTERTUCH

Anfang

Maschenanschlag: In HFb 4 M im Kreuzanschlag.

1. ANF-R: re M.

2. ANF-R: 1 M re, U, 3 M re – 5 M.

3. ANF-R: re M.

4. ANF-R: 2 M re, U, 3 M re – 6 M.

5. ANF-R: re M.

6. ANF-R: re M bis 3 M vor Ende, U, 3 M re – 7 M.

7. ANF-R: re M.

6. und 7. Anf-R noch 1x wh – 8 M.

Glatt-rechts-Rippe

Erste Hälfte in KFb

1. R (HIN-R): re M bis 3 M vor Ende, U, 3 M re – 1 M zugen.

2. R (RÜCK-R): 3 M re, li M bis 3 M vor Ende, 3 M re.

3. R: re M bis 3 M vor Ende, U, 3 M re – 1 M zugen.

4. VERK. R: 3 M re, (x) M li, ShW&w.

5. VERK. R: re M bis 3 M vor Ende, U, 3 M re – 1 M zugen.

6. VERK. R: 3 M re, (y) li M, dabei ShW und M zusstr, ShW&w.

7. VERK. R: re M bis 3 M vor Ende, U, 3 M re – 1 M zugen.

8. R: 3 M re, li M bis 3 M vor Ende, dabei ShW und M zusstr, 3 M re.

Schmaler Streifen in HFb

1. R: re M.

2. R: re M.

Zweite Hälfte in KFb

1. R (HIN-R): re M bis 3 M vor Ende, U, 3 M re – 1 M zugen.

2. VERK. R: 3 M re, (y) li M, ShW&w.

3. VERK. R: re M bis 3 M vor Ende, U, 3 M re – 1 M zugen.

4. VERK. R: 3 M re, (x) M li, ShW&w.

5. VERK. R: re M bis 3 M vor Ende, U, 3 M re – 1 M zugen.

ROW 6: 6. R: 3 M re, li M bis 3 M vor Ende, dabei ShW und M zusstr, 3 M re.

7. R: re M bis 3 M vor Ende, U, 3 M re – 1 M zugen.

8. R: 3 M re, li M bis 3 M vor Ende, 3 M re.

Breiter Streifen in HFb

1. R: re M bis 3 M vor Ende, U, 3 M re – 1 M zugen.

2. R: re M.

1. und 2. R noch 4x wh – 4 weitere M zugen.

Glatt-rechts-Rippe und breiten Streifen noch 12x wh, dabei die verkürzten Reihen gemäß der Tabelle wenden. In der letzten R des breiten Streifens alle M abketten.

FERTIGSTELLUNG

Fäden vernähen, Tuch spannen.

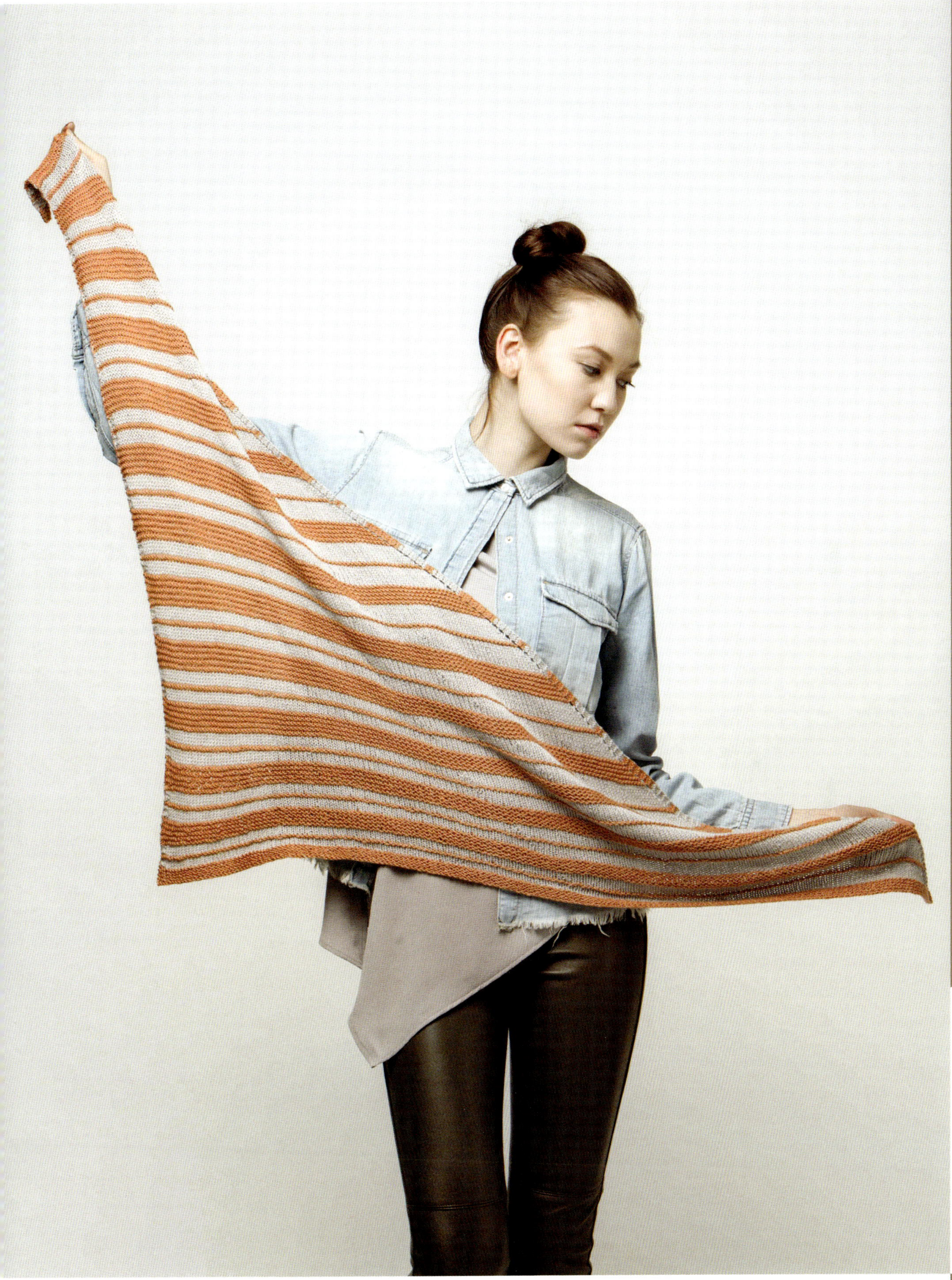

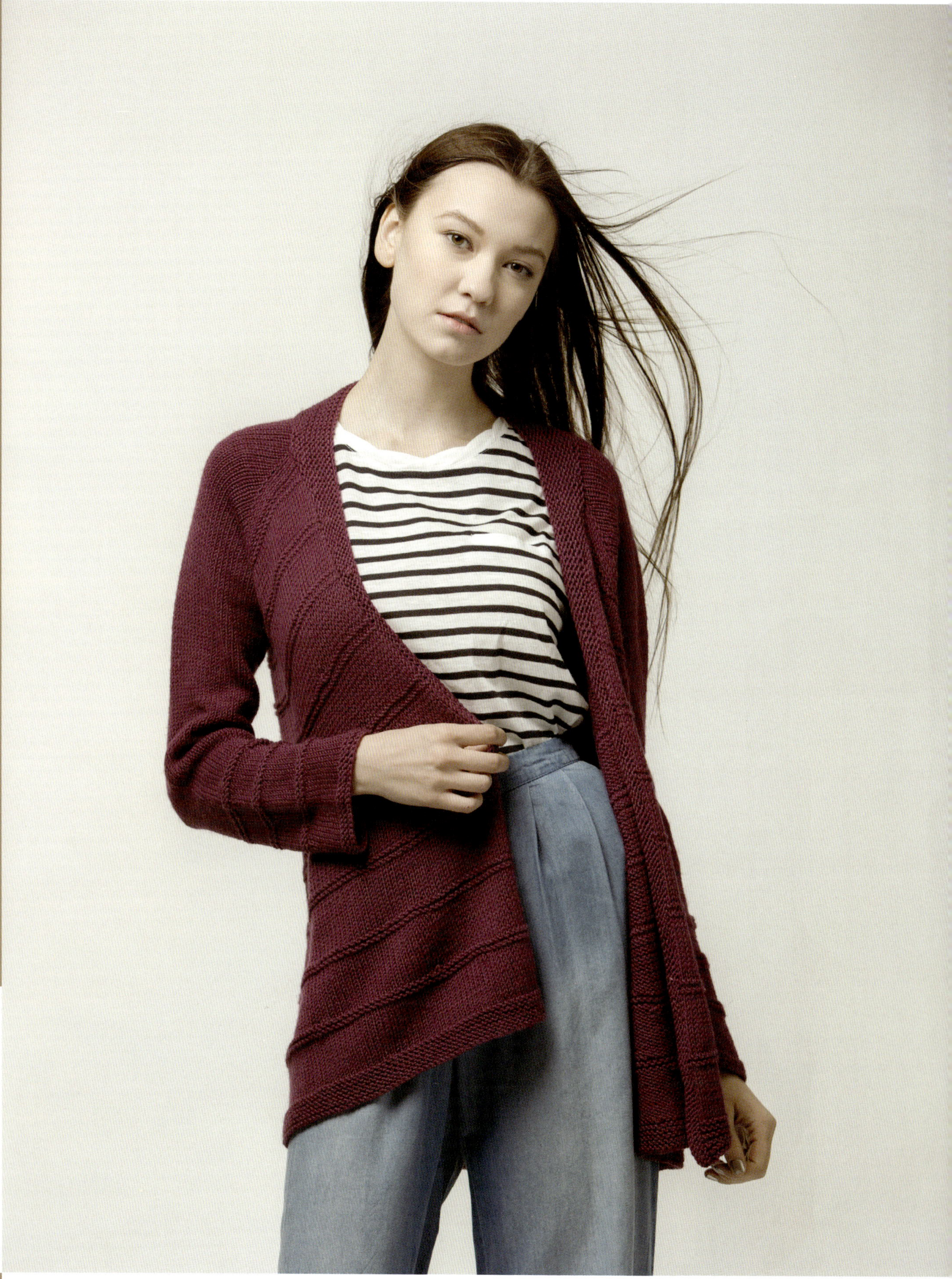

RAGLANJACKE MIT **schrägem Saum**

Diese Jacke wird in einer abgewandelten Raglankonstruktion nahtlos von oben nach unten gestrickt. Das Rückenteil wird durch dezente verkürzte Reihen in Shadow-Wrap-Technik geformt, die von der hinteren Mitte ausgehen und zum Saum hin länger werden – so entstehen die verlängerte Rückenpartie und die diagonalen Vorderkanten. Ähnliche verkürzte Reihen formen die Ärmelabschlüsse und auch die schmalen, kraus rechts gestrickten Vorderkanten werden mit verkürzten Reihen gearbeitet.

FERTIGE GRÖSSE

Ca. 81,5 [91,5, 103, 112, 122] cm Brustumfang, berechnet aus doppelter Rückenbreite. Abgebildetes Modell: 91,5 cm.

GARN

Dünnes Garn [DK, Stärke 3, Light].

Abgebildetes Modell: Valley Yarns Northfield [70 % Merinowolle, 20 % Babyalpaka, 10 % Seide; LL 124 yd/1¾ oz [113 m/50 g]], Farbe Summer Plum, 10 [11, 12, 13, 14] Knäuel.

STRICKNADELN

Rundstricknadeln Nr. 4½, 80 cm und 60 cm lang. *Nadelstärke ggf. anpassen, um die Maschenzahl der Maschenprobe zu erreichen.*

SONSTIGES MATERIAL

7 Maschenmarkierer [MM], davon 1 in anderer Farbe [MMB], 2 Maschenhalter, Wollnadel.

MASCHENPROBE

19 M und 26 R in glatt rechts = 10 x 10 cm; 19 M und 32 R in kraus rechts = 10 x 10 cm.

Anmerkungen

Rücken und Ärmel werden im Raglanschnitt bis zum unteren Armausschnitt gestrickt, dann wird die Arbeit für Rumpf und Ärmel geteilt; an den vorderen Raglanlinien werden Maschen aufgenommen und mit dem Rückenteil verbunden. Strahlenförmige verkürzte Reihen verlängern die Rückenpartie und formen zusammen mit weiteren Zunahmen die diagonalen Vorderkanten. Den unteren Abschluss bildet ein kraus rechts gestrickter Saum. Die Ärmel werden nahtlos rundgestrickt; ähnliche verkürzte Reihen wie am Rumpf formen die Ärmelabschlüsse. An Vorderkanten und Halsausschnitt werden Maschen für die schlichte, schmale Kraus-rechts-Kante und den Kragen mit verkürzten Reihen aufgenommen.

Die Jacke wird offen getragen; die diagonalen Vorderkanten stoßen – flach hingelegt – an der Brust nicht aneinander, überlappen sich jedoch am Saum. Die Jacke ist hinten länger als vorn; der vordere Saum verläuft schräg.

Muster und Techniken

ShW&w (an rechten Reihen): Shadow Wrap arbeiten und wenden – in das vordere Glied der M unterhalb der nächsten M einstechen, re str und die Schlinge auf die li Nadel heben, wenden.

ShW&w (an linken Reihen): Shadow Wrap arbeiten und wenden – 1 M li abh, mit der li Nadel in die M unter der abgehobenen M stechen und li str, beide M zurück auf li Nadel heben, wenden.

4-R-KRAUS-RECHTS-STREIFEN

Zunahme-R (Hin-R): 3x [re M bis 1 M vor MM, 2 M re aus 1 M herausstr, MM abh] (MMB an hinterer Mitte ignorieren), 3x [re M bis folg. MM, MM abh, 2 M re aus 1 M herausstr], re M bis Ende – 6 M zugen.

3 R re str.

4-R-KRAUS-RECHTS-STREIFEN FÜR ÄRMELABNAHME

Abnahme-Rd: 1 M re, 2 M re zus, re M bis 3 M vor Ende, abh abh re verschr zus, 1 M re – 2 M abgen.

2. Rd: li M.

3. Rd: re M.

4. Rd: li M.

RÜCKEN UND ÄRMEL

Maschenanschlag: 58 (64, 70, 72, 76) M aufstricken (siehe Techniken).

ANF-R (RÜCK-R): 4 M li, MMs, 10 (10, 12, 12, 12) M li, MMs, 2 M li, MMs, 26 (32, 34, 36, 40) M li, MMs, 2 M li, MMs, 10 (10, 12, 12, 12) M li, MMs, 4 M li.

ZUNAHME-R (HIN-R): *Re M bis MM, MM abh, 1 re M zun (re), re M bis MM, 1 re M zun (li), MM abh; ab * noch 2x wh, re M bis Ende – 6 M zugen.

2. R: li M.

Die letzten 2 R noch 22x (24x, 26x, 29x, 31x) wh; dabei am Anf der letzten Rück-R 2 M abk. Das Teil misst ab Raglanbeginn ca. 18,5 (19,5, 21,5, 23,5, 25,5) cm.

FOLG. R (HIN-R): Erste 2 M abk, Garn abschneiden – 192 (210, 228, 248, 264) M übrig: 56 (60, 66, 72, 76) M je Ärmel, 72 (82, 88, 96, 104) Rücken-M und 8 M für die Raglanlinien.

VORDERTEIL, TEILUNG RUMPF UND ÄRMEL

FOLG. R (HIN-R): Garn neu ansetzen; Anf oben an Raglanlinie li vorn, 34 (38, 40, 44, 48) M entlang Raglanlinie li vorn aufn und re str, 2 Raglan-M re str, MM abh; 56 (60, 66, 72, 76) li Ärmel-M auf Halter legen und MM entf; 0 (0, 2, 2, 3) M anschl (Daumenanschlag); 2 Raglan-M re str, MM entf, re M bis folg. MM; MM entf, 2 Raglan-M re str, MM entf, 56 (60, 66, 72, 76) re Ärmel-M auf weiteren Halter legen; 0 (0, 2, 2, 3) M anschl; MM abh, 2 Raglan-M re str; entlang Raglanlinie

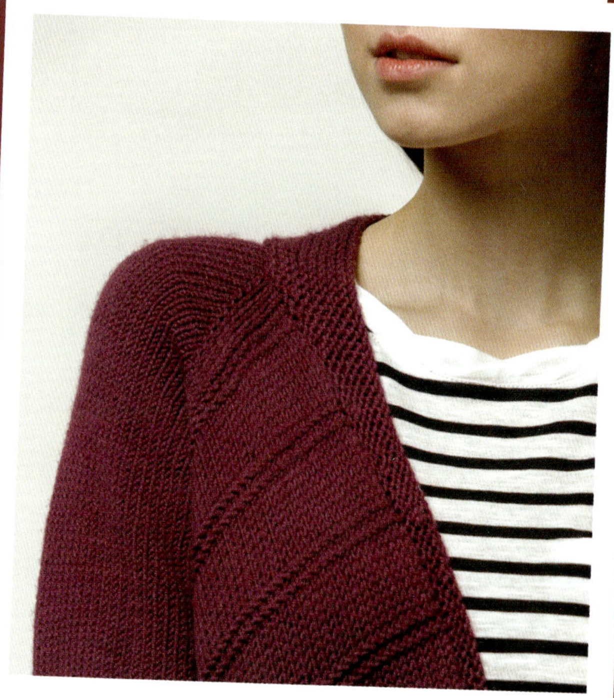

re vorn 34 (38, 40, 44, 48) M aufn und re str – 148 (166, 180, 196, 214) M übrig für Rumpf: 36 (40, 42, 46, 50) M je Vorderteil, 76 (86, 96, 104, 114) Rücken-M.

ANF-R (RÜCK-R): 12 (14, 14, 16, 17) M re, MMs, 12 (13, 14, 15, 17) M re, MMs, 12 (13, 14, 15, 16) M re bis MM, MM abh, 38 (43, 48, 52, 57) M re, MMBs, re M bis MM, MM abh, 12 (13, 14, 15, 16) M re, MMs, 12 (13, 14, 15, 17) M re, MMs, 12 (14, 14, 16, 17) M re bis Ende.

ZUNAHME-R (HIN-R): 3x [re M bis 1 M vor MM, 2 M re aus 1 M herausstr, MM abh] (MMB an hinterer Mitte ignorieren), 3x [re M bis folg. MM, MM abh, 2 M re aus 1 M herausstr], re M bis Ende – 6 M zugen.

FOLG. R (RÜCK-R): re M.

Strahlenförmiger Streifen

1. VERK R (HIN-R): re M bis MMB, 10 (11, 11, 12, 13) M re, ShW&w.

2. VERK R (RÜCK-R): li M bis MMB, 10 (11, 11, 12, 13) M li, ShW&w.

Re M bis Ende, dabei ShW und M zusstr.

Noch 7 R glatt re str, dabei in 1. R ShW und M zusstr.

4-R-Kraus-rechts-Streifen stricken – 6 M zugen.

Strahlenförmigen Streifen noch 2x wh, dabei jedes Mal 10 (11, 11, 12, 13) M weiterstr als in vorig. 1. und 2. verk. R. Dann strahlenförmigen Streifen noch 3x wh, dabei jedes Mal 10 (11, 11, 12, 13) M weiterstr als in vorig. 1. und 2. verk R UND vor dem Kraus-rechts-Streifen 2 zusätzliche R (= 9 R) glatt re str. Dann strahlenförmigen Streifen noch 3x wh, dabei jedes Mal 10 (11, 11, 12, 13) M weiterstr als in vorig. 1. und 2. verk R UND vor dem Kraus-rechts-Streifen 2 weitere zusätzliche R (= 11 R) glatt re str - 208 (226, 240, 256, 274) M: 66 (70, 72, 76, 80) M je Vorderteil, 76 (86, 96, 104, 114) Rücken-M.

Saum

7 R re str.

In Rück-R alle M re abketten.

ÄRMEL

Die rechte Seite liegt oben; Garn neu ansetzen. Anf in der Mitte des MA unter dem Arm (Rumpfteil), 0 (0, 1, 1, 2) M unter dem Arm aufn und re str, 56 (60, 66, 72, 76) Ärmel-M vom Halter re str, 0 (0, 1, 1, 2) M unter dem Arm aufn und re str, MMs und M zur Rd schließen – 56 (60, 68, 74, 80) M.

18 (18, 12, 8, 6) Rd re str.

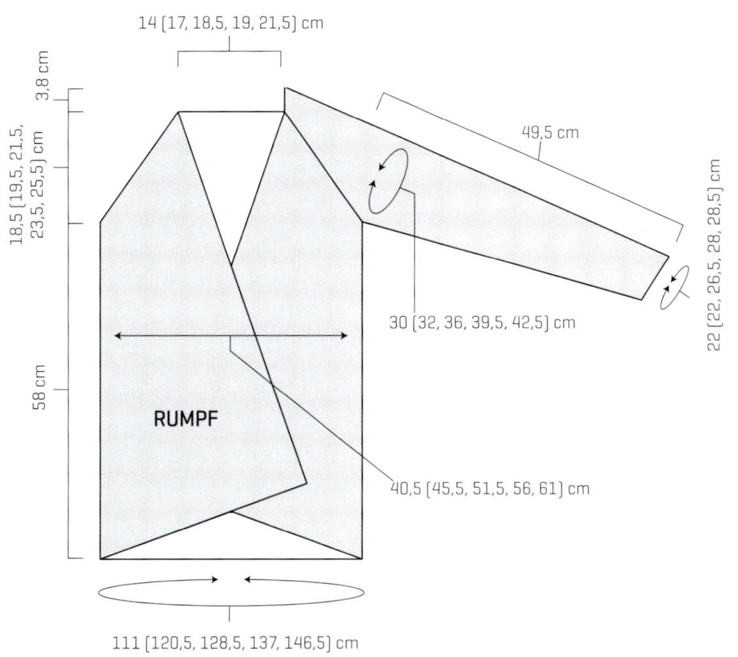

ABNAHME-RD: 1 M re, 2 M re zus, re M bis 3 M vor Ende, abh abh re verschr zus, 1 M re – 2 M abgen.

Abnahme-Rd noch 1x (1x, 5x, 1x, 1x) in jeder 19. (19., 13., 9., 7.) Rd wh, dann 2x (2x, 0x, 6x, 8x) in jeder 20. (20., 14., 10., 8.) Rd – 48 (52, 56, 58, 60) M übrig.

Ärmelabschluss

Rechter Ärmelabschluss

ANF-RD: 28 (32, 36, 38, 38) M re, MMs, re M bis Ende.

Linker Ärmelabschluss

ANF-RD: 20 (20, 20, 20, 22) M re, MMs, re M bis Ende.

FOLG. RD: li M.

FOLG. RD: re M.

FOLG. RD: li M.

Strahlenförmiger Streifen (Ärmel)

1. VERK R (HIN-R): re M bis MM, 6 (6, 7, 7, 7) M re, ShW&w.

2. VERK R (RÜCK-R): li M bis MM, 6 (6, 7, 7, 7) M li, ShW&w.

Re M bis Ende.

Noch 7 Rd glatt re str, dabei ShW und M zusstr.

4-R-Kraus-rechts-Streifen für Ärmelabnahme stricken – 2 M abgen.

Strahlenförmigen Streifen (Ärmel) noch 2x wh, dabei jedes Mal 4 M weiterstr als in vorig. 1. und 2. verk R UND vor dem Kraus-rechts-Streifen jedes Mal 2 zusätzliche Rd (= 9 Rd und 11 Rd) glatt re str – 42 (46, 50, 52, 54) M übrig.

1 Rd re str.

Alle M li abketten.

FERTIGSTELLUNG

Vorderkanten und Kragen

Vor dem Stricken der Kanten alle Fäden an Vorderkanten und Hals vernähen.

Die rechte Seite liegt oben, mit Arbeitsfaden fortfahren. Entlang der rechten Vorderkante 105 M aufn und re str, dann 2 M aus dem Raglan, 10 (10, 12, 12, 12) M aus dem re Ärmel am Hals, 2 M aus dem Raglan, MMs, 26 (32, 34, 36, 40) M aus dem hinteren Halsausschnitt, MMs, 2 M aus dem Raglan, 10 (10, 12, 12, 12) M aus dem li Ärmel am Hals, 2 M aus dem Raglan und 105 M entlang der linken Vorderkante – 264 (270, 276, 278, 282) M.

FOLG. R (RÜCK-R): re M.

1. VERK. ANF-R (HIN-R): re M bis 2. MM, ShW&w.

2. VERK. ANF-R (RÜCK-R): li M bis MM, ShW&w.

1. VERK. R: re M bis ShW, ShW und M zusstr, 4 M re, ShW&w.

2. VERK. R: li M bis ShW, ShW und M zusstr, 4 M li, ShW&w.

1. und 2. verk R noch 7x wh.

Re M bis Ende, dabei ShW und M zusstr.

FOLG. R (RÜCK-R): re M, dabei ShW und M zusstr.

FOLG. R (HIN-R): re M.

In Rück-R alle M re abketten.

Übrige Fäden vernähen, Jacke spannen.

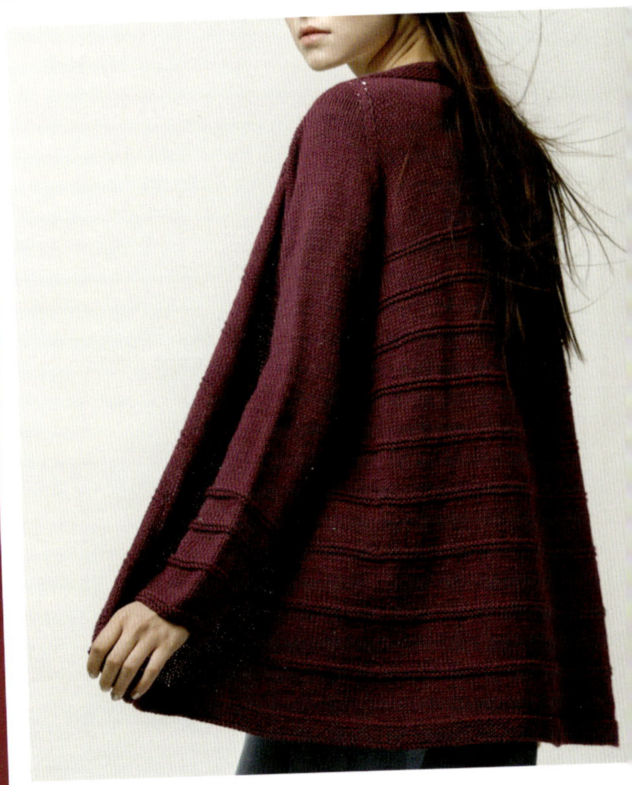

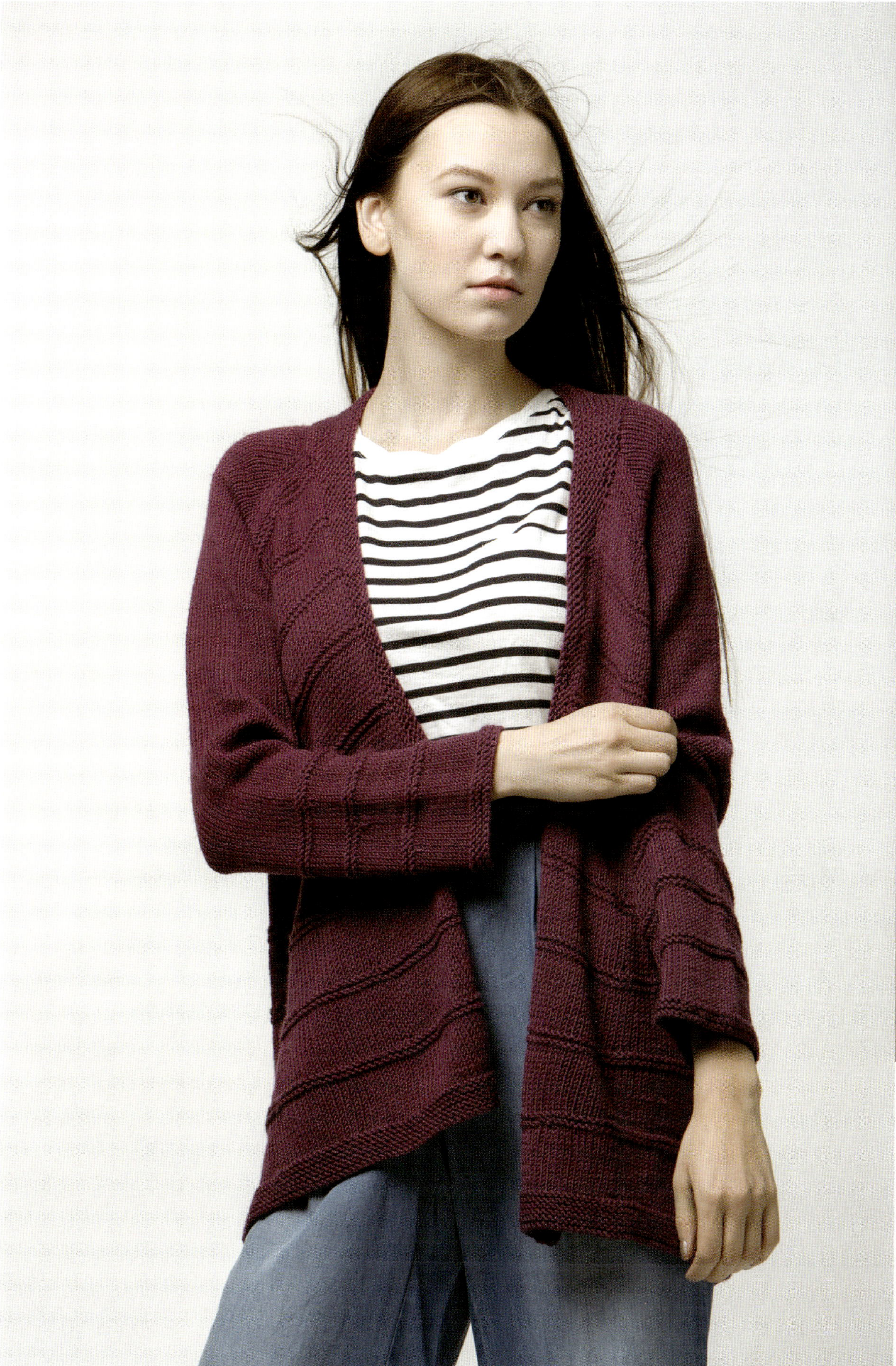

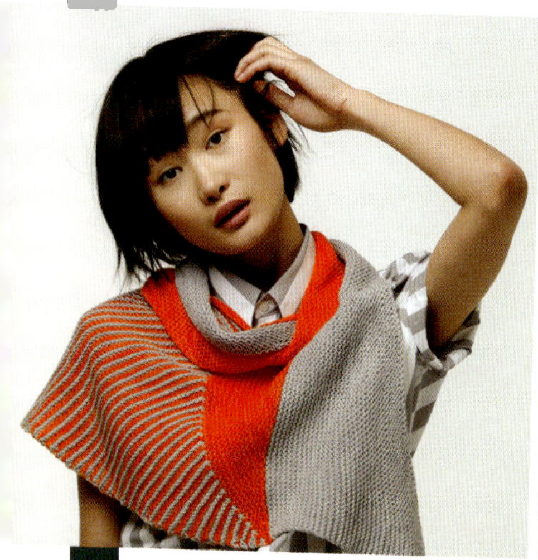
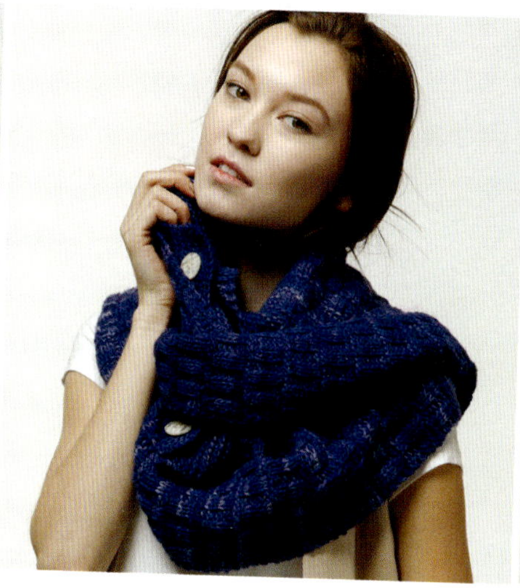
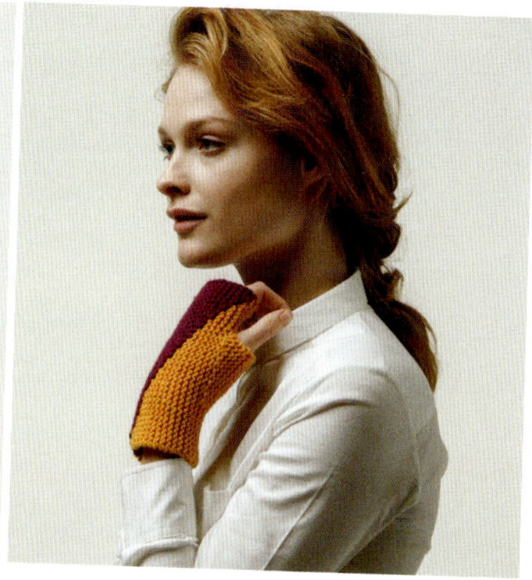

METHODEN AUSTAUSCHEN UND STRICKANLEITUNGEN ABÄNDERN

Wenn Sie die verschiedenen Methoden für verkürzte Reihen verstanden haben, können Sie die jeweils geeignetste Technik für Ihr Projekt auswählen, je nach gewünschtem Effekt, Position der verkürzten Reihen und Struktur des Strickmusters sowie verwendetem Garn und Nadelstärke. Bedingt durch diese Faktoren möchten Sie die in einer Anleitung angegebene Methode vielleicht lieber durch eine andere ersetzen – haben Sie die Funktionsweise der Methoden begriffen, ist das problemlos möglich.

Allen fünf beschriebenen Techniken ist gemeinsam, dass am Wendepunkt der verkürzten Reihe eine Extraschlinge gebildet wird, die später mit einer an den Wendepunkt angrenzenden Masche zusammengestrickt wird, um die beim Wenden entstandene Lücke zu schließen. Manchmal kann eine verkürzte Reihe auch ohne Spezialtechnik beim Wenden gearbeitet werden, z. B., wenn die Lücke durch zwei im Zuge des Abnehmens zusammengestrickte Maschen geschlossen wird, doch selbst dann kann eine Extraschlinge den Wendepunkt noch besser kaschieren. Die Spezialtechnik sorgt dafür, dass ein glattes Maschenbild ohne Lücken entsteht.

Die Methoden unterscheiden sich u. a. darin, ob die Arbeit vor oder nach Bilden der Schlinge gewendet und wie die Schlinge gearbeitet wird. Bei Umschlag-, deutscher und japanischer Methode sowie den Shadow Wraps wird die Arbeit vor dem Bilden der Schlinge gewendet. Die Umschlagmethode bildet die Schlinge durch einen Umschlag mit dem Arbeitsfaden, die deutsche Methode durch Umwandeln einer Masche auf der Nadel in eine Doppelmasche. Bei der japanischen Methode wird der Arbeitsfaden am Wendepunkt zunächst nur markiert und später zur Schlinge hochgezogen und bei der Shadow-Wrap-Technik wird eine Doppelmasche aus einer Masche der nächsttieferen Reihe herausgestrickt. Nur bei der W&w-Technik wird die Schlinge vor dem Wenden gebildet, indem der Arbeitsfaden um die Nadel gewickelt wird. Daher muss bei der Umwandlung der W&w-Methode in eine andere Technik eine Masche mehr gestrickt werden als in der Anleitung angegeben, bevor gewendet und die andere Technik angewendet wird. Wechselt man umgekehrt von einer anderen Methode zu W&w, wird eine Masche weniger gestrickt als in der Anleitung angegeben, dann wird die folgende Masche umwickelt und gewendet.

Außer dieser kleinen Veränderung muss beim Austauschen der Methoden nur die jeweilige Art der Strickarbeit beachtet werden. Eine Maschenprobe mit den verwendeten Garnen und Stricknadeln zeigt, ob die gewählte Methode das gewünschte Ergebnis bringt.

In den Anleitungen für verkürzte Reihen können Begriffe vorkommen wie „den Wendepunkt kaschieren", „die Lücke schließen", „bis zur vorigen Wickelmasche stricken", „bis zum vorigen Wendepunkt stricken" und „bis x Maschen vor der vorigen Lücke stricken". Die Lücke am Wendepunkt oder die Extraschlingen zuvor gearbeiteter Wendepunkte werden in Anleitungen oft als Anhaltspunkte für das Stricken weiterer verkürzter Reihen verwendet. Mit etwas Übung gelingt es meist leicht, diese Punkte zu erkennen; falls nicht, kann man jedoch Lücken oder Maschen mit einem Maschenmarkierer kennzeichnen, um sie leichter wiederzufinden.

ABKÜRZUNGEN

1 li M zun (li) 1 links verschränkte Masche links geneigt aus dem Querfaden zunehmen (Querfaden von vorn aufnehmen und links verschränkt abstricken)
1 li M zun (re) 1 links verschränkte Masche rechts geneigt aus dem Querfaden zunehmen (Querfaden von hinten aufnehmen und links abstricken)
1 M abh & Schl mark (japanische Methode an linken R) 1 M li abh, MMs auf Arbeitsfaden hinter Arbeit, folg. R str
1 M abh & Schl mark (japanische Methode an rechten R) 1 M li abh, MMs auf Arbeitsfaden vor Arbeit, folg. R str
1 re M zun (li) 1 rechts verschränkte Masche links geneigt aus dem Querfaden zunehmen, (Querfaden von vorn aufnehmen und rechts verschränkt abstricken)
1 re M zun (re) 1 rechts verschränkte Masche rechts geneigt aus dem Querfaden zunehmen (Querfaden von hinten aufnehmen und rechts abstricken)
2 M li aus 1 M herausstr 2 Maschen links aus 1 Masche herausstricken (1 M li, 1 M li verschr)
2 M re aus 1 M herausstr 2 Maschen rechts aus 1 Masche herausstricken (1 M re, 1 M re verschr)
2 M re verschr zus 2 Maschen rechts verschränkt zusammenstricken
2 M re zus 2 Maschen rechts zusammenstricken
abh abh re verschr zus 2 M nacheinander re abheben, zurück auf die linke Nadel heben, rechts verschränkt zusammenstricken (= das englische „ssk")
abh abheben
abk abketten
abn abnehmen
Anf/anf Anfang, anfangen
aufn aufnehmen
DM (Doppelmasche, dt. Methode an li R, nach Wenden, an re erscheinender Seite) Fv zw Nadeln, 1 M li abh, Fh über die Nadel
DM (Doppelmasche, dt. Methode an re R, nach Wenden, an li erscheinender Seite) 1 M li abh, Fh über die Nadel, Fv zw Nadeln
entf entfernen
Fh Faden liegt hinten/Faden hinter die Arbeit legen
fortlfd. fortlaufend
Fv Faden liegt vorn/Arbeitsfaden vor die Arbeit legen
glatt re glatt rechts
HFb Hauptfarbe
Hin-R Hinreihe
KFb Kontrastfarbe
li (str) links (stricken)
li verschr links verschränkt
M Masche(n)
MA Maschenanschlag
mark markieren
MM abh Maschenmarkierer abheben
MM Maschenmarkierer
MMs – Maschenmarkierer setzen
Rd Runde(n)
re (str) rechts (stricken)
re verschr rechts verschränkt
Rück-R Rückreihe
Schl Schlinge
ShW&w (an linken Reihen) Shadow Wrap stricken und wenden – 1 M li abh, li Nadel in M unter der abgehobenen M einstechen u. li str, beide M zurück auf li Nadel heben, Arbeit wenden
ShW&w (an rechten Reihen) Shadow Wrap stricken und wenden – re Nadel wie zum Rechtsstricken in re Glied der M unter der folg. M einstechen, Faden durchholen u. auf li Nadel heben, Arbeit wenden
U Umschlag
umgek U (bei glatt re, wenn folg. R eine li R ist) – Fd zw. Nadeln n. hinten u. über re Nadeln wieder n. vorn legen, folg. R li str
umgek U (bei kraus re) umgekehrter Umschlag – Fd zw. Nadeln n. hinten u. über re Nadel n. vorn legen, wieder zw. Nadeln n. hinten legen, folg. R re str
verk R verkürzte Reihe
verkr verkreuzen
verschr verschränkt
W&w (an linken Reihen) Wickelmasche & wenden – M li abh; Faden n. hinten legen, M zurück auf li Nadel heben, Arbeit wenden, Faden n. hinten legen; in folg. R die Wickel-M zus mit dem Wickel abstricken
W&w (an rechten Reihen) Wickelmasche & wenden – M li abh, Faden n. vorn legen, M zurück auf li Nadel heben, Arbeit wenden, Faden n. vorn legen; in folg. R die Wickel-M zus mit dem Wickel abstricken
Wh/wh Wiederholung/wiederholen
Zn Zopfnadel
zun zunehmen
* Beginn einer Wh (z. B. ab * wh)
() abweichende Maße und/oder Anleitung
[] für Maschengruppe geltende Anweisung, die in der angegebenen Anzahl wiederholt wird

Dank

Danke an meine wunderbare Familie, die jede Art von Kreativität stets unterstützt.

Meinen Verlegern und dem künstlerischen und technischen Team ein dickes Dankeschön dafür, dass dieses Buch Wirklichkeit wurde.

Danke auch an die Garnhersteller und Garnfärbereien für ihre fantastische Unterstützung:

- Anzula
- Baah!
- Blue Sky Fibers
- Cascade
- Dream In Color
- Elsebeth Lavold
- Harrisville Designs
- HiKoo by Skacel
- Lorna's Laces
- Manos del Uruguay
- Shalimar Yarns
- Shibui
- String Theory Hand Dyed Yarn
- Swans Island
- The Fibre Company
- Valley Yarns

TECHNIKEN

MASCHENANSCHLAG

Umgekehrtes Aufstricken

Anfangsschlinge auf die linke Nadel heben; mit der rechten Nadel wie beim Rechtsstricken einstechen, den Faden durchholen und unverschränkt auf die linke Nadel heben. *Mit dem Faden vor der Arbeit von hinten zwischen der 1. und 2. Masche auf der linken Nadel einstechen, den Faden durchholen und unverschränkt auf die linke Nadel heben; ab * bis zur gewünschten Maschenzahl wiederholen (Anfangsschlinge zählt als Masche).

Aufstricken

Anfangsschlinge auf die linke Nadel heben; mit der rechten Nadel wie zum Rechtsstricken einstechen, den Faden durchholen und unverschränkt auf die linke Nadel heben. *Mit dem Faden hinter der Arbeit von vorne zwischen der 1. und 2. Masche auf der linken Nadel einstechen (Abb. 1), den Faden wie zum Rechtsstricken durchholen (Abb. 2) und unverschränkt auf die linke Nadel heben (Abb. 3); ab * bis zur gewünschten Maschenzahl wiederholen (Anfangsschlinge zählt als Masche).

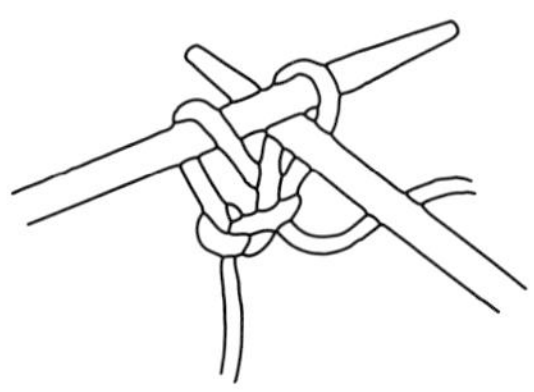

Abb. 1

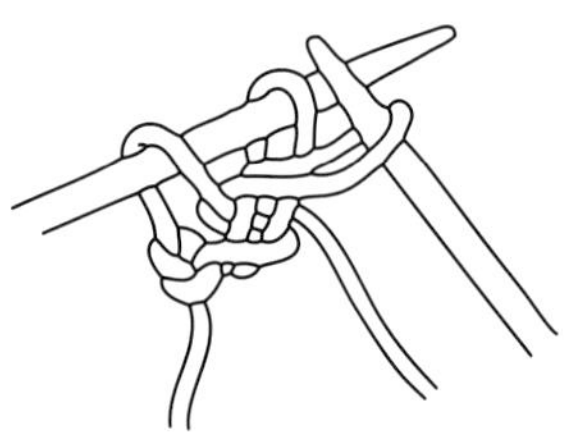

Abb. 2

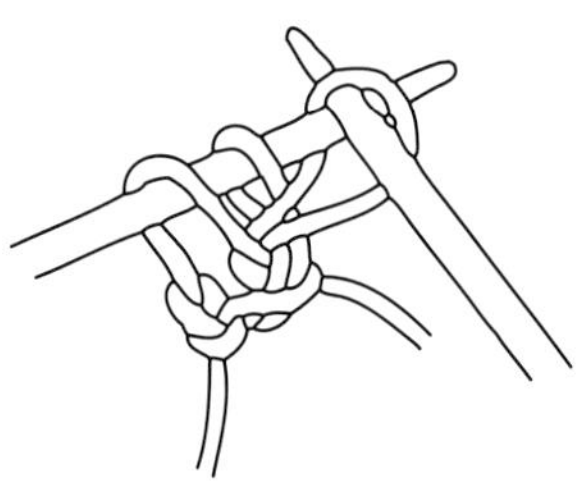

Abb. 3

Unsichtbarer provisorischer Maschenanschlag

Anfangsschlinge auf die rechte Nadel heben. Hilfsfaden unterhalb der Nadel an die Schlinge und unter den linken Daumen legen; der Arbeitsfaden liegt über dem linken Zeigefinger. *Mit der rechten Nadel von vorn unter dem Hilfsfaden hindurch den Arbeitsfaden fassen und auf die rechte Nadel heben (Abb. 1).

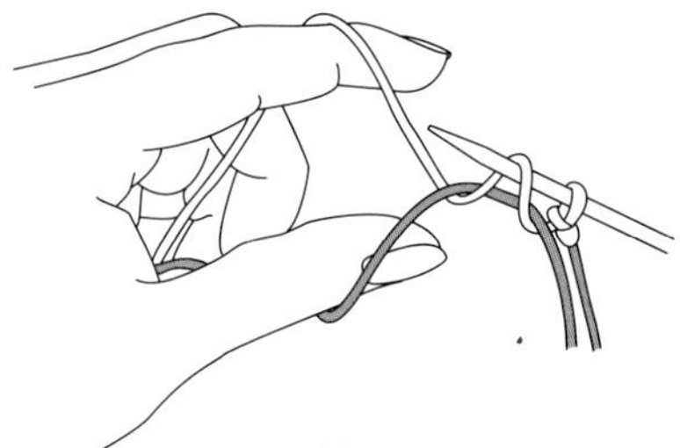

Abb. 1

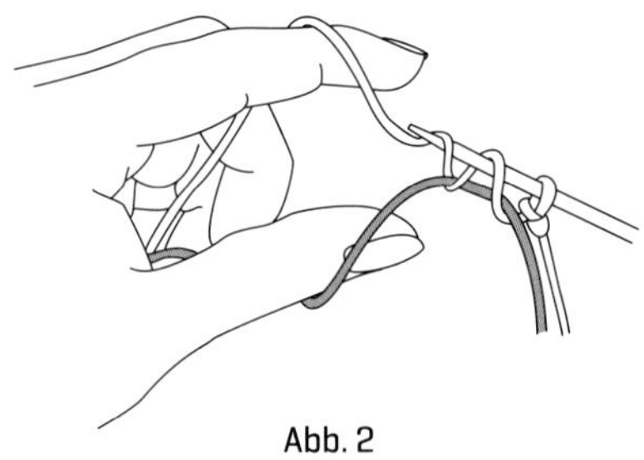

Abb. 2

Dann mit der rechten Nadel von hinten den Arbeitsfaden fassen und eine zweite Schlinge auf die rechte Nadel legen (Abb. 2). Ab * fortlaufend wiederholen. Zum Abstricken der provisorisch auf dem Hilfsfaden stillgelegten Maschen die Maschen mit einer Stricknadel aufnehmen und den Hilfsfaden entfernen.